christian vagedes

veg
up

die
veganisierung
der
welt

christian vagedes

veg up

die
veganisierung
der
welt sicht 👁

in und trotz aller geschäftigkeit – wieviel
verschlafenheit, wieviel verträumtheit!
das wacht oft ein ganzes leben lang nicht auf.
rüttelst du aber zu unsanft, so magst du leicht
einen stoß vor die brust bekommen, wie von
einem schlaftrunkenen, den man vorzeitig stört.
tröste dich mit diesem »vorzeitig«. und wer
nicht aufstehen will, kann es wohl auch nicht,
muß wohl noch – schlafen.

christian morgenstern

johann wolfgang goethe

was auch als wahrheit oder fabel
in tausend büchern dir erscheint,
das alles ist ein turm zu babel,
wenn es die liebe nicht vereint.

manfred kyber

wachsein ist alles, es kommt die nacht
und keiner wird keinen erkennen.
haltet wacht
und lasst die lampen brennen.
alles werden ist wankend und ungewiss,
aber alles ist reife.
und das licht leuchtet in der finsternis,
auf dass sie es einst begreife.

leonardo da vinci

oh schläfer, was ist schlaf?
der schlaf gleicht dem tod.
o warum machst du also nicht ein solches werk,
das du nach dem tod gleich einem vollkommenen leben wirst,
anstatt schon bei lebzeiten im schlaf
den bedauernswerten toten zu gleichen?

lucius annaeus seneca

warum gesteht sich niemand seine moralischen fehler?
weil er noch in ihnen befangen ist.
nur der wachende kann den traum erzählen.
wer sich seine moralischen fehler eingesteht,
ist schon auf dem wege der gesundung.
reißen wir uns also aus dem schlaf, damit wir
unsere vergehen als solche erkennen.

buchstäblich zeichen setzen
im querdenkformat

dieses buch ist bewusst in der konsequenten kleinschreibung gesetzt. es ist kein märchen, dass jacob grimm als einer der wichtigsten wegbereiter der deutschen sprache, ja als der »vater der germanistik« die als großbuchstaben oder versalien bekannte römische kapitalis aus der schriftsprache verbannt wissen wollte.

im von grimm editierten *deutschen wörterbuch* aus dem jahr 1854 enthielten nur namen großbuchstaben, und nicht einmal – wie oft falsch behauptet – jeder satzanfang, sondern nur anfänge von absätzen.

einhundertdreißig jahre später wagte einer der größten deutschen designer des letzten jahrhunderts, otl aicher etwas neues: er schuf einen schrifttypus, den er »rotis« nannte – und ließ in seinen schriftentwürfen die versalien gleich ganz weg.

in seinem in konsequenter kleinschreibung geschriebenen grundlagenwerk *typographie* erläutert aicher: »jacob grimm wollte weder etwas von der fürstenherrlichkeit wahrhaben noch von den entsprechenden schreibgewohnheiten. er verwendete in seinem deut-

schen wörterbuch noch in der ersten hälfte des 19. jahrhunderts versalien nur für satzanfänge und namen. den
laufenden text druckte er ohne großbuchstaben für
substantive. er wollte auch in der schrift weg vom abso-
lutistischen hofgeschranze, zurück zu den quellen der
gesprochenen sprache, der sprache des volkes, der märchen und erzählungen.

veg up – die veganisierung der welt verbeugt sich vor
aichers ethisch motivierter absicht, als künstler und
designer auf das buchstäblichste – im wahrsten sinne
des wortes – zeichen zu setzen. nur seinen verständnis-
losen auftraggebern ist es zu verdanken, dass er seiner
»rotis« nachträglich doch noch versalien beifügte.

ich möchte die lebenswerke von otl aicher und seiner
frau inge aicher-scholl (einer schwester von hans und
sophie scholl) mit der bewusst gewählten form dieses
buches würdigen. daher war es mir wichtig, dass dieses
buch in aichers »rotis« gesetzt ist – und zwar in der ur-

ot aicher: typographie. berlin 1989, nachdruck mainz 2005, seite 69

sprünglich von ihm gedachten weise. jetzt könnte man
fragen, was die veganisierung der welt mit der form der
buchstaben zu tun habe? doch lassen wir otl aicher
diese frage selbst beantworten: »schriften sind hochpo-
litisch, und typographie ist eine ebenso große fundgru-
be der kulturerkenntnis wie die gastronomie. wir essen
und trinken, was wir als soziokulturelle individuen sind.«
nach dem lesen dieses buches wird noch deutlicher,
warum die römischen großbuchstaben nicht zum thema
passen oder vielmehr, warum es angebracht ist, neues
denken mit neuer schreibung zu kombinieren.
und warum ist dieses buch zudem nicht im block-,
sondern im flattersatz gesetzt? »schon die frage, ob
flattersatz oder blocksatz, wird ihm (dem typografen),
im kleinkosmos, eine essentielle aussage sein, ob er ein
anhänger von ordnungsprinzipien oder freiheitsprinzi-
pien ist. nur wer für law and order eintritt, bevorzugt
die mittelachse. und wer die mittelachse wählt, ist, ob
bewußt oder unbewußt, ein mann der ordnung, der
symmetrischen gleichschaltung.« um die heute so not-

inhalt

1 / paradigmenwechsel

die veganisierung der welt leitet eine zeitenwende ein. immer mehr menschen lehnen fleisch- und fischprodukte, meeres-»früchte«, eier, milch und molkereiprodukte, geliertes knochenpulver (»gelatine«) und honig bewusst ab. sie verweigern pelze, leder, wolle und seide. aus dem albtraum der gedankenlosigkeit erwacht, sind sie fürsorglich gegen-

über dem leben. nur durch ihre eigene, ihre individuelle verhaltensänderung kann das leiden von menschen und tieren auf der welt endlich beendet werden.

heute stellen vegane menschen weltweit eine unzerstörbare neue kraft dar. vor allem der westen erwacht sichtbar. in amerika, australien, europa, aber auch in anderen erdteilen gibt es kaum eine schneller wachsende gruppe als die vegane. die zahl ihrer anhänger wird allein in deutschland schon im zweiten jahrzehnt die millionengrenze überschreiten.[1] jeden monat kommen zigtausende

1| die zahlen schwanken für deutschland von 80.000 bis maximal ca. 850.000 vegan lebenden menschen, laut dpa-meldungen sind es über 600.000 menschen

menschen dazu. die veganisierung kann jene wende zum guten auf der welt herbeiführen, die so viele menschen ersehnen. doch getragen werden kann sie nur durch jeden einzelnen. denn die sozialen, umweltpolitischen und kulturellen herausforderungen verlangen danach. die hier gemeinte veganisierung lässt sich nicht verordnen.

pr-spezialisten haben alle register gezogen, um den menschen produkte schmackhaft zu machen, die weder ihrer gesundheit förderlich waren noch ihren traditionen entsprachen. den beginn der veganisierung haben sie künstlich hinausgezögert. wir menschen sind ja sprichwörtliche »gewohnheitstiere«. das hat man ausgenutzt.

und so hat man uns eingeredet, dass es vollkommen normal sei, täglich milch, joghurt, quark, käse, ei und fleisch zu verbrauchen. das hat milliarden an werbe- und pr-geldern verschlungen. vermutlich entsprach dies

---

2| **bundesverfassungsgericht:** abgabe an den absatzfonds der land- und ernährungswirtschaft mit dem grundgesetz nicht vereinbar - urteilsvolltext az. 2 bvl 54/06

einer der größten dauer-pr- und werbekampagnen, die es je gegeben hat.

das deutsche bundesverfassungsgericht hat erst nach jahrzehnten eine sogar staatlich geförderte dauerpropaganda beendet.[2] dass diese staatlich »geregelt« wurde, hatte ihr bis zum verbot einen fatalen »amtlichen« charakter verliehen. millionen menschen haben sich im »guten glauben« daran orientiert und sich an die aufforderungen gehalten, zunehmend mehr nichtvegane produkte zu verbrauchen. die folgen dieses konsums haben das gesundheitswesen deutschlands und anderer westlicher gesellschaften stark unter druck gesetzt.

die landwirtschaft wurde zugunsten einer lebensverachtenden »tierhaltung« zum »agribusiness« umgestaltet. das traditionelle bauerntum wurde an den rand gedrängt – oder in den ruin getrieben. traditionen der bewirtschaftung wurden umgekrempelt. das leiden der tiere wurde immer schlimmer. sogar neutrale beobachter konnten das nicht mehr akzeptieren. da »entstanden« etwa mastenten, die weder fliegen noch schwimmen noch richtig

sprühen auf die äcker verdoppelte sich in deutschland seit 1970 auf jährlich etwa 35.000 tonnen.[3] böden, grundwasser und das ganze leben müssen mit derartigen mengen »fertig« werden. doch die industrien jubeln. auch immer mehr landmaschinen wurden für immer größere flächen benötigt, womit sie angetrieben? und zusätzlich zu diesen profitten wurden milliarden von »zuchttieren« zunehmende mengen pharmapräparate verabreicht. viele tiere sind sogar extra so gezüchtet worden, dass sie ohne diese mittel zu schwach wären. nichtvegane produkte sind auch produkte der öl-, chemie- und pharmaindustrie. an einem stück fleisch, einem stück käse oder an einem schluck milch verdient vor allem dieser industriekomplex am meisten.

alle anderen gehören zu den verlierern. menschen und tiere, auch die übrige natur hatte darunter ächzen müssen und wurde bis an ihre substanz gehend verändert.

3| **statistisches bundesamt:** statistisches jahrbuch über ernährung, landwirtschaft und forsten; neuestes wirtschaftsjahr, bmvel ref. 519

die behandlung der ernährungsbedingt kranken hat demselben industriekomplex rekordprofite beschert.

die entscheidenden umwelt-herausforderungen sind heute nur noch durch die veganisierung in den griff zu bekommen. die gewinner der öl-, chemie- und pharma-industrie versuchen mit hilfe der sogenannten »grünen« gentechnik« ihren letzten joker auszuspielen. und es sind die futtermittel, die zu anfang des 21. jahrhunderts zum teil bereits bis zu über neunzig prozent aus gentechnisch manipulierten pflanzen bestehen.

es hungern milliarden menschen, unsere böden und wälder sind übersäuert, die abholzung der letzten regen-waldflächen hat längst begonnen, die weltmeere sind beinahe leergefischt und die tiere leiden.

diese herausforderungen zu lösen beginnt in der freien entscheidung einzelner. große teile asiens ahmen im moment noch das gefährliche nichtvegane konsumieren der westlichen welt nach. dort ist jetzt die pr-industrie wieder stark aktiv. verlierer und gewinner stehen fest. je stärker aber die veganisierung in den westlichen teilen

der welt wird, umso größer ist auch die wahrscheinlichkeit,
dass asien sich der veganisierung anschließt. die vegane
bewegung bricht auch dort bereits auf.[4]

die veganisierung ist auch eine kulturelle umwälzung.
denn sie verändert die menschliche mentalität grundlegend. und das heißt: sie öffnet das bewusstsein von
menschen für das ganze leben, statt nur für das eigene
oder das der menschen allein. sie hilft dabei, den auf der
welt so verbreiteten egoismus zu mildern. dieser mentali-
tätswandel kann die tödliche starre, in der sich auch
wissenschaften und religionen befinden, grundlegend
überwinden.

so kann ein neues kapitel in der geschichte der menschheit aufgeschlagen werden. die bedeutendsten denker
und seher in der historie haben davon gesprochen und
geschrieben.

4| zum beispiel: die vegane gesellschaft japan, vegansociety.jp

2 / menschheitsentwicklung

»wenn ein menschenkind empfangen und geboren ist, kann es sterben, bevor es zum bewusstsein erwacht«,[1] lauten die ersten beiden zeilen von *menschheit und mutter erde*, arnold toynbees letztem buch. er ist einer der bedeutendsten historiker des zwanzigsten jahrhun-

derts. das weltgeschehen hat er aktiv mitgestaltet. für die britische regierung nimmt er an der versailler friedenskonferenz teil. 1924 überträgt man ihm den lehrstuhl der einflussreichen london school of economics and political science.

das chatham house in der londoner city ist ein bedeutender ort. führende köpfe besprechen hier für die welt bedeutende angelegenheiten. toynbee leitet es von 1924 bis 1956. als institut gibt chatham house publikationen heraus, darunter regelmäßig erscheinende wie *world*

1| **arnold toynbee:** mankind and mother earth – a narrative history of the world. london 1976 [deutsch: menschheit und mutter erde. die geschichte der großen zivilisationen. berlin 1979, wiesbaden 2006, seite 14]

today und *international affairs*, beide richtungsweisend in der welt der diplomatie. zu toynbees zeiten trägt das institut noch den namen *royal institute of international affairs*.

er begegnet den internationalen entscheidungsträgern seiner zeit. wenn jemand in diesem 20. jahrhundert direkten einblick in die weltentwicklung hat, so ist er es. *menschheit und mutter erde*, sein letztes werk, erscheint 1973. die ölkrise erreicht ihren höhepunkt. der kampf um die energieressourcen hat begonnen. kaum jemandem sind wohl die wirtschaftlichen und politischen zusammenhänge so bewusst wie ihm. sein letztes buch wird zum vermächtnis. es ist nicht nur an die elitären kreise gerichtet, die im chatham house oft bis in die nacht ihre köpfe zusammenstecken.

»heute, da der mensch die macht besitzt, die biosphäre zu vernichten, ist durchaus nicht gewiß, daß er dieses selbstmörderische verbrechen nicht begehen wird; wir

wissen jedoch ebenso wenig, ob er nicht eines tages die biosphäre aus dem zustand erlösen wird, in dem bis jetzt liebe und kampf ergebnislos miteinander wetteifern. es ist vorstellbar, daß der mensch, statt sie zu vernichten, seine macht über die biosphäre dazu gebrauchen wird, den naturzustand durch einen zustand zu ersetzen, in dem die liebe herrschen wird.«[2]

das wetteifern von liebe und kampf führt zur schlüsselfrage. toynbees kunstgriff, der hinweis auf das »menschenkind«, den er allem anderen voranstellt, meint uns

arnold toynbee: »wenn ein menschenkind empfangen und geboren ist, kann es sterben, bevor es zum bewusstsein erwacht.«

deutsche presse-agentur / picture alliance

2| ebd., seite 29

3 / dünger und sprengstoff

anstatt zu lieben, kämpfen wir schon allein dadurch, dass wir uns weigern, über das hinauszudenken, was uns bereits bewusst ist.

»der dichter william blake (...) war über die erschaffung des tigers geradezu entsetzt. doch ein tiger (...) ist unschuldig. wenn er seinen hunger stillt (...) empfindet er keine gewissensbisse«,[1] schreibt toynbee.

natürlich dürfen raubtiere für diesen teil des »natur-zustandes« nicht verantwortlich gemacht werden, sie folgen ja nur instinkten. dem entgegen wird 1903 auf coney island die elefantenkuh topsy auf einem speziell für sie gebauten elektrischen »stuhl« hingerichtet.

in ihrer 28-jährigen zirkusgefangenschaft kommt es zu drei tödlichen zwischenfällen. topsy wird von ihren wärtern misshandelt, indem sie etwa versuchen sie mit einer brennenden zigarette zu füttern. 6.600 volt jagen durch ihren körper, bis ihre füße anfangen zu brennen. sie stirbt qualvoll vor 1.500 schaulustigen. erst 2003

1| **toynbee:** seite 23

leonardo da vinci: »deswegen hast du doch versucht, ein grab für alle tiere aus dir zu machen.«

wird ihr ein gedenkstein gesetzt. heute erscheint uns eine solche nachricht über die bestrafung eines tieres absurd.

wie sieht es mit unserem verhalten heute aus? sind wir ebenso unschuldig wie die raubtiere? »könig der tiere«

2| **leonardo da vinci:** tagebücher und aufzeichnungen. leipzig 1940, seite 19

soll sich »der mensch« nicht nennen, sondern lieber »könig der raubtiere«, notiert der veganer leonardo da vinci im 16. jahrhundert in sein tagebuch, »(...) weil du das größte bist!«, und fragt: »nun, warum hilfst du ihnen dann nicht, damit sie dir später ihre jungen zur befriedigung deines gaumens schenken können?«[2]

sind wir menschen oder höhere tiere? oder beides – so, wie es naturwissenschaftler und tierrechtler immer wieder behaupten?

diese frage genau zu durchdenken, führt uns zum unterschied zwischen menschen und tieren. aber die entscheidenden unterschiede sind noch nicht so ausgeprägt, dass wir leonardo schon ganz widersprechen könnten. denn die mehrheit duldet durch ihren konsum noch das eher raubtierhafte verhalten. im gegensatz zum tiger sind wir menschen aber sehr wohl mitschuldig.

schon leonardo wundert sich, dass menschen ausgerechnet diejenigen tiere essen, die friedlich sind und sich pflanzlich ernähren. toynbee überlegt: »andererseits wäre es ein sinnloses und bösartiges unterfangen gewesen, wenn ein gott den tiger nur erschaffen hätte, damit er das lamm reißt, den menschen, damit er den tiger erschlägt, und den bazillus und den virus, damit sie ihre art erhalten, indem sie die menschen massenweise töten.«[3]

dieser »naturzustand« ist es, der toynbee sinnlos und bösartig erscheint – und auf dauer nur durch liebe abgelöst werden kann.

das problem des kampfes stellen also wir menschen dar, nicht die tiere. die erlösung kann daher auch nur von uns kommen. denn nur wir können uns ändern.

an den nichtveganen menschen als »könig der raubtiere« adressiert leonardo: »deswegen hast du doch versucht, ein grab für alle tiere aus dir zu machen.« er könne »noch viel mehr erzählen«, wenn es ihm »gestattet wäre, die volle wahrheit zu sagen«.[4]

wenn wir liebe statt kampf wollen, müssen wir die ganze wahrheit sagen. viele historische persönlichkeiten erkennen sie bereits, aber in den meisten zeitaltern ist es gefährlich, sie zu äußern. der kampf, den wir bislang der liebe vorziehen, hängt mit unserem verhalten den tieren gegenüber zusammen.

das, was wir essen, was wir am körper tragen, worauf wir laufen und viele andere alltäglichkeiten resultieren nicht aus unserer liebe, sondern aus unserem kampf.

in goethes *faust*, dem menschheitsdrama schlechthin, stoßen wir bereits im ersten teil auf eine bemerkenswerte stelle:

und fragst du noch, warum dein herz
sich bang in deinem busen klemmt?
warum ein unerklärter schmerz,
dir alle lebensregung hemmt?
statt der lebendigen natur,
da gott die menschen schuf hinein,
umgibt in rauch und moder nur
dich tiergeripp und totenbein.[5]

3| **toynbee:** seite 23

4| **leonardo da vinci:** seite 19

aus der perspektive der veganisierung erscheinen uns fausts worte in neuem licht. denn jetzt wird die wahrheit, die leonardo nicht einmal in sein tagebuch zu schreiben wagt, sehr klar.

wir selbst haben uns eine welt voller »rauch und moder« geschaffen und »tiergeripp und totenbein« ins gigantische vermehrt. bis ins 21. jahrhundert hinein sogar ins unermessliche. daran sind wir so sehr gewöhnt, dass der schmerz darüber, wie faust schon meint, »unerklärt« erscheint. die nichtvegane normalität tötet nicht nur tiere, sondern sie hemmt auch manche unserer eigenen lebensregungen.

die durch uns selbst geschaffene wirklichkeit ist lange nicht konsequent infrage gestellt worden. aus habgier, aus bequemlichkeit oder einfach aus intellektueller oder emotionaler unfähigkeit heraus? oder gibt es noch andere gründe? welche gründe es auch sind, solange wir

uns nicht ändern, haftet rücksichtslosigkeit an uns. bevor es mit der massentierhaltung im westen losgeht, schreibt ralf waldo emerson: »die lebensgewohnheiten der schlange und der spinne, der furchtbare biss des tigers und anderer blutiger springer und jäger, das krachen der knochen, wenn die anakonda ihre ringe um die beute windet, gehören alle ins system; und unsere eigenen lebensgewohnheiten sind nicht anders. du hast vielleicht gerade gespeist, mein freund, und wie sorgfältig das schlachthaus auch durch die gefällige entfernung von

5| **johann wolfgang goethe:** faust. der tragödie erster teil. nacht. verszeile 410-417. münchen 1991, seite 21

goethes faust:
»statt der lebendigen natur,
da gott die menschen schuf hinein,
umgibt in rauch und moder nur dich tiergeripp und totenbein.«

HOTEL DE L'UNIVERS
TOURS FRANCE.
AUG. 21st. 1918

My Dear Dr. Crawford:-

    I am sure you are quite right in
your estimate of the evils resulting from a carniv-
orous diet. I belieƒe a hundred years from now,
the whole world will be vegetarian.

    For many years I lived on an almost
vegetarian diet, but never wholly attained it.
The condition of the world at present is so terrible
that to undertake talking vegetarism now, would be
like blowing against a hurricane. Men and animals
are all cast in the maelstrom of slaughter.
No one can have the least conception of existing
conditions, who is not over here. They will be
worse before they are better. Then will come the
new millinium, and we can only work, hope and

abdruck mit freundlicher genehmigung von rich edwards, washington

and pray in the meantime.
    Sincerely yours,

Wa Whalen Miles

21 Bedford Row
London W. C. 1.
Sog

Ans Sept 10. 1918

DR. ANDREW CRAWFORD.
1609 1st AVE.
SCOTTS BLUFFS.
NEB.
U.S.A.

bungen aus ästhetischen und moralischen motiven, bin ich der ansicht, daß die vegetarische lebensweise durch ihre rein körperliche wirkung auf das menschliche temperament das schicksal der menschen in sehr glücklicher weise zu beeinflussen vermöchte.«[10] das einstein-archiv in jerusalem erläutert auf rückfrage: »einstein war kein vegetarier«,[11] und belegt dies.

christian morgenstern traut sich, auch offen für die tiere zu sprechen. er befreundet sich mit rudolf steiner. auch der ernährt sich weitgehend vegan und traut sich, über die zusammenhänge zu sprechen, stellt ebenfalls die verbindung zwischen fleischkonsum und krieg her.

10| **albert einstein:** brief an hermann huth, 27.12.1930. albert einstein archives 46–756

11| das albert einstein archiv in jerusalem schrieb mir: »einstein war kein vegetarier.« nachdem er sich 1954 wieder fleischlos ernähte, wurden ihm »anfang 1955 täglich leber und rotes rindfleisch« serviert.

12| **bertolt brecht:** die dreigroschenoper. berlin 1928

nach den grausamkeiten des ersten weltkrieges geht das kämpfen gegen die tiere erst richtig los.

die liebe schwindet zusehends weiter, auch durch die zunehmende soziale not der menschen. es wird immer schwieriger, überhaupt darüber zu reden. bertolt brecht textet in seiner *dreigroschenoper:* »erst kommt das fressen, dann die moral.«[12] hinzu kommt: auch der »kleine mann« will jetzt essen, was der über ihm stehende als selbstverständlichkeit betrachtet. in sachen essen sind sich die meisten liberalen, sozialisten, konservativen, kommunisten und nationalisten einig.

passend hierzu wird die gesamte nahrungsproduktion bei hitler und stalin zum »erntekampf« erklärt. »reichsbauernführer« darré ruft auf dem »reichsbauerntag« 1934 das »landvolk« zur »erzeugungsschlacht« auf. im deutschen reich triumphieren kampf und schlacht – unter diesen schlagzeilen leidet das leben immer stärker. in umkehrung des biblischen zitats »schwerter zu pflugscharen« trägt das logo des »reichsnährstandes« eine ähre und ein schwert im hakenkreuz. auch die politische theorie wird noch offener zum schauplatz des kampfes. der staatsrechtler carl schmitt rechtfertigt den umsturz in die diktatur, macht das freund-feind-schema salonfähig und man tut so, als diene es dem frieden. der nächste, noch schlimmere krieg steht schon in der vorbereitung.

eine mischung aus finanziellen schwierigkeiten und aggressiver habgier treibt nicht nur die rüstungs-, sondern auch die chemieindustrie an: mehr tiere bedeuten mehr pharmazeutische präparate, aber auch mehr futteranbau auf den feldern.

das bis heute gerühmte haber-bosch-verfahren verspricht fette profite. zwei gewinnbringende stoffe kann man damit in massen produzieren: dünger und sprengstoff. sein erfinder carl bosch ist chef des damals größten chemiekartells der welt, der ig farben, das hitler und seiner partei den größten inländischen spendenscheck ausstellt, dessen finanzielle kraft den nazis erst die machtübernahme ermöglicht. die verstrickung zwischen chemieindustrie und landwirtschaft ist der dafür ausschlaggebende punkt. in einer konzertierten aktion, die

einem rechtswidrigen staatsstreich gegen die demokratie der weimarer republik gleichkommt, einigen sich die deutsche chemieindustrie unter führung von bosch und die herrschenden großagrarier vor der machtübernahme der nazis mit diesen auf einen deal.

hitler garantiert der ig farben, ihr 350.000 tonnen synthetisches benzin abzukaufen, und verspricht chemieindustrie und großagrariern, sofort nach der machtübernahme die sogenannte »agrarkartellierung« durchzuführen.

was bis heute den wenigsten bekannt ist: diese »agrarkartellierung« garantiert den großagrariern gigantische profite und zwingt die mittleren und kleinen bauern sich unterzuordnen. der staat wird so zum werkzeug der großagrarier, die dem hitler-regime die regeln diktieren. milch darf beispielsweise nur noch an zentralen stellen abgeben werden, nur noch bestimmte gezüchtete tiere dürfen in der landwirtschaft verwendet werden, bauern werden zum anbau von futtermitteln zwangsverpflichtet. das zerstört nun nicht nur jeglichen markt, sondern diese »neuordnung« ist geradezu ein perverses ergebnis egoistischer lobbyarbeit durch wirtschaftlich omnipotente kräfte. das bündnis aus chemieindustrie und großagrariern bringt die deutsche demokratie zu fall und ist hauptverursacher für den beginn der industriellen massentierhaltung, für monokulturen und die aus beiden resultierende naturzerstörung.

wie einflussreich diese »agrarkartellierung« ist, sieht man auch daran, dass ihre wesentlichen maßnahmen noch jahrzehnte nach ende des zweiten weltkrieges gelten. großagrarier und chemieindustrie sind nämlich nicht bereit, auf ihre pfründe zu verzichten.

alle marktaushebelnden subventionen nichtveganer produkte haben im übrigen genau hier ihren ursprung. hitler und sein regime werden so zum vollstrecker der kühnsten wunschvorstellungen einer riesig und unkontrollierbar gewordenen industrie. der »deal« zahlt sich für die industrie aus: die nazis führen ein genehmigungs-

13| **h. merkel:** agrarpolitik. in: die neugestaltung von recht und wirtschaft. heft 32/3. leipzig 1942, seite 49

verfahren für »nutztiere« ein, um sie zu selektieren.

wenn wir heute mit recht die »patentierung« von tieren beklagen – das alles nimmt hier mit »führers segen« seinen anfang. kaum einer merkt es, denn alle denken, hitler sei vegetarier. die sprengstoffproduktion wird ebenso ins gigantische gesteigert wie die düngemittelproduktion, auf beides gleichzeitig ist die ig farben spezialisiert. denn mehr »nutztiere« bedeuten mehr bedarf an futtermitteln. und tatsächlich: »die verwendung von stickstoff, kali und kalk stieg von 1932 bis 1939 um mehr als das doppelte«.[13]

zu diesem zeitpunkt startet die chemisierung der landwirtschaft voll durch und wird dann – nur wenig zeitversetzt – auch weltweit umgesetzt. damit kein misstrauen aufkommt, wird diese revolutionäre chemisierung der landwirtschaft im dritten reich geschickt von einer »heile-welt-propaganda« überstrahlt: »der bauer auf seiner scholle« und »blut und boden« täuschen über das hinweg, um was es geht. die nazis verhelfen dieser industrie – über das »dritte reich« und den krieg hinaus – zum weltweiten

abbildung 1 / **dünger und sprengstoff**

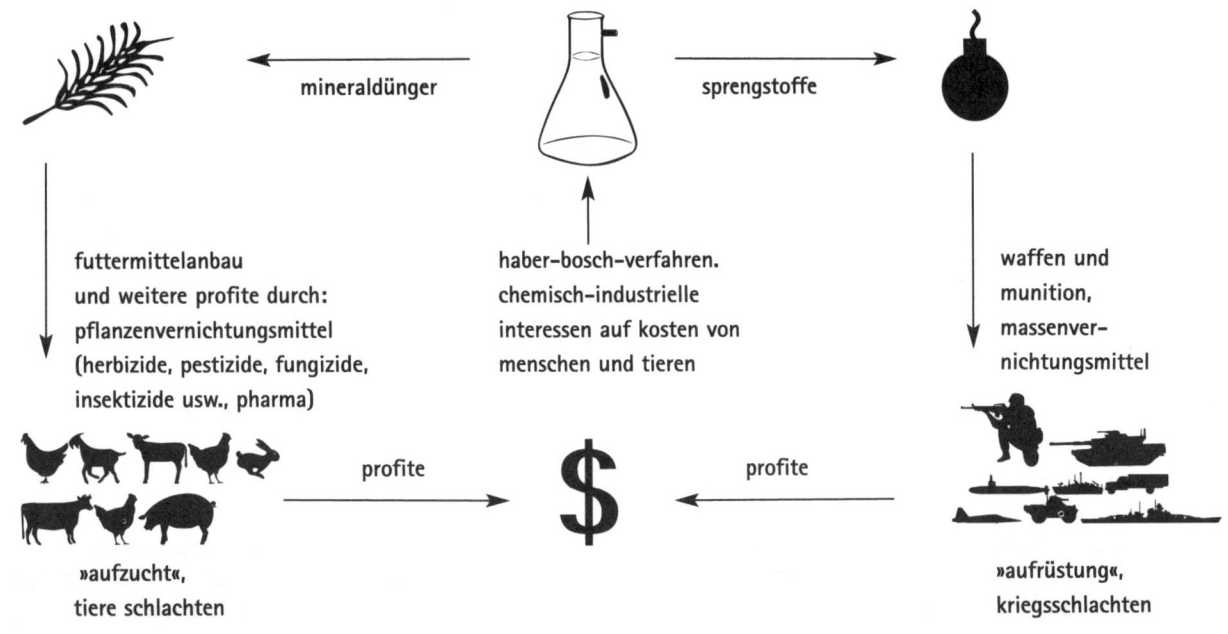

mineraldünger

sprengstoffe

futtermittelanbau
und weitere profite durch:
pflanzenvernichtungsmittel
(herbizide, pestizide, fungizide,
insektizide usw., pharma)

haber-bosch-verfahren.
chemisch-industrielle
interessen auf kosten von
menschen und tieren

waffen und
munition,
massenver-
nichtungsmittel

profite

$

profite

»aufzucht«,
tiere schlachten

»aufrüstung«,
kriegsschlachten

deutsche presse-agentur / picture alliance

george orwell: »der eigentliche kampf findet zwischen menschen und tieren statt.«

15| denn 1951 wurden die verurteilten durch eine amnestie auf freien fuß gesetzt. otto ambros, der für planung und betrieb von i. g. auschwitz verantwortlich und wegen versklavung verurteilt wurde, sagte in einem interview mit dem »san francisco chronicle« über seine frühere tätigkeit: »das ist doch schon so lange her. es hatte mit juden zu tun. wir denken darüber nicht mehr nach.«

das, was toynbee mit »aggressiver habgier« und kampf meint.

auch george orwell durchschaut den zusammenhang. in seinem vorwort zu *farm der tiere* traut er sich, die wahrheit, die schon wilcox ausgesprochen hat, auf den punkt zu bringen. doch das vorwort wird gar nicht erst gedruckt. es erscheint nur in den späteren ausgaben, lange zeit nach ende des zweiten weltkrieges. orwell hält der menschheit den spiegel vor – eine der brisantesten zeilen, die im 20. jahrhundert verfasst werden:

der eigentliche kampf findet zwischen menschen und tieren statt.[16]

einblick bekommen nur diejenigen, die in späteren ausgaben das nachgereichte vorwort überhaupt lesen. da ist man sich längst »ganz sicher«, dass es sich bei dem buch nur um eine parabel handele, die tiere hier also gar keine bedeutung hätten. doch orwell schreibt in seinem vorwort, dass sich jene, die sich durch klassenkämpfe

31

untereinander bekämpfen, sehr wohl einig sind im kampf gegen die tiere. dieses aus sicht der veganisierung bedeutende dokument wird von einem vorwort zum nachwort, es wird wegzensiert und dreißig (!) jahre später erst-

16| **george orwell:** animal farm. a fairy story. london 1945. in der originalausgabe nicht gedruckt, da zensiert, steht im originalvorwort unter der überschrift »the freedom of the press«: »i proceeded to analyse marx's theory from the animals' point of view. to them it was clear that the concept of a class struggle between humans was pure illusion, since whenever it was necessary to exploit animals, all humans united against them: the true struggle is between animals and humans.« erst 1972 (!) fand ian angus das typoskript, das dann am 15.09.1972 in the *times literary supplement* erstmals publiziert wurde und seitdem in vielen ausgaben von animal farm. dass ursprünglich das vorwort in der ersten ausgabe gedruckt werden sollte, erkennt man an der paginierung. die seitenzahlen beweisen, dass das vorwort geplant war, in den darauf folgenden ausgaben wurden sie (weiterhin ohne das vorwort zu drucken!) geändert.

mals publiziert. doch bei dieser ersten publikation geht die aussage orwells unter.

niemand will sich anscheinend seinen sonntagsbraten durch einen einzigen satz in der zeitungsbeilage der 1970er jahre ausreden lassen, wo der konsum von produkten aus tierausbeutung gerade noch weiter gesteigert wird. in diesem zusammenhang erscheint uns arnold toynbees liebe statt kampf noch bedeutsamer und vor allem noch viel klarer.

wenn doch der »eigentliche kampf« der kampf der menschen gegen die tiere ist, wird auch der kampf als gegensatz von liebe so lange weitergehen, bis die menschen diesen kampf gegen die tiere bewusst beendet haben.

es geht dabei nicht darum, den kampf gegen menschen zu verharmlosen. die beendigung des kampfes gegen die tiere verstärkt auch die hemmschwelle vor dem kampf gegen menschen. beim »wetteifern um liebe und kampf« ist die veganisierung deshalb eine logische konsequenz. ein bisschen »vegetarisch« reicht da auf die dauer keinesfalls. hühnereier im handel, gleich aus welcher »haltung«, töten zwangsläufig küken im maschinentakt. männliche küken werden nicht gebraucht, seit jahrzehnten werden sie vergast oder vermust, allein in deutschland jedes jahr 40 millionen.[17]

die haltung der »eierlegenden« tiere bedeutet in der regel auch, dass sie ihr leben lang kein tageslicht sehen. zur gewissensberuhigung diskutieren eieresser über die »richtige haltung« der »legehennen«, vergessen dabei aber, dass sie mitverantwortlich für die täglichen strapazen der hennen beim eierlegen sind.

vögel legen in der gemäßigten zone nur im frühling eier, schon gar nicht täglich, was vollständig ihrer natur widerspricht und was wir den tieren nur angezüchtet haben. als gequältes, gepeinigtes und der natur entrücktes zuchttier endet es »zum dank« auch noch als »suppenhuhn«, dem man einfach den hals umdreht.

17| **nils klawitter:** im akkord zur schlachtreife. in: der spiegel, heft 7/2011

in tausenden produkten der globalen supermärkte und häufig auch in manchmal noch ethisch daherkommender »vegetarischer« nahrung stecken hühnereianteile. alles blutige spurenelemente des »eigentlichen kampfes«.

kann liebe derartige sogenannte »ovo-vegetarische« nahrung dulden? durch das essen auch nur eines dieser produkte tragen wir bereits die volle, von emerson erwähnte mitschuld.

kann liebe akzeptieren, dass »lakto-vegetarier« gedankenlos auch nur noch ein einziges glas milch trinken, ein stück käse, einen löffel joghurt und eine messerspitze butter essen? wenn hierfür die männlichen babys der milchkuh, die sie immer wieder gebären muss, um überhaupt milch geben zu können, getötet werden? kann liebe das schreien der mutterkühe, wenn man ihnen ihre kinder wegnimmt, auch nur eine sekunde lang ertragen? schon die liebe der mutterkuh, die sich in diesem schreien manifestiert, beweist das gegenteil. vielleicht kann das jemand, der es gelernt hat, seine gefühle einfach abzustellen.

schweine, intelligenter als hunde, im denken und fühlen

dann ist der »eigentliche kampf« durch liebe zu ersetzen.

deshalb ist auch die zeit des halben vegetarismus vorbei, weil er aus den genannten gründen in mancher hinsicht leider auch selbst eine teileinrichtung des kampfes ist, da er das fleisch ablehnt, aber den qual- und todbringenden kampf weiter scheinlegitimiert. das liegt daran, dass der vegetarismus hauptsächlich mit den argumenten der »gesundheit« – allerdings nur der des menschen – kämpft, er beinhaltet viel, was mit liebe unvereinbar ist. es ist eine mit liebe unverträgliche »logik« zu meinen, dass der tod von hühnern für eier und von

rindern für molkereiprodukte »weniger schlimm« sei als der tod von schweinen für steaks und schnitzel. liebe bringt es in wahrheit nicht übers herz, den zwangsläufigen tod der milchkuh für molkereiprodukte zu rechtfertigen, gleichzeitig den tod des fleischrindes aber abzulehnen. vegetarier, die so »denken«, sind entweder nur aus gründen ihrer eigenen gesundheit nicht fleischessende vegetarier, oder sie haben nicht zu ende gedacht.

tolstoi weiß das, gandhi und kallenbach wissen es schon während ihrer zeit in südafrika, bevor sie nach indien gehen,[18] auch morgenstern und steiner sind sich dessen bewusst, wie wir später noch sehen werden.

1944 gründet donald watson die vegan society, erfindet den begriff vegan, indem er aus dem britischen »vegetarian« einfach die buchstaben »etari« streicht.

wie bekommt die ehrliche liebe nun den nötigen einfluss? wie kann sie den kampf ersetzen? durch protokolle und bankette, verhandlungen hinter verschlossenen türen und durch investitionen? möglicherweise auch dadurch. vielleicht durch mahnende appelle an die ver-

18| **mohandas karamchand gandhi:** eine autobiographie. berlin 1982, seite 381/382: »während dieser zeit führten wir unsere diskussion über die milch. mr. kallenbach sagte: ›wir reden immer über die schädlichen auswirkungen der milch. warum geben wir sie dann nicht auf? sie ist sicherlich nicht nötig.‹ ich war angenehm überrascht von dem vorschlag, den ich warm begrüßte, und wir beide verpflichteten uns, hier und heute der milch abzuschwören. das geschah auf der tolstoi-farm im jahre 1912.«

nunft, weil wir nur durch die internationale veganisierung die CO_2-emissionen deutlich reduzieren können? solange das dazu führt, tieren kein leid mehr zuzufügen, kann das ein beitrag sein.

ist liebe nicht über all das erhaben? verbirgt sich hinter dem »eigentlichen kampf« nicht auch der kampf gegen alles leben und gegen das lebensprinzip?

vivisektion bedeutet »zerschneidung des lebendigen«. im engsten sinne versteht man darunter heute »nur« die operationen am lebenden tier im rahmen von tierversuchen, über die gandhi aussagt, sie seien das schwärzeste verbrechen in der geschichte der menschheit. doch im grunde verbirgt sich dahinter mehr.

der indische wissenschaftler jet singh uberoi von der delhi school of economics definiert in einer interessanten außenbetrachtung vivisektion als das kernproblem des

gesamten westlichen wissenschaftsbildes, und zwar die »vivisektion der nichtmenschlichen natur durch den menschen«.[19] diese kritik zeigt auch, dass außerwestliche denker oft nicht damit zurechtkommen, dass im westen mit zweierlei maß gemessen wird.

so wenig überzeugend es ist, hunde und katzen nicht, schweine, rinder, schafe und ziegen jedoch sehr wohl zum schlachten zuzulassen, so wenig verständlich ist es, dass man wissenschaftler für die erforschung von medikamenten und für tierversuche kritisiert, die zustände in den »nutztier«-unterkünften und in den schlachthäusern dagegen als normalität akzeptiert.

die diskrepanz zwischen der kritik am tierversuch einerseits und der akzeptanz gegenüber dem schlachten von tieren andererseits fällt selbst eingefleischten verfechtern und verteidigern des tierversuchs auf. so heißt es in einem medizinischen fachbuch: »vergleicht man aber gar die menge tierischer proteine, die von schlachttieren gewonnen wird und der ernährung der menschheit dient, mit der menge der proteine von versuchstieren, so ist die

19| **jit singh uberoi:** der andere geist europas, goethe und die zukunft der wissenschaft. ein plädoyer aus indischer sicht. dornach 1999, seite 14

relation noch wesentlich deutlicher. der nutzen aber, der durch erkenntnis aus den tierversuchen gewonnen wird, ist für die menschheit bedeutend größer.«[20] derselbe autor meint übrigens, dass sich tierversuchsgegner »egoistisch auf ein ›ethisches podest‹ stellen, weshalb er das wort tierschützer ›immer in anführungszeichen« schreibe.

doch offenbart die passage aus dem medizinischen fachbuch nur, dass uberoi außenansicht stimmt. uberoi bestätigt mit seiner interessanten indischen sicht exakt das, was george orwell als den »eigentlichen kampf« darstellt, also den der menschen gegen die tiere. zu diesem »eigentlichen kampf« gehören jedoch sämtliche mensch-lichen verhaltensweisen, deren opfer tiere sind, und man muss das mit recht so allgemein beschreiben, wie uberoi es tut. zur vivisektion der nichtmenschlichen natur gehört also konsequenterweise ebenso die nichtvegane ernäh-

20| **werner h. hopf:** sinnlose wiederholungen? informatisation und tierversuche. in: fred lembeck: alternativen zum tierversuch. stuttgart/new york, 1988, seite 107

rung und der gesamte nichtvegane konsum wie die in den laboren noch immer durchgeführten tierversuche.

diesen zusammenhang erläutert rudolf steiner bereits 1905 in einem öffentlichen vortrag in berlin: »es wird ein zeitpunkt kommen, wo die menschen das einzelne leben eines geschöpftes im zusammenhang mit dem leben des ganzen universums durchschauen werden. und dann werden die menschen ehrfurcht bekommen vor dem leben. dann werden sie einsehen lernen: jedes genom-mene leben, jedes leid, das einem lebendigen wesen zuge-fügt wird, wirkt durch einen zusammenhang, der zwischen leben und leben besteht, zur herabstimmung der edelsten kräfte unserer eigenen menschennatur.

genau ebenso wie sich eine summe mechanischer arbeit in wärme verwandeln läßt, so verwandelt sich durch die tötung eines lebewesens etwas im menschen, was es ihm unmöglich macht, heilend und wohltuend auf seine mitmenschen einzuwirken. dies ist ein unbrech-bares gesetz. hier ist alles nebulose, alles unklare streng ausgeschlossen, hier herrscht mathematische klarheit.«[21]

das tieren durch menschen gebrachte leid ist die schwelle für den übergang zu einer welt der liebe statt einer welt des kampfes.

bis der zeitpunkt gekommen ist, wird das lebendige unterdrückt, brutal offen bei den tieren und – gegen das eigentliche leben gerichtet – auch bei den menschen.

solange also der »eigentliche kampf« geführt wird, unterdrücken wir das leben insgesamt, auch das eigene. der kampf gegen die tiere, den manche durch ihr verhalten buchstäblich bis aufs messer verteidigen und als esser und sonstige »verbraucher« immer wieder unnötig verlängern, hält uns davon ab, ehrlich die ganze wirklichkeit anzuschauen, die wir – wie steiner schreibt – mit mathematischer genauigkeit wahrheitsgemäß betrachten sollten. der dauerkampf gegen die tiere unterdrückt alle wahren gefühle und das ganze leben in seiner einheit.

21| **rudolf steiner:** *die medizinische fakultät und die theosophie.* *berlin, 25.05.1905. öffentliche vorträge. ursprung und ziel des* *menschen. ga 53. dornach 1981, seite 472 f.*

er reißt sämtliche gewissensbisse genauso in stücke wie die tierkadaver, die verspeist werden oder indirekt dafür geopfert werden.

veganes wachwerden in einer welt, die »wie im schlaf« ohne große mühe dauernd gegen die tierwelt kämpft, ist nicht nur das ende des »eigentlichen kampfes«, sondern eine bewusste liebeserklärung an das leben.

ergänzung: die berechtigte kritik an der geschichte und gegenwart der chemischen industrie bedeutet nicht, dass wir sie nicht bräuchten oder als ganzes verwerfen könnten. für die veganisierung der welt benötigen wir eine geläuterte, vegane chemische forschung und industrie. dieses buch wäre ohne chemische materialinnovation in veganer qualität nicht herstellbar gewesen. es sind insbesondere heutige chemiker und chemische unternehmen, die bereits sehr verantwortungsbewusst dabei helfen, die welt umweltschonender und veganer werden zu lassen.

franz kafka:
»nun kann ich
euch in frieden
betrachten;
ich esse euch
nicht mehr.«

betrachten sie als rohe gestalten oder stufen sie sogar als psychisch krank ein. schon gar nicht vertrauen wir einem, der einem kätzchen oder einem hund gewalt antut.

die meisten der empfindsamen menschen opfern jedoch milliarden tiere für fleischverzehr, eier, milchprodukte,

fisch und »meeresfrüchte« – und verdrängen für diese das mitgefühl. viel zu lange schon überhören wir die quälenden hilfeschreie der tiere, hören die anklagen nicht, die man nur mit dem herzen wahrnehmen kann.

doch jetzt suchen immer mehr menschen den kontakt mit der wirklichkeit. die uns ablenkende propaganda hat schon deutlich an wirkungskraft verloren. menschen werden intelligenter und mitfühlender. ihr denken und ihre emotionen sind offener gegenüber der wirklichkeit.

die sensibilität steigt. das maß wird nicht mehr so selbstverständlich willkürlich gespalten. millionen verhalten sich bereits gezielt vegan. wie ist das zu erklären?

als franz kafka eine reise nach berlin unternimmt, besucht er das aquarium im zoologischen garten. ihn treffen die blicke der fische. er erlebt etwas neues, eine neue verbundenheit. in begleitung der freundin max brods sagt er, was er in diesem moment denkt: »nun kann ich euch in frieden betrachten; ich esse euch nicht mehr.«[1]

das ist der sieg der liebe über den kampf. ein kleiner, aber bedeutender moment. kafkas blick auf die fische hat

1| **max brod:** franz kafka. eine biographie. frankfurt am main 1954, seite 93

abbildung 2 / der kafka-effekt

1.

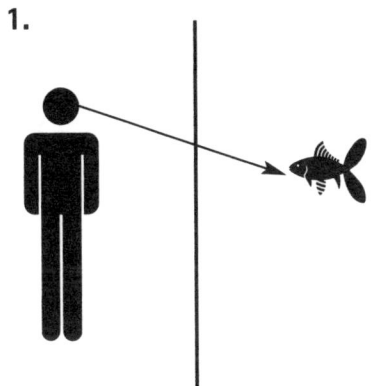

2.

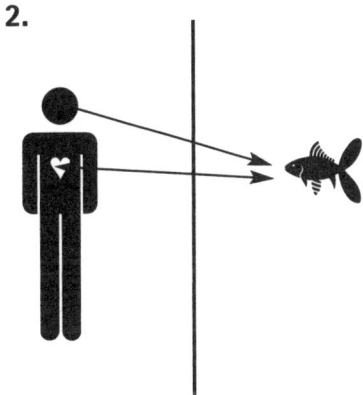

starrer, verhärteter blick.
einseitiger, verpanzert-tradierter blick. unbewusst gegenüber dem fisch, nur eigene interessen vorhanden oder
zynismus. keine bereitschaft, über den tellerrand zu
schauen. festhalten an den konventionen.

lebendiger blick.
bewusstsein für das leben des fisches. liebe zum leben,
daher mitgefühl für den fisch und entscheidung, keinen
fisch/keine leidverursachenden produkte mehr zu essen
und zu verwenden.

sich gewandelt, weil er sie bewusst nicht mehr isst. er schließt frieden, denn zuvor hat er sich dazu entschieden, sich anders zu verhalten. damit beendet kafka nicht nur seine bisherige verstrickung in das töten von tieren zu nahrungszwecken, sondern auch die unterdrückung seiner emotionen.

jetzt kann er die blicke der tiere zulassen und kann selbstbestimmt-emotional denken. ein neues verhältnis zwischen ihm und den tieren, die er früher gegessen hat, entsteht. das ist der kafka-effekt. er tritt ein, wenn man sich entschließt, kein essen mehr anzurühren, für das tiere ausgenutzt werden.

wer den kafka-effekt erlebt, betrügt sich nicht länger selbst. der niedere, noch dem kampf zugehörige, unbewusstere teil in uns hört auf, druck auf uns auszuüben und uns auszutricksen.

der kafka-effekt ist der beschreibung antoine de saint-

exupérys ähnlich; der fuchs erklärt in *der kleine prinz* das prinzip des effektes: »man sieht nur mit dem herzen gut, das wesentliche ist für die augen unsichtbar.«[2] unsere eigene welt zu veganisieren ist die dringend nötige hilfeleistung für die schreienden, leidenden und gequälten tiere.

der kafka-effekt ist der friedensschluss mit den tieren, der dann eintritt, wenn man sich entscheidet und beginnt, bewusst nur vegane produkte zu konsumieren.

er öffnet unser inneres, dessen guter kern die automatisierten ausreden und verharmlosungen überstrahlt. und dann entsteht noch etwas, das niemand nachempfinden kann, der noch einen tropfen tiermilch trinkt oder dem es egal ist, ob sein keks auch nur eine spur von hühnerei enthält: der kafka-effekt ermöglicht es, die einheit allen lebens zu erleben. wenn wir wirklich lieben, sind wir mit dem ganzen leben verbunden.

der kafka-effekt veganisiert auf individueller ebene die welt durch das direkte »eintreten« in das von toynbee erwähnte geistige »andere reich«, das seiner ansicht nach

2| **antoine de saint-exupéry:** der kleine prinz. düsseldorf 2010, seite 93

»genauso zur realität des menschen« gehört wie das
irdische.

unser selbstbefreiter blick in die augen eines schweins,
einer kuh, einer ziege, eines hahns, eines fisches und
eines jeden anderen tieres macht uns das leben als ganzes bewusster und wir unterscheiden nicht länger zwischen diesen und unseren haustieren.

unsere wachheit nimmt zu und wir können faszinie-
rende veränderungen an uns selbst feststellen. der kafka-
effekt stärkt unsere eigene liebesfähigkeit.

selben jahr erscheint auch sein *émile*, seine pädagogik, die den freien menschen zum ziel hat und herrschenden bis heute missfällt. damals toben sie und rousseau muss flüchten. doch die kraft des geistes setzt veränderungen durch.

es sind die frauen, die sich besinnen, auch die aus adeligem umfeld, deren männer rousseau aus furcht vor machtverlust besonders bekämpfen. nach dem lesen des *émile* stillen diese frauen ihre kinder wieder selbst.

rousseau hat ihren guten kern berührt, seine zeilen haben ihre herzen erreicht – und zur selbstbestimmten veränderung ihres bewusstseins und verhaltens geführt.

bücher sind tot und buchstaben starr, bis zu dem moment, in dem sie gelesen, aber nicht bloß »verstanden« werden, sondern auch das bewusste handeln motivieren. so bewegt sich geist aus den büchern heraus und in die menschen hinein, die sich dann inspirieren lassen und durch ihr verhalten die welt verändern. mit seinem

pädagogikwerk liefert rousseau zugänge, die sein rätsel im *gesellschaftsvertrag* lösen. die zugänge befinden sich außerhalb des kampfes und in der liebe. seine pädagogik beschreibt, wie émile in liebe kind sein darf und zum freien, selbstbestimmten menschen wird.

während rousseau den *gesellschaftsvertrag* mit dem rätsel des menschen, der in ketten liegt beginnt, leitet er den *émile* ein, indem er gegen das kampfprinzip und für die liebe argumentiert: »alles ist gut, wie es aus den händen des schöpfers der dinge hervorgeht; alles verdirbt unter den händen des menschen. er zwingt den erdboden, pflanzen eines anderen zu tragen, bäume, fremde frucht zu geben; er vermischt und verwirret klimate, elemente, jahreszeiten; er verstümmelt seinen hund, sein pferd, seinen sklaven; alles wirft er durcheinander, alles entstellt er.«[3]

diese zeilen sind ein vierteljahrtausend alt und doch brandaktuell. sie sind kein plädoyer für ewiggestrige, kein plädoyer für ein »zurück zur natur« und gedankenlose romantiker, auch wenn sie dafür herhalten mussten.

3| **rousseau:** émile oder über die erziehung, seite 19

schon gar nicht eignen sie sich, um als fürsprache für den rückschritt in die vergangenheit missverstanden zu werden.

rousseaus worte konstruieren fortschritt und bilden, wenn die menschen sie in ihr bewusstsein aufnehmen, zukunft. sie sind der versuch, den guten kern des menschen, mit dem er auf die welt kommt, zur geltung zu bringen, diesen vor vorurteilen, lebensfeindlichen traditionen und vor dem kampf zu schützen. rousseau will ihm ein leben in würde, selbstbestimmung und freiheit ermöglichen.

im 20. jahrhundert knüpft wilhelm reich an rousseaus rätsel an. er ist der jüngste und zugleich begabteste schüler sigmund freuds. freud vermutet einen zusammenhang zwischen neurosen und unterdrückter libido. dem geht reich nach. bis dahin ist das von niemandem genauer untersucht worden. reichs forschungsergebnisse sind brisant. doch freud und seine tochter anna lassen reich fallen und verbannen ihn aus der psychoanalytischen vereinigung. während freud und die meisten psychotherapeuten eher gutsituierte klienten bedienen und um den ruf der psychoanalyse fürchten, kümmert sich reich gezielt um die sozial am rande stehenden, geht in die politik, was er später als fehler betrachtet, zieht von wien nach berlin und verstärkt sein soziales engagement. mit der diskussionslosen trennung von reich gibt freud seine eigene idee auf, die erläuterung dafür bleibt aus.

doch reich lässt sich nicht beirren. die einleitenden worte in rousseaus *gesellschaftsvertrag* müssen motivierend auf ihn gewirkt haben: »bis heute ist dieses rätsel nicht gelöst. irgend etwas in der menschlichen gesellschaft muß verhindern, daß wir die richtige frage stellen, um die richtige antwort zu bekommen. der alptraum der vergeblichen suche zieht sich durch die gesamte philosophie. etwas, das ganz im verborgenen wirkt, verhindert, daß die richtige frage gestellt wird. und irgend etwas ist gleichzeitig am werk und lenkt erfolgreich unsere aufmerksamkeit ab von dem sorgsam getarnten zugang, auf den sich unser augenmerk richten müßte. das werkzeug, dessen sich dieses gut getarnte etwas bedient, um die aufmerksamkeit vom entscheidenden rätsel abzulenken, ist die ausweichende haltung der menschen, wenn es darum geht, ihr leben zu leben. das verborgene etwas ist die emotionale pest des menschen.«[4]

was reich die »emotionale pest« nennt, ist grausam. sie schwächt schon die lebensenergie von kleinkindern. reich erlebt an seinen patienten, wie sehr ihre lebensenergie unterdrückt ist.

rousseau erläutert die herausforderung bereits im *émile* drastisch: »alle unsere gebräuche sind unterwerfung, behinderung, zwang; der mensch im staate wird in der sklaverei geboren, hier lebt er, hier stirbt er; bei seiner geburt wird er in wickelkissen gesperrt; nach seinem tode wird er in einen sarg eingezwängt; solang er noch menschliche gestalt zeigt, wird er durch einrichtungen beengt.«[5] reich meint, diese umstände führten zur »pan-

zerung des charakters«, zur unterdrückung der lebensenergie. die emotionale pest unterdrückt das, was reich den biologischen kern nennt. dieser bestimme über eine verbindung zum ich unser verhältnis zur außenwelt. doch beim neurotischen charakter sei diese verbindung unterbrochen, weil panzerschichten dazwischen lägen. auch die liebesfähigkeit befinde sich im biologischen kern.

»schuld an dem tiefen elend, in dem der mensch gefangen ist, ist die panzerung, die ihn daran hindert, seine reichen bioenergetischen möglichkeiten und potentiale

wilhelm reich: »das verborgene etwas ist die emotionale pest des menschen.«

wilhelm reich infant trust fund

4| **wilhelm reich:** christusmord. die emotionale pest des menschen. frankfurt am main 1997, seite 15

5| **rousseau:** émile oder über die erziehung, seite 28

47

zu nutzen.«[6] und das bedeutet: »die biophysikalische panzerung des menschen erklärt nicht nur, warum er so verzweifelt davonläuft, sondern sie ist auch der grund dafür, daß er den existenziellen fragen seines lebens ausweicht – durch seine religion, seine naturphilosophie und nicht zuletzt sein streben nach wissen über die natur.

der mensch darf den ihm innewohnenden kern nicht wahrnehmen oder begreifen; er muß ihn von sich fern und unerreichbar halten, wenn er seine gegenwärtige gesellschaftsstruktur erhalten will.«[7] ist das eine antwort auf rousseaus rätsel? stößt reich mit seinen forschungen auf die zentrale herausforderung, vor der wir noch immer stehen?

es gelingt reich, neurosen auf der körperlichen ebene anhand von muskelverspannungen nachzuweisen und

6| **reich:** christusmord, seite 11 in der einführung

7| ebd.

8| **antonin svoboda:** wer hat angst vor wilhelm reich (film) wien 2009. coop99 in kooperation mit dem orf.

eine heilende therapie zur entpanzerung zu entwickeln, die vegetotherapie. dies geht nicht nur über die psychoanalyse hinaus, sie lässt diese hinter sich.

der film *wer hat angst vor wilhelm reich*[8] zeigt, wie stark und aggressiv die durch emotionale panzerung entstehenden angestauten kräfte im menschen wirken. der therapierte schlägt – ohne sich dabei unter kontrolle zu haben – mit beiden armen immer wieder stoßartig hinter sich. es wird ein polster hinter seinen rücken gehalten, um ihn vor verletzungen zu schützen. seine angestrengte atmung erinnert an einen orgasmus. die entspannung der muskelpartien wirkt offensichtlich befreiend.

verantwortlich für die von reich entdeckten panzerungen ist die von ihm beschriebene unterdrückung der lebendigkeit.

als hätte rousseau seinen *émile* nie geschrieben, werden kinder im 21. jahrhundert – nach kurzer unterbrechung ab ende der 1970er jahre – nun wieder eingeschnürt, heute nennt man das »pucken« oder »swaddeln«, das angebliche

abbildung 3 / die bedürfnispyramide nach maslow

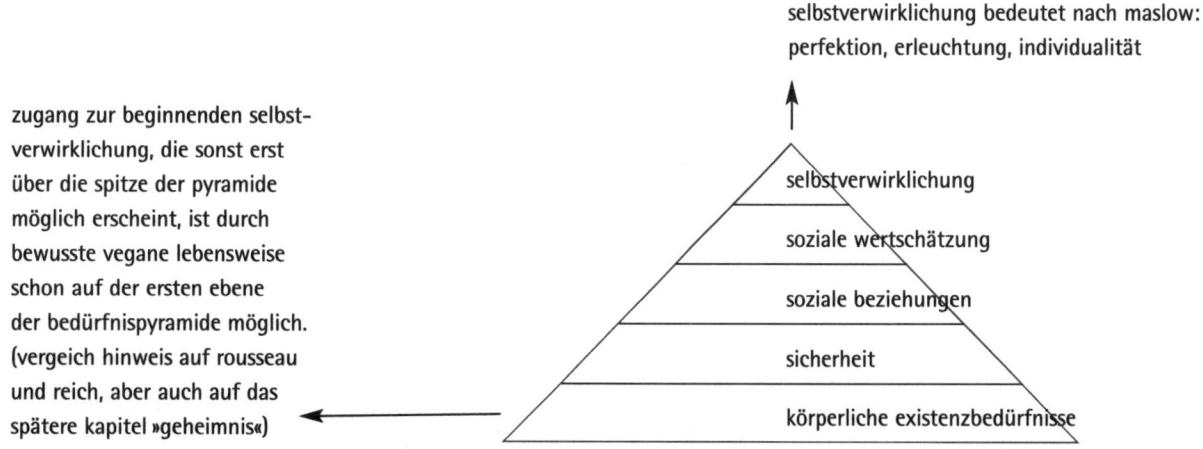

selbstverwirklichung bedeutet nach maslow:
perfektion, erleuchtung, individualität

zugang zur beginnenden selbstverwirklichung, die sonst erst
über die spitze der pyramide
möglich erscheint, ist durch
bewusste vegane lebensweise
schon auf der ersten ebene
der bedürfnispyramide möglich.
(vergeich hinweis auf rousseau
und reich, aber auch auf das
spätere kapitel »geheimnis«)

selbstverwirklichung

soziale wertschätzung

soziale beziehungen

sicherheit

körperliche existenzbedürfnisse

zeigen, dass es auch anders geht. zu den »körperlichen existenzbedürfnissen« zählen die ernährung und die sexualität.

es sind die gesellschaftlichen panzerschichten, die den menschen daran hindern, sich um selbstverwirklichung zu bemühen. maslow versteht darunter »individualität, perfektion und erleuchtung«. die aussage in brechts dreigroschenoper erläutert auch hier, um was es geht: »erst kommt das fressen, dann die moral.«

indem wir schon auf der ersten ebene einen teil der panzerung auflösen können, ist schon von hier aus ein zugang zur stufe der selbstverwirklichung möglich.

dies wird noch deutlicher, wenn wir uns einer besonderen stelle in rousseaus *émile* zuwenden, die höchstwahrscheinlich reich noch nicht bewusst geworden ist. sie ist in diesem zusammenhang bis heute nicht nur übersehen worden, sondern entspricht dem, was »ganz im verborgenen« wirkt: »einer von den beweisen, daß

der geschmack an fleischspeisen dem menschen nicht natürlich sei, ist die gleichgültigkeit der kinder gegen diese speisen und der vorzug, den sie alle der pflanzenkost (...) geben. es ist vorzüglich wichtig, ihnen diese natürliche neigung nicht zu nehmen und sie nicht zu fleischessern zu machen.«

rousseau verdeutlicht, warum er es für besonders wichtig hält, kinder nicht zu fleischessern zu machen, denn es sei »gewiß, daß die starken fleischesser grausamer und wilder sind, als alle anderen menschen. diese beobachtung gilt überall und geht durch alle zeiten.« und die »grausamkeit kommt von ihren nahrungsmitteln. sie gehen zum krieg, wie zur jagd, und machen es mit den menschen wie sie es mit den bären machen.«[11]

fleisch und auch alle übrigen aus dem leid von tieren gewonnenen nichtveganen produkte sind unter diesem gesichtspunkt eine emotionale verletzung der positiven natürlichkeit des menschen. wenn kinder von sich aus fleischspeisen ablehnen, werden sie ihnen in der regel püriert untergejubelt, um sie daran zu gewöhnen. für

11| **rousseau:** émile oder über die erziehung, seite 116

jean-j. rousseau: »die grausamkeit kommt von ihren nahrungsmitteln. sie gehen zum krieg, wie zur jagd, und machen es mit den menschen wie sie es mit dem bären machen.«

natürlichen friedfertigkeit. denn kinder lieben tiere, und gewöhnt man sie nicht an das fleisch und andere nichtvegane produkte, sind sie erschrocken und traurig, wenn sie erfahren, dass man ihnen leichenstücke von gezielt getöteten tieren - ihren freunden - zum essen serviert und ebenso andere produkte, die zwangsläufig zum leid und tod von tieren führen; wie alle nichtveganen produkte.

dieser von rousseau erstmals dokumentierte umstand ist der bislang unentdeckt gebliebene hauptgrund dafür, warum bei den einen der kafka-effekt einsetzt und bei den anderen verspätet oder überhaupt nicht. das bewusstsein hierzu verbirgt sich unter tiefen panzerschichten, die man nur knackt, wenn man den entschlossenen willen hat, die eigene frühkindliche programmierung zu erkennen, um diese zu überwinden.

ein beispiel aus der magazinbeilage der *süddeutschen zeitung* verdeutlicht die zusammenhänge: »(...) diese mit verve geschriebenen texte, in denen die aufklärer, die fleischgegner, all die guten, all die richtigen argumente

molkereierzeugnisse und alle übrigen nichtveganen produkte gilt das gleiche.

das sind panzerungsmechanismen, die früh in der kindheit einsetzen. man stülpt den kindern etwas über, das ihnen nicht bewusst ist. man raubt ihnen einen teil ihrer

12| **christian zaschke:** fleischgeil. in: süddeutsche zeitung magazin, heft 33/2010

haben, führen nie zu einer diskussion. sie führen, seltsamerweise, zu nichts (auch bei mir nicht). wer (...) freunde einlädt, ein paar saftige steaks auf den grill wirft und darüber fachsimpelt, wie das fleisch am besten ist, well done, medium oder doch rare, also: blutig – handelt der nun allzu menschlich oder doch ganz einfach dumm?«[12]

der kafka-effekt setzt voraus, dass man sich über die »programmierung«, über die »panzerung«, über die »autorität« der eltern und der gesellschaft in freier selbstbestimmung hinwegsetzt. wessen liebesfähigkeit jedoch zu stark gepanzert ist, der kann wohl kein bewusstsein für das erlangen, was emerson »mitschuld« nennt, der handelt nicht als freier mensch, sondern als jemand, der – im unbewussten zustand – auf das fleischessen und den konsum aller übrigen nichtveganen produkte eingestellt, darauf programmiert worden ist. selbst dann, wie das beispiel zeigt, wenn er die argumente sogar als richtig erkennt. die von rousseau im *émile* beobachtete natürliche abwehrreaktion wird dem menschen unbewusst und früh genommen. dieser mechanismus, der eine gewalt-

maßnahme ist, wird über generationen hinweg von eltern an kinder weitergetragen. die meisten eltern geben dies so wenig bewusst weiter, wie sie selbst unbewusst programmiert wurden.

ein weiterer lösungsaspekt ist die sexualität. bei reich ist sie der höchste körperliche ausdruck des lebenskerns. tatsächlich hat auch die ernährung mit sexualität mehr zu tun, als man zunächst annimmt.

eine untersuchung der soziologin monika setzwein gibt aufschluss über das sexuelle im kulinarischen kontext: »die assoziationen zwischen fleischerei und sexualität haben eine lange tradition. die australischen forscherinnen pringle und collins verweisen in ihrem anregenden beitrag unter anderem auf einige werke flämischer und norditalienischer maler des 16. jahrhunderts, auf denen z.b. metzger zu sehen sind, die mit einem zweideutigen lächeln und umgeben von sexuell konnotierten sinnträgern – als phallisch geltende messer (vertikal aufgestellt oder am unterleib gehalten), mit lüsternheit assoziierte tiere (z.b. keiler) und ähnlichem – ihre zweideutige ware feilbieten.

eine änderung des gesellschaftlichen alltags in den händen von verantwortungsbewussten menschen liegt. die tradierten maskulinen denk- und verhaltensweisen auf kosten von kindern, friedsameren erwachsenen und tieren können nur durch zivilcourage verändert werden. altherkömmliche rollenverteilungen gilt es zu überwinden. gerade in ihnen findet das wetteifern zwischen liebe und kampf statt.

die tötende alltäglichkeit der emotionalen pest kann nur durch uns selbst geheilt werden. friedsamere und bewusstere menschen können sich untereinander solidarisieren und ihren noch traditionsverbundenen partnern deutlich machen, dass friedsamkeit und partnerschaft im 21. jahrhundert nicht mehr mit dem konsum von fleisch und anderen nichtveganen produkten überschattet sein sollen.

immer mehr vegane partnerschaften leben diese offenheit und neue friedsamkeit vor. die beendigung des kampfes gegen die tiere fördert eine tiefsinnigere gleichberechtigtere partnerschaft. wer offen über die zusammenhänge spricht, kann ablehnung bis hass ernten.

über die gefahren der emotionalen pest schreibt reich gründlich in seinem *christusmord*. das erkennen dieser zusammenhänge hat eine befreiende wirkung. diese wirklichkeit zu erkennen und andere auch darauf aufmerksam zu machen, ist der aufbruch in eine welt, in der schrittweise und konkret kampf durch liebe ersetzt wird.

goethes faust wird ja »ganz bang«, als er sich bewusst wird, dass um ihn herum »nur tiergeripp und totenbein« sind – statt der »lebendigen natur«. wir gewinnen also ein stück lebendigkeit, wenn wir die jahrhundertlange ernährungsbedingte und tierunterdrückende panzerung aufbrechen. aber gelingen wird uns das nur durch konsequente klare gedanken, offene gefühle und konkret verändertes veganes verhalten.

wie wichtig der *émile* ist, zeigt der buchtitel selbst, der den vornamen emil in europa und der welt erst bekannt macht. rousseau hat ihn vom römischen »aemilius« entlehnt, ein name der auf die patrizierfamile der »aemilier« zurückgeht, deren ahnherr mamercus ein sohn des

abbildung 4 / emotionale verpanzerungen und programmierungen

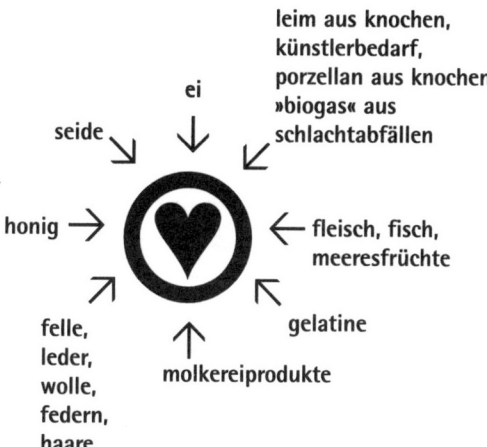

leim aus knochen,
künstlerbedarf,
porzellan aus knochen,
»biogas« aus
schlachtabfällen

ei

seide

honig

fleisch, fisch,
meeresfrüchte

gelatine

felle,
leder,
wolle,
federn,
haare

molkereiprodukte

durch druck von außen aufgebaute emotionale
panzerschichten / unbewusste verhärtungen.
diese sind codiert und den meisten menschen
nicht bewusst. erkennt man an aussagen wie
wie z.b. »nichtvegane produkte sind lebensnotwendig«. schon in der kindheit werden wir darauf programmiert. dadurch sind wir gegenüber
dem leiden der opfer abgestumpft und emotional hart.
alltägliches unrecht, das für alltägliche
gegenstände ausgeübt wurde, wird dadurch gar
nicht erst wahrgenommen.

pythagoras ist, der ersten uns bekannten bewusst vegan lebenden persönlichkeit der geschichte.

in reichs *charakteranalyse* findet sich eine passage, die auch den hier entdeckten zusammenhang zwischen pan-zerung und nichtveganem verhalten noch einmal deutlich machen kann: «es ist nun begreiflich, daß wahrhaftigkeit und geradheit so seltene menschliche charaktereigen-schaften sind; mehr, daß man regelmäßig staunen und bewunderung begegnet, wenn diese vielgepriesenen verhaltensweisen sich hier oder dort durchsetzen. vom standpunkt der ›kulturellen‹ ideale müßte man erwarten, daß wahrhaftigkeit und geradheit alltägliche und selbst-verständliche haltungen wären.

daß sie das nicht nur nicht sind; daß sie bestaunt werden; daß man wahrhafte und gerade menschen als sonderlinge betrachtet, als irgendwie mit einem spleen behaftet; mehr, daß so ein wahrhaftig und aufrichtig sein so oft mit sozialer lebensgefahr verbunden ist, läßt sich in kei-

ner weise aufgrund der herrschenden kulturellen ideolo-gie, sondern nur mittels der kenntnis der organisierten emotionellen pest begreifen.

nur so läßt es sich begreifen, daß die triebfedern aller freiheitsbestrebungen: sachlichkeit und wahrhaftigkeit, in jahrhunderten schwerster anstrengungen immer wie-der unterliegen. demzufolge ist es nicht anzunehmen, daß irgendeine freiheitsbewegung aussicht hat, ihre ziele zu erreichen, wenn sie sich der organisierten emotionellen pest nicht scharf und klar durch wahrhaftigkeit gegen-überstellt. die unbekanntheit der emotionellen pest war bisher ihr sicherster schutz.«[14]

wie stefan zweig 1919 schreibt, wird rousseaus geist auch jetzt wieder lebendig. denn die veganisierung ist eine weltwende, die den «eigentlichen kampf» konkret beendet.

14| **wilhelm reich:** charakteranalyse. köln 1989, seite 336

6 / empathie forte

nur das verdrängen von gefühlen ermöglicht es, tiere so zu halten, wie es überall in der westlichen welt zur »normalität« geworden ist. während wir technologisch weit gekommen sind, stehen wir geistig erst am anfang unserer entwicklung.

nichtvegane produkte widersprechen unseren natürlichen gefühlen gegenüber den tieren schon immer. die

früh einsetzende panzerung verhindert aber, dass wir unsere natürlichen gefühle nicht nur für hunde und katzen, sondern eben für alle tiere aufbringen.

der chefredakteur von *spektrum der wissenschaft* schreibt: »das modell des gehirns als rechenmaschine hat ausgedient. denken und fühlen gehen eng zusammen und kontrollieren sich gegenseitig. ein baby kann vom ersten tag an emotionen ausdrücken, etwa mitteilen, wie es ihm geht. und die eltern verstehen es. emotionen sind nicht nur in uns, sondern auch zwischen uns. täglich

1| **reinhard breuer:** von der macht der gefühle. in: spektrum der wissenschaft. tagebuch, 09.11.2007

schlecht behandeln, sondern wir dulden durch unser nichtveganes verhalten auch, dass die gefühle der tiere auf das allergröbste missachtet werden.

die hirnforschung bestätigt rousseau und reich. doch die verpanzerung ist so stabil und vorherrschend, dass die zusammenhänge nur von wenigen erkannt werden. erst die aufklärung über die notwendigkeit der veganisierung kann helfen, weitere fortschritte zu entwickeln.

rousseau, reich und die konsequente umsetzung der forschungsergebnisse spielen in einer hauptsächlich von egoistischen interessen dominierten gesellschaft bislang nur eine untergeordnete rolle.

anhand des cotardsyndroms wird deutlich, was es bedeutet, von emotionen abgeschnitten zu sein: »nichts in der welt, kein ereignis, keine berührung, keine musik, hat für sie noch irgendeine emotionale bedeutung. diese

menschen erleben nichts mehr, sie registrieren nur noch.«

und das bedeutet dann auch: »menschen, die darunter leiden, sind davon überzeugt, sie seien tot. sie wundern sich zuweilen, dass sie noch nicht begraben sind.«

damasio fasst zusammen, welche bedeutung emotionen also haben: »wer von seiner gefühlswelt abgeschnitten ist, ist vom leben abgeschnitten.«[3]

nichtvegane produkte zu verbrauchen entspricht nicht dem cotardsyndrom. wenn sich jedoch eltern gegen die natürliche abscheu ihrer kinder, fleisch und andere nichtvegane produkte zu essen, mit druck durchsetzen, schneiden sie ihre kinder von ihrer natürlichen gefühlswelt ab – und damit von einem teil ihrer lebendigkeit.

schon 1995 berichtet daniel goleman: »kleinkinder empfinden, wie entwicklungspsychologen herausfanden, mitgefühl mit anderen, bevor sie richtig erfaßt haben, daß sie eigenständig existieren. schon wenige monate nach der geburt reagieren kinder auf die aufregungen anderer, als wären sie selbst betroffen, und weinen, wenn sie bei einem anderen kind tränen sehen.«[4] selbstverständlich

---

3| ebd.

4| **daniel goleman:** emotionale intelligenz. münchen 2007, seite 129 ff.

erstreckt sich von den kindern aus das, was fachleute »motorische mimikry« nennen auch auf die tiere. eine bestätigung für die natürlichkeit, von der rousseau spricht.

mit etwa zweieinhalb jahren »beginnt die sensibilität der kleinen für die emotionale erregung anderer zu divergieren; einige nehmen sie deutlich wahr (...) andere schalten ab.

marian radke-yarrow und carolyn zahn-waxler vom national institute of mental health haben in einer reihe von untersuchungen gezeigt, dass dieser unterschied in der empathischen anteilnahme stark damit zusammenhing, wie eltern ihre kinder erzogen.« auch dies ist eine bestätigung für rousseau, insbesondere auch für seine äußerungen in seinem *gesellschaftsvertrag*.

»kinder, so fanden sie heraus, entwickelten mehr empathie, wenn ihre eltern sie dazu anhielten, den kummer, den sie durch ihr fehlverhalten einem anderen bereitet

hatten, zu beachten, und sie nicht schalten: ›das war unartig!‹, sondern sie ermahnten: ›schau mal, wie traurig du sie gemacht hast‹.«

die forschung zeigt deutlich, dass rousseaus aussagen über das fleischessen, die wir um die nutzung aller nichtveganen produkte zu erweitern haben, mehr als berechtigt sind.

denn: »die empathie wird bei kindern auch davon geformt, dass sie beobachten, wie andere reagieren, wenn jemand kummer hat; indem sie das beobachtete nachahmen, entwickeln kinder ein repertoire von empathischen reaktionen, speziell der hilfe für andere, die kummer haben.«[5]

die unterdrückung der empathischen reaktionen setzt sich überall dort fort, wo eltern und überhaupt erwachsene die »konventionen« aufrechterhalten. nichts als dieser von rousseau entdeckte »akt« der unterdrückung der lebendigkeit – denn wir wissen jetzt, dass gefühle und lebendigkeit aufs engste miteinander verbunden sind – hat mehr dazu beigetragen, den menschen von »tierge-

5| ebd.

ripp und totenbein« zu umgeben, anstatt ihn teil der »lebendigen natur« sein zu lassen. nichts anderes als den zusammenhang zwischen gefühlen und lebendigkeit hat die moderne forschung bestätigt. auch wenn sie selbst darauf den fokus nicht gerichtet hat, bestätigt sie doch, was rousseau und reich mitteilen und goethe andeutet.

jede gesellschaft mit solchen automatischen erziehungsmechanismen unterdrückt natürliche gefühle systematisch. ebenso unbewusst geht sie dann standardisiert über das leiden von milliarden tieren hinweg, und dieses darüberhinweggehen findet im verhalten von eltern, großeltern, ärzten, institutionen und allen möglichen autoritäten seinen ursprung und seine fortsetzung.

daran erkennt man, dass der konsum von fleisch und anderen nichtveganen produkten nicht »genetisch veranlagt«, sondern gesellschaftlich »anerzogen« ist. der mensch, meint rousseau, sei im grunde gut, erst die gesellschaft mache ihn schlecht.

»wenn ein menschenkind empfangen und geboren ist, kann es sterben, bevor es zum bewußtsein erwacht.«

auch toynbees zeilen erhalten unter diesen gesichtspunkten eine weitere bedeutung.

wenn die empathiefähigkeit in der kindheit starken panzerungsmechanismen ausgesetzt ist, ermöglicht nur die gezielte befreiung von den emotionalen panzern ein vordringen zum inneren kern des menschen.

der konsum nichtveganer produkte geschieht im schlafe des bewusstseins unter ausschaltung unserer gefühle. diesen lebensverachtenden automatismus haben wir zu entdecken und durch die veganisierung der welt zu überwinden. gefühle sind ein menschen- und tierrecht. die welt wird durch die veganisierung gefühlvoller.

7 / die genaue vorstellung

stell dir vor, immer mehr menschen machen sich eine genaue vorstellung über die hintergründe der nichtveganen produkte. stell dir vor, dass sie sich dadurch ab sofort weigern, alle leidverursachenden produkte zu kaufen. stell dir vor, dass daraufhin durch einen mangel an nachfrage schlachthäuser, molkereien und tierfabriken geschlossen werden. stell dir vor, dass rinder, schweine, schafe, ziegen, hühner, kaninchen und andere tiere im auftrag unserer gesellschaft in die freiheit geführt werden.

»das denken macht die seele, womit auch das tier begabt ist, erst zum geist (...),«[1] schreibt hegel. wirkliches denken kann bewusst frei machen. es ist die voraussetzung für echte, nicht bloß eingebildete geistige selbstbestimmung. das freie denken ist die grundlage zur wirklichen steuerung unseres eigenen selbstbestimmten verhaltens. nur das tatsächlich freie denken – jenseits von floskeln –

[1]| **georg wilhelm hegel:** in der einleitung zur enzyklopädie der philosophischen wissenschaften im grundrisse. (1830) [ausg. heidelberg/hamburg 1991]

oder anders ausgedrückt: der abstrakte gedanke (der liebe) wird konkret und lebendig.

im deutschen tierschutzgesetz heißt es unter paragraph 1 an allererster stelle: »niemand darf einem tier ohne vernünftigen grund schmerzen, leiden oder schäden zufügen.«[3]

das ist gutgemeintes kopfdenken. die realität sieht jedoch für milliarden tiere völlig anders aus. der erste satz des tierschutzgesetzes ist das angestrebte ideal. es drückt nichts anderes aus als das, was aus unserem inneren kern kommt, nämlich den wunsch, dass niemand tieren schmerzen, leiden und schäden zufügen soll.

doch dann verliert sich das ideal im abstrakten kopfdenken und es folgen 21 weitere paragraphen, die unter anderem auch unsere ausreden zu rechtfertigen versuchen, warum wir tieren genau das zufügen, was wir im

ersten satz noch als »zweck des gesetzes« auslobend vermeiden wollen: schmerz, leiden und schäden.

denn die meisten tiere werden in wirklichkeit nicht wie fühlende lebewesen, sondern wie maschinen behandelt. aus dem fühlenden tier wird etwas abstraktes, eine art nutzobjekt, das auch sogenannt wird: ein »nutztier«. in der abstrakten sprache der technokratie spricht man dann auch von der »nutzleistung«. und so verliert sich der gute erste satz des tierschutzgesetzes im abstrakten paragraphendickicht. es wird zur juristisch verklausulierten anleitung für den täglichen »eigentlichen kampf«, dem der menschen gegen die tiere.

jetzt kann ein mensch auf die idee kommen, den ersten satz des tierschutzgesetzes für bare münze zu nehmen. er betrachtet die aussage losgelöst von traditionen und der normalität. in seiner idealen vorstellung widerspricht schon das züchten von tieren diesem ersten satz. ein enterich, der weder schwimmen noch fliegen kann, weil züchter ihm das bewusst hinweggezüchtet haben, hat bereits einen schaden, in dem er so verzüchtet zur welt kommt.

3| tierschutzgesetz (tierschg) der bundesrepublik deutschland vom 24.07.1972 (zuletzt geändert: 15.07.2009), erster abschnitt grundsatz, § 1

er kann seine instinkte nicht ausleben.[4] es gibt milliarden tiere, die mit dieser realität zurechtkommen müssen.

für einen idealisten ist es außerdem kein »vernünftiger grund«, die männlichen küken gleich nach dem schlüpfen zu vergasen oder zu schreddern, nur weil es menschen gibt, die unbedingt eier essen wollen. vielleicht gibt es für dieses verhalten einen grund, aber ist er wirklich vernünftig? die unterkünfte in den tierfabriken führen zu schmerz und leiden – das ist uns allen hinlänglich

bekannt und tausendfach von peta, den tierfreunden und vielen anderen organisationen dokumentiert.[5] die in den berichten gezeigte realität belegt den ständigen verstoß gegen das ideal.

doch jetzt kommt etwas zum zuge, was die tiere befreien kann. und zwar trotz der scheinbar festgezurrten situation, die aus sicht vieler wahrer tierfreunde zum verzweifeln ist.

es gibt nämlich einen konkreten weg zur befreiung. und das ist der von steiner skizzierte vorgang des freien denkens.

wenn ich jetzt den ersten satz des tierschutzgesetzes aus seiner abstraktion herausholen will – wie kann ich das tun? indem ich die wörter ernst nehme. je mehr ich sie idealisiere, umso beseligender ist die wirkung.

ich stelle mir jetzt vor, dass nicht nur hunde und katzen den anspruch darauf haben, gut behandelt zu werden. das gleiche recht soll auch für die bisherigen »nutztiere« gelten. jetzt sind tiere keine abstrakten gebrauchsgegenstände, sondern fühlende mitlebewesen. ich kann mir vor-

---

4| eine dieser enten, eberhard, ist mein freund geworden. er lebt heute in freiheit, schimpft aber den ganzen tag, weil er nicht schwimmen und nicht fliegen kann, es aber gerne will. manchmal schaut er seinen wilden artgenossen traurig hinterher.

5| www.vegane-gesellschaft.org   www.die-tierfreunde.de
www.peta.de   www.dokumentiere.de
www.aerzte-gegen-tierversuche.de   www.vgt.at/www.vgt.ch
www.tierbefreier.de   www.befreite-tiere.net
www.de.seashepherd.org   www.free-animal.de
www.soylent-network.de   www.tier-time.de

stellen, wie es wäre, wenn ich selbst ein rind, ein schwein usw. wäre. ich kann mir vorstellen, wie schlimm es dann sein muss, nach einer trostlosen gefangenschaft auch geschlachtet zu werden.

das ist die traurige seite. jetzt stelle ich mir die positive situation vor: glückliche tiere, befreit dadurch, dass menschen sich weigern, produkte zu kaufen, die dem ideal widersprechen. ich stelle mir eine wiese im frühling vor, auf der kälber unter ihren kuhmüttern stehen und ganz allein die milch trinken, die nur für sie ist, nicht für menschen, und das finde ich vernünftiger, als den kälbern »austausch«- bzw. ersatzmilch zu geben. ich kann stattdessen pflanzenmilch trinken. dabei genieße ich jeden schluck und habe gegenüber den rindern ein gutes gewissen.

was ist in mir und mit mir passiert? ich habe klare gedanken idealisiert und gelange so zu einem willen, der befreiend wirkt auf meine bisherige programmierung, die diese idealen gedanken bislang nicht zuließ. zugleich gelange ich dazu, mich anders zu verhalten, mich konkret

vegan zu ernähren, und damit befreie ich tiere, denn ich weiß, dass immer weniger menschen tiere schlecht behandeln und immer mehr menschen durch ihr veganes konsumverhalten das leiden der tiere mindern. je mehr menschen solche freien gedanken entwickeln, umso stärker ist der befreiende effekt auf die tiere.

dieses in liebe idealisierte denken kann den kampf in liebe also konkret transformieren und verändert so die welt. das genaue bild, das ich mir jetzt von den konsequenzen meines konsumverhaltens mache, kann die zuvor in mir schlummernde empathiefähigkeit entwickeln. ohne meine genaue vorstellung versperre ich ihr den weg, mit genauer und vor allem mit idealisierter vorstellung entriegele ich den emotionalen panzer.

»viele gehen ahnungslos an diesen vorzügen vorbei, ohne sie zu bemerken. der eine sieht sie, und eben deswegen erwacht die liebe in seiner seele. was hat er anderes getan: als von dem sich eine vorstellung gemacht, wovon hundert andere keine haben. sie haben die liebe nicht, weil ihnen die vorstellung mangelt.«[6] sobald ich

abbildung 5 **/ die genaue vorstellung**

1.

keine genaue vorstellung.

»nutztiere« als mitwesen spielen keine rolle,
da man sich keine genaue vorstellung von
ihnen macht. wir sind geprägt durch traditionen. die realität ist nicht in unserem
blickfeld.

2.

eine genauere vorstellung.

sobald man anfängt, sich die freiheit
herauszunehmen, sich eine genauere
vorstellung von den tieren zu machen,
rücken sie in unseren aufmerksamkeits-
fokus.

3.

idealisierung der vorstellung.

die liebe erwacht, sobald wir unsere
vorstellung idealisieren. ein tier ist
kein abstrakter »gegenstand« mehr,
sondern ein lebewesen, dessen wert
wir respektieren und das wir lieben.

deren freiheit sich buchstäblich aus begeisterung heraus
entwickelt. das geht weit über philosophie hinaus, weil
es hier nicht mehr um theorie geht. vielmehr wird das
denken so selbst lebendig.

das ist das besondere an steiners *philosophie der
freiheit*, eine art geschenk, dessen annahme – wie wir
gesehen haben – weltbewegende dimensionen haben
kann und das allen menschen gehört. am bisherigen
menschlichen verhalten erkennt man, dass dieses geschenk noch nicht wirklich angenommen wurde.

8 / bacons »leid«sätze

er füllt tote hühner mit schnee, um deren haltbarkeit zu erforschen, und stirbt an einer lungenentzündung – sein einziges empirisches experiment.

oberstaatsanwalt und lordkanzler in london, zum ritter geschlagen, anklage erhebend, unnachgiebig hart, extrem karriereorientiert – und dann selbst wegen bestechlichkeit verurteilt. francis bacon – eine tragische figur. er gilt jahrhundertelang als vorskizzierer des mechanistisch-materialistischen wissenschaftsbildes und als inaugurator der wissenschaftlich-empirischen forschungsmethode.

obwohl die empirische methode schon vom spanier vives ausgesprochen und die induktive methode, für die sein name steht, bereits von aristoteles genutzt wird – der name bacon ist ein mythos. zum leid der biosphäre, vor allem der tiere.

denn sein utopischer vorausblick in wissenschaftsjahrhunderte nach ihm, niedergeschrieben in seinem *neu-atlantis*, wird als vorlage weitgehend umgesetzt. über tierversuche, nach gandhi »das schwärzeste verbrechen in der menschheitsgeschichte«, schreibt bacon: »wir stellen an den tieren auch versuche mit allen möglichen giften, gegengiften sowie chirurgische und internistische verfahren an, um dadurch den menschlichen körper besser schützen zu können.«[1]

auch das »hochzüchten« von tieren wird bereits von bacon der kommenden wissenschaft zur aufgabe gestellt: »auf künstlichem wege machen wir manche tiere größer und schlanker, als sie es ihrer natur nach sind, während wir andere in zwergformen umwandeln und ihnen eine von der früheren verschiedene gestalt geben.«[2]

bacon trägt wesentlich dazu bei, dass die nach ihm aufkommende wissenschaft sich eine raubtierhafte vorstellung von der natur, vom leben und den menschen bildet:

1| **francis bacon:** neu-atlantis. stuttgart 1982, seite 47

2| ebd.

3| **francis bacon:** de sapientia veterum [hier nach rupert sheldrake: die wiedergeburt der natur. wissenschaftliche grundlagen eines neuen verständnisses der lebendigkeit und heiligkeit der natur. bern 1991, seite 53]

»(...) alles natürliche geschehen, jede bewegung, jeder vorgang in der natur ist nichts anderes als eine jagd. die (...) wissenschaften jagen nach ihren werken, menschliches vorhaben jagt nach seinem ziel, und alle dinge in der natur jagen entweder nach ihrer nahrung – das ist wie das jagen nach beute – oder nach ihrer lust – das ist wie das jagen nach stärke und erfrischung.«[3]

diese vorstellung bewirkt nicht das erwachen der liebe durch das erkennen der vorzüge der tiere und der natur. eine solche auf das jagen konzentrierte vorstellung ist nicht idealistisch, sondern egoistisch. im ergebnis erwacht durch diese vorstellung statt der liebe der kampf. jede bewegung mit einer jagd gleichzustellen, auch die bewegung des wissenschaftlichen forschens selbst und jede andere menschliche regsamkeit – das reduziert menschliches verhalten auf das zerstörende und tötende kämpfen.

bacons »leid«sätze drehen die eigentliche bedeutung von bewegung als »das lebendige« ins gegenteil des starren und des toten, sie stellen die bedeutung von »bewegung« auf den kopf. seine begründung: »der mensch«

habe »durch den sündenfall seinen stand der unschuld und seine herrschaft über die geschöpfe verloren; aber beides läßt sich schon in diesem leben einigermaßen wiederherstellen; das eine durch die religion und den glauben, das andere durch die künste und die wissenschaften.«[4]

die folgen sind »tiergeripp und totenbein« statt der »lebendigen natur«. bacon gibt vor, »ein rechtschaffender und treuer verwalter des menschlichen geistes« zu sein, mit der absicht, »diesen aus seiner unterwürfigkeit befreien«[5] zu wollen, doch er ebnet einer neuen stufe der herzlosigkeit bis ins 21. jahrhundert hinein den weg.

in ihm und in rené descartes, für den tiere nur maschinen sind, findet der gezielte empathiemangel theoretische begründer. beide, so toynbee, haben für die »befreiung

des abendländischen denkens aus den fesseln seiner griechisch-römischen ahnen«[6] bedeutung gehabt. doch statt religion und wissenschaft gleichermaßen lebensfreundlicher weiterzuentwickeln, geht von beiden die totale rücksichtslosigkeit aus. denn »seine unschuld« soll der mensch durch »das eine«, also durch die religion, wiedergewinnen, seine »herrschaft über die geschöpfe« aber durch »das andere« zurückerobern – also durch die jagende, die tiere und die übrige natur unterwerfende wissenschaft.

»das eine« soll mit »dem anderen« nicht verbunden sein.[7] die herzlosigkeit einer jagenden, zerteilenden und tötenden wissenschaft bekommt durch bacon eine schein-religiöse begründung, schließlich müsse die »herrschaft über die geschöpfe« zurückerobert werden. nur wenige, wie goethe, fragen danach noch nach dem warum.

toynbee berichtet, dass man sich bei der gründung der wissenschaftlichen royal society ausdrücklich darauf bezieht, das christentum zu »rehabilitieren«, indem »die

4| **bacon:** neues organon. berlin 1870, seite 384

5| ebd.

6| **toynbee:** seite 457

7| **bacon:** neues organon, seite 384

ovids und senecas aussagen könnten erklären, warum bacon den pythagoras als »lästig« empfindet. denn mit pythagoras ist keine jagd auf unschuldige tiere zu machen. »an der jagd teilzunehmen, hielten sie für unverständig und enthielten sich derselben gänzlich.«[12]

bacon fördert also offen die herzlosigkeit, die noch von der religion gedeckt werden soll. wenn sich ein so eingestellter mensch die religion zu eigen macht, kann sein verhalten verwerflich werden, schlimmer als das des tigers, der nur seinem instinkt folgt. denn während der tiger unschuldig ist, wird ein herzloser mensch zum gezielten jäger und lebenszerstörer, der seine boshaftigkeit hinter allerlei – im grunde nun tatsächlich abergläubigen statt rechtschaffenen – ausreden versteckt. er geht dann etwa am sonntag in die kirche – das ist »das eine« – und seziert am montag am lebenden tier auf dem labortisch, bis es qualvoll stirbt – das ist »das andere«. so dient »das eine« nur der oberflächlichen »gewissensberuhigung« – gerade für schlimmste taten, die im namen »des anderen« begangen werden.

der von bacon mit seinen »leid«sätzen umcodierte »schöpfungsauftrag« dient tatsächlich jahrhundertelang kaltherzigen »wissenschaftlern« als ausrede für bestialisches menschliches verhalten, indem menschen sich ganz gezielt böser und gewalttätiger verhalten als unschuldige raubtiere. in der schöpfungsgeschichte der bibel heißt

11| **ovid:** metamorphosen. fünfzehntes buch. stuttgart 1994, seite 795

12| **jamblichus aus chalcis:** § 99 [baltzer: pythagoras, seite 108]

lucius annaeus seneca: »ich hatte das gefühl größerer geistiger beweglichkeit.«

es: »seid fruchtbar und mehret euch und füllt die erde
und macht sie euch untertan und herrscht über die
fische im meer und über die vögel unter dem himmel
und über alles getier, das auf erden kriecht.«[13] darauf
beruft sich bacon.

die »herrschaft« über die geschöpfe endet in verbindung
mit bacons »leid«sätzen vom ewigen jagen in der barbarei und im »eigentlichen kampf«. aus der herrschaft »über
die fische im meer« ist eine situation entstanden, in der
wir die meeresfische möglicherweise restlos ausrotten.
den in der bibel erwähnten vögeln geht es nicht sehr viel
besser. andere tiere haben wir entweder bereits vernichtet oder sind dabei.

die bibel erwähnt neben den vögeln und fischen die
»kriechenden« tiere. doch rinder, schweine, schafe, ziegen,
esel, pferde, die hauptopfer menschlicher empathieun-
fähigkeit, sind höhere säugetiere, keine kriechtiere. gerade
sie sind im sinne der »leid«sätze von bacon besonders böse

13| **genesis:** 1. buch mose. 1:26 und 1:28

»beherrscht« worden. »domestizierung« ist ein terminus,
der auf den durch bacon umcodierten »schöpfungsbe-
richt« direkt zurückführbar ist. züchter und forscher, die
tierversuche ausüben, haben sich genau an bacons
beschreibungen gehalten.

unter dem gesichtspunkt der neueren erforschung der
gefühle schalten bacons ansichten über das jagende verhalten die menschlichen gefühle in der wissenschaft aus,
um angeblich die »herrschaft über die geschöpfe« wieder
herzustellen. für die entwicklung des westlichen denkens
und noch mehr für die biosphäre stellt das eine tragödie
dar.

heute wissen wir: wer nicht mehr fühlen kann, fühlt
sich wie tot. deswegen erscheint vielen auch die wissenschaft in teilen mit voller berechtigung als tote wissenschaft.

der »eigentliche kampf«, der von menschen gegen tiere,
findet in bacon - nomen est omen - seinen hohepriester.
bacons »verdienst« ist die umcodierung des denkens durch
hinauswurf der moral aus der wissenschaft. es ist dieses

herzlose durch bacon umcodierte »denken«, das unsere zukunft bedroht – und tiere im sekundentakt massentötet – und auch von »kaufleuten« übernommen wird.

ovid berichtet über den pythagoras, dieser könne, »was die natur den menschlichen blicken versagt« habe, »mit den augen des herzens« erkennen.[14] in dieser beschreibung kommt eine der bedeutendsten menschlichen fähigkeiten zum ausdruck, die durch bacon und descartes auf dem altar der wissenschaften geopfert wird und die durch die veganisierung erweckt werden kann.

rückblickend betrachtet hat bacon nicht die »verlorene unschuld rückgängig gemacht«, sondern genau das gegenteil bewirkt. bacons »leid«sätze sind eine der wesentlichen ursachen für das, was uberoi »(...) wissenschaft der vivisektion, der vivisektion der nichtmenschlichen natur« nennt, »die falsche grundlage der modernen naturwissenschaft und kultur europas ist«.[15] kann und muss man

denn den »herrscherauftrag« in der bibel nicht anders verstehen?

14| **ovid:** metamorphosen, seite 795

15| **jit singh uberoi:** der andere geist europas, seite 14

9 / führung oder: edel sei der mensch

wenn wir unter herrschaft der natur etwas anderes verstehen als ihre kämpfende, jagende vernichtung, stellen wir fest, dass wir schon zu lange an tötenden ausreden für grausamkeiten festhalten.

mit der herrschaft über die natur, wie sie staatskirchen und die an diese anknüpfenden wissenschaften bislang auffassten, wird ein kämpfend-autoritäres führungsmissverständnis konserviert.

das ist für die menschen problematisch, die nicht mehr von tyrannen, diktatoren und ähnlichen unterdrückern beherrscht werden wollen, im gegensatz zu den erwähnten »zufriedenen sklaven«, denen das alles egal zu sein scheint.

wie sieht unser verhältnis zur natur aus? wir sollten die natur führen und sie nicht vom standpunkt des zerlegens aus betrachten, sondern aus ihrer ganzheit und lebendigkeit heraus. solange wir sie bejagen, können wir sie nicht führen. was bedeutet das?

in seinem buch *leadership* stellt hans hinterhuber klare und einfache zusammenhänge über führung vor.[1]

treten direktiven an die stelle von anordnungen und befehlen. aus diesen gründen waren von moltkes truppen den anderen in der regel haushoch überlegen.

hinterhuber betont, dass man dieses höchste militärische führungsprinzip auf die anwendbarkeit nicht nur in der wirtschaft, sondern auch im alltag übertragen könne. der mensch stehe über dem prinzip – kraft seines herzens.

aus diesen führungsprinzipien von moltkes leitet er ein lebensselbstverständnis ab, das sich jeder einzelne zu eigen machen kann. führung bedeute, immer proaktiv statt reaktiv zu denken. das heißt: nicht nach hinten, sondern nach vorn zu schauen, sich nicht auf probleme, sondern immer auf lösungen zu konzentrieren – das mache führung aus, darauf komme es an.

die emotionen sind unbedingt regelmäßig in entscheidungsprozesse mit einzubinden und dürfen nicht unterdrückt werden. allerdings soll das denken die emotionen

steuern – und nicht umgekehrt. seine darstellung von führung und wie man strategisches denken schulen kann, gipfelt in der forderung, dass durch unser persönliches tun »die welt jeden tag ein bißchen besser wird, als wir sie vorfinden.«[6]

»machet euch die erde untertan« heißt nichts anderes als »führt die erde«. sofort werden unsere fehler sichtbar. denn der kampf – gegen die natur – zerstört die biosphäre. die liebe zur natur – unter einbezug echter führung der natur durch den fürsorglich-liebenden menschen – schützt die sphäre des lebens. wir haben von herrschaft gesprochen und von domestizierung, ohne zu wissen, wie wir die natur mit ihren tieren führen sollen.

wir haben nun bacons »leid«sätze vom kämpfenden und jagenden prinzip durch das wirkliche führungsprinzip zu ersetzen.

um dies zu erreichen, können wir einen auszug aus goethes gedicht *das göttliche* zuhilfe nehmen. er beschreibt unsere führungsaufgabe gegenüber der natur:

6| ebd., seite 173

edel sei der mensch,
hilfreich und gut!
denn das allein
unterscheidet ihn
von allen wesen,
die wir kennen.[7]

wenn schon tiere ihrerseits in not geratenen menschen
helfen oder auch tiere einer anderen spezies zuhilfe kommen, ist die zeit überreif, dass wir uns unserer menschlichen verantwortung bewusst werden. eine sau, die als
»hausschwein« mit einer dame zusammenlebt, nimmt
verletzungen in kauf, weil ihr »frauchen« hilfe benötigt.

7| **johann wolfgang goethe:** das göttliche. gedichte. münchen
1981, seite 147

8| **jeffrey mason:** wovon schafe träumen. münchen 2006, seite 45
[bericht in der sendung 20/20 des us-fernsehsenders *abc*]

9| »lioness adopts fifth antelope«, in: the guardian, 07.10.2002

10| **hans hinterhuber:** seite 123

sie quält sich durch die viel zu kleine hundeklappe, rennt
auf die straße, legt sich dort quer, um auf diese weise
ein auto anzuhalten, damit ihrem »frauchen« medizinisch
geholfen werden kann.[8] eine löwin – inbegriff des raub-
tiers – »adoptiert« mehrmals hintereinander antilopen-
kinder und verteidigt sie vor anderen raubtieren.[9]

der selbstbestimmte mensch ist ein zu klarem denken
hochbegabtes geistiges gedankenwesen, fähig zu empathie
und verantwortungsbewusstem handeln.

mit seinen besonderen fähigkeiten hat er die moralische möglichkeit, die welt aus liebe heraus zu befrieden.
zur führung gehört die menschliche bereitschaft, so
hinterhuber, andauernd dazuzulernen. das »lernen lernen«
ist selbst ein führungsgrundsatz.[10]

»religio«, die lateinische wortwurzel von religion,
bedeutet nicht nur »immer wieder lesen«, sondern auch
»führung«. wenn wir nun wissen, was führung bedeutet,
erscheint auch religion in einem neuen licht. auch sie
kann entweder starr sein und sich abstrakt hinter mauern
abspielen oder lebendig sein. »wieviel leichter ist es, sich

mit blut zu besprengen, als bosheit und neid niederzu-
ringen, wieviel leichter, brot zu essen und wein zu trinken
und vorzugeben, daß man die gottheit in sich aufgenom-
men habe, kerzen anstatt des herzens zu opfern, sich den
kopf zu scheren, anstatt die bösen gedanken darin zu
verbannen«, hat h. g. wells angesichts der blutigen vergangenheit der kirchen gefragt.[11]

im gespräch mit seinem freund eckermann erklärt
goethe: »die gottheit (...) ist wirksam im lebendigen,
aber nicht im toten; sie ist im werdenden und sich verwandelnden, aber nicht im gewordenen und erstarrten.«[12]

11| **h. g. wells:** die weltgeschichte. zweiter band. berlin 1928,
seite 162

12| **johann peter eckermann:** gespräche mit goethe. 13.02.1829.
stuttgart 1994, seite 328

13| **ernst friedrich schumacher:** small is beautiful. die rückkehr zum
menschlichen maß. hamburg 1977, seite 266

14| **dennis kucinich:** kongressmitglied aus ohio, 2010.
http://animalwelfare.kucinich.us/index.php

wenn wir lieben lernen wollen statt zu kämpfen, haben
wir zu führen, statt zu vernichten. »(...) jeder von uns
kann darauf hinarbeiten, daß sein ›inneres haus‹ in ordnung gebracht wird. die führung«, schreibt der ökonom
schumacher, »die uns bei dieser aufgabe hilft, läßt sich
nicht in der wissenschaft oder technik finden, deren
werte völlig von den zielen abhängen, denen sie dienen.
sie läßt sich aber noch immer in der herkömmlichen
weisheit der menschen finden.«[13]

die welt und sich selbst zu veganisieren heißt – in
führung zu gehen. wie der demokratische amerikanische
kongressabgeordnete dennis kucinich: »schon vor jahren
veränderte ich meinen lebensstil, da ich alles leben auf
unsere erde als heilig ansehe. als veganer entscheide ich
mich dazu, kein einziges tier und keine produkte von
tieren zu essen. ich bemühe mich, mein leben in über-
einstimmung mit meinen überzeugungen zu leben, und
jede andere essenswahl trotzt meinen idealen und wäre
nach meinem urteilsvermögen heuchlerisch.«[14]

10 / kämpfen – lieben

kampf	– liebe	konventionalität	– individualität
hart	– zart	uniformität	– pluralität
stark	– weich	angst	– mut
machtmissbrauch	– führung	zynismus	– gewissen
dogmatismus	– strategie	tradition	– freie entscheidung
sturheit	– flexibilität	pflicht	– verantwortung
status quo	– entwicklung	nehmen	– geben
stehenbleiben	– fortschritt	manipulation	– freies denken
panzerung	– lebensfluss	lobbyismus	– assoziation
emotionale pest	– freilegung des inneren kerns	konkurrenz	– freie gemeinschaft

83

erste auflage 2011

sicht verlag, kiel

copyright © christian vagedes

alle rechte vorbehalten

umschlag/buchdesign: sonja und christian vagedes

gesetzt aus otl aichers rotis, bewusst in der von ihm gewünschten
und praktizierten konsequenten kleinschreibung

satz: sandra janssen

gedruckt auf säurefreiem, chlorfrei gebleichtem und fsc-zertifi-
ziertem papier. der schutzumschlag wurde gedruckt auf 100 %
recyclingpapier. der verwendete leim, das material für den einband
und die farben sind vegan.

druck und weiterverarbeitung: bercker graphischer betrieb, kevelaer

printed in germany

isbn 978-3-942346-04-7

www.sicht.de

mix
papier aus verantwortungsvollen
quellen **fsc c023842**

buchdecken und verankerung
frei von knochenleim, bienen-
wachs oder weiteren bestand-
teilen tierlichen ursprungs.
erstes bewusst vegan und
industriell hergestelltes faden-
geheftetes hardcoverbuch auf
derzeit modernstem möglichem
veganen produktionsstand.

wendige und überall fehlende freie »denke« aichers noch weiter zu fördern, habe ich das buch zudem noch gezielt quer gelegt – sozusagen als lektüre für querdenker und die, die er wohlwollend »störenfriede« genannt hat.

design soll ja auch funktional sein. einige »tests« ergaben, dass man das buch so zudem auch viel besser lesen kann, vor allem im bett vor dem schlafen gehen oder – passender zum titel – nach dem aufwachen. bis heute war es technisch schwierig, ein buch überhaupt in diesem querformat herzustellen. denn man versucht technisch, die zeilen der bedruckten vor- und rückseite eines buches einigermaßen übereinander liegend zu drucken. doch kleinbuchstaben und die liebe zur freiheit machen sichtbare veränderungen möglich.

genderhinweis: im sinne einer besseren lesbarkeit wurde entweder die neutrale, die männliche oder weibliche form von personen gewählt. eine benachteiligung irgendeiner person ist selbstverständlich nicht erwünscht, alle sollen sich gleichermaßen angesprochen fühlen.

watscheln können, und schweine und kühe, die unter ihrer eigenen last zusammenbrechen.

durch die propaganda wurde eine mehrheit von menschen immer unkritischer gegenüber den tierverachtenden verhaltensweisen. und noch tragischer: eine mehrheit war nunmehr sogar davon überzeugt, dass der massenhafte eier-, milchprodukte-, fleisch- und fischkonsum ganz normal sei.

schon in kindergärten und grundschulen hatte man mit der milchpropaganda begonnen und dadurch gezielt neue und künftige verbraucher von molkereiprodukten erschaffen. über diesen weg wurde das verbraucherverhalten über generationen beeinflusst.

wer hat davon eigentlich profitiert? nicht die traditionellen bauern, sondern nur wenige großbetriebe des züchtenden, verarbeitenden und handeltreibenden bereichs. diese wuchsen immer stärker und nahmen teilweise multinationale konzernstrukturen an. diese großbetriebe profitierten von subventionen, die die grundsätze der marktwirtschaft außer kraft setzten. die tatsächlichen gewinner sind jedoch die öl- und die mit ihr verbundene pharma- und chemieindustrie. niedrige preise für fleisch- und milchprodukte sowie eier haben den traditionellen bauern geschadet, den umsatz dieser industrien dagegen vermehrt.

die grundlage für pharma- und chemieprodukte aller art ist mineralöl. doch was hat das mit fleisch-, fisch-, milchprodukten und eiern zu tun? um so viele nichtvegane produkte produzieren zu können, wurde der erde ein gigantisch gesteigerter anbau von futtermitteln abgerungen. so wurden aus diesem grund auch die regenwälder abgeholzt – und nicht für gartenmöbel, wie viele glauben.

um derart hohe futtermengen erzielen zu können, mussten unglaubliche mengen künstlichen mineraldüngers auf die böden verteilt werden. was bildet die grundlage für diese düngemittel? mineralöl. woraus bestehen die »pflanzenschutzmittel«? aus petrochemischen substanzen. es gibt fünfzehn kategorien, von herbiziden bis zu »mitteln zur bodenentseuchung«. ihr massives ver-

wohl alle; die ganze menschheit und zugleich jeden einzelnen.

die biosphäre ist ein bescheidener aber überlebenswichtiger bereich im weltall zwischen erdboden und atmosphäre. nur innerhalb dieser ist irdisches leben möglich. deshalb sind wir von ihr ebenso abhängig wie das ungeborene kind vom kleinen raum des mutterleibs.

arnold toynbee schließt sein buch mit der überlegung, ob wir unsere mutter, die erde, »ermorden oder erlösen«. für die erlösung und damit für unser überleben müssten wir »die selbstmörderische, aggressive habgier« überwinden.[3]

ein jahr nach dem erscheinen von *menschheit und mutter erde* stirbt er. toynbees vermächtnis ist ein auftrag. liebe oder kampf.

3| ebd., seite 503

meilen deinen blicken verhüllt ist, – du bist mitschuldig, du gehörst einer kostspieligen race an, einer gattung, die auf kosten einer anderen lebt.«[6]

1918 antwortet die amerikanische schriftstellerin ella wheeler wilcox in einem brief aus tours in frankreich einem aufmerksamen tierfreund in die heimat: »ich bin sicher, daß ihre annahme richtig ist, daß das böse aus der fleischnahrung resultiert«,[7] und sie ergänzt, dass »die bedingungen der gegenwärtigen welt so schrecklich sind, daß das reden über den vegetarismus dem anpusten gegen einen hurrikan gleichkäme«. dabei seien »menschen und tiere gleichsam opfer im mahlstrom des dahinschlachtens«.[8] es herrscht kampf statt liebe.

zur gleichen zeit industrialisiert man – von chicago ausgehend – das töten von tieren.[9] wie eine pest breitet sich dieser »fortschritt« in der welt aus. fleisch und andere produkte wie hühnereier und milch werden dadurch immer billiger. auch albert einstein erkennt die zusammenhänge: »abgesehen von der billigung dieser bestre-

6| **ralph waldo emerson:** lebensführung. minden um 1890, seite 5
7| **ella wheeler wilcox:** brief vom 21.08.1918 aus dem hotel l'universe in tours/frankreich an dr. andrew crawford, scott bluffs/nebraska
8| ebd.
9| **charles patterson:** für die tiere ist jeden tag treblinka. frankfurt am main 2004. patterson enthüllt, dass die baupläne der gegen menschen eingerichteten deutschen vernichtungslager direkt aus vorlagen großer tierschlachtanlagen in chicago übernommen wurden.

wheeler wilcox:
»menschen und
tiere sind
gleichsam opfer
im mahlstrom des
dahinschlachtens«.

durchbruch. der ausgang des krieges spielt aus dieser sicht keine rolle, schon gar nicht für die tiere, für die es nach ende des zweiten weltkrieges noch schlimmer wird als zuvor.

»reichspropagandaminister« goebbels kreiert das »nette bild« von hitler als vegetarier und hundeliebhaber – ein pr-gag, denn »der führer« isst in wahrheit regelmäßig würste aus kalbfleisch.[14] der kampf der unmenschlichkeit

14| **richard h. schwartz:** »don't put hitler among the vegetarians«. new york times, 21.09.1991. schwartz verweist in seinem leserbrief auf albert speer und weitere zeitzeugen, die hitlers leidenschaft für kalbfleisch, weißwürstchen, speck und leber bezeugten. zu hitlers vermeintlicher pflanzlicher ernährung passen auch die aussagen der hamburger chefköchin dione lucas, die ihn als bekannten gast in einem großen hamburger hotel immer wieder beim fleischessen beobachte und darüber in ihrem »gourmet cooking schoolbook« (1964) schrieb. hitler-biograf payne berichtete, dass hitlers vegetarismus eine erfindung seines propagandaministers goebbels sei, um hitler eine revolutionäre aura zu geben.

wird gegen zig millionen menschen fortgesetzt. wilcox bemerkung vom mahlstrom des dahinschlachtens, der gleichsam menschen und tiere tötet, wird durch »lager« wie auschwitz nicht nur bestätigt, sondern noch ins bis dahin unvorstellbar grausame extrem gesteigert: nun werden sogar menschen industriell hingeschlachtet.

die ig farben, das weltgrößte chemiekartell, betreibt selbst das von der ss bewachte kz auschwitz ii. mehr als die hälfte der vorstandsmanager werden nach dem krieg wegen verbrechens gegen die menschlichkeit, wegen plünderung und versklavung verurteilt, aber nach einer amnestie kehren die meisten von ihnen wieder auf industrieposten zurück.[15]

das hauptgebäude und konzerngelände der ig farben in frankfurt bombardieren die alliierten – im gegensatz zu ganzen städten – nicht. nach dem krieg planen die amerikaner genau von diesem ort aus das nachkriegsdeutschland – und die chemiekartelle werden schnell wieder zum laufen gebracht.

hinter allen diesen verbrecherischen ereignissen steht

auf dem geistigen stand fünfjähriger kinder, werden für ein gesundheitsschädliches stück fleisch gequält und gepeinigt und enden auf schlimme weise grausig im schlachthaus, die tiere ahnen schon, was ihnen passiert, sie wollen umkehren, doch kein erbarmen, sie werden getötet.

vor den augen der welt hat man dieses töten über eine halbe ewigkeit hin versteckt. auch das ist kampf, nicht liebe. es ist kampf, wenn gänse brutal gestopft werden und vor schmerzen umfallen wollen, es aber nicht können, weil sie so dicht aneinander stehen, dass sie nicht einmal zusammensacken dürfen. das gegenteil von liebe ist das vergasen von zicklein, weil sie nicht vermarktet werden können, auch auf biohöfen.

wenn pferde, die ihr leben lang dem menschen bei seinen albernen springturnieren, rennen und beim herumgaloppieren frondienste leisten, dann auch noch undankbar zur schlachtbank geführt werden – ist das liebe? wenn fische, von denen man jetzt ebenfalls sicher weiß, dass sie hochsensibel sind, brutal geangelt oder in massen

aus dem meer gezogen werden und sich dann an bord zu tode zappeln, ist das liebe? ist bei wirklicher, echter liebe der wunsch stärker, an traditionen festzuhalten als das durch menschen verursachte tierleid endlich durch die veganisierung abzustellen? viele sind der meinung, dass fisch kein fleisch sei. doch das ist weder eine intelligente, noch ein liebevolle ansicht – und nur ein relikt aus der küchenfachsprache, die bei der zubereitung von fischkadavern zackenlose messer empfiehlt. keine »alternative« stellen getötete fische dar, die in »nachhaltigen« aquakulturen gehalten werden, in denen die fische keinen platz zum schwimmen haben. mit liebe ist das unvereinbar.

eine garnele, die bei lebendigem leib vor den gelangweilten augen eines gefräßigen publikums ins siedende wasser befördert wird, erlebt keine liebeshandlung. flammenwerfer, die einfach das fleißige werk von monaten ganzer bienenvölker vernichten und alle bienen außer der königin verbrennen, nur weil dadurch die honigproduktion billiger ist – mit liebe hat das nichts zu tun. wenn das kampfprinzip nicht weiter über die liebe triumphieren soll,

4 / der kafka-effekt

es ist eine gespaltene welt, die weint, wenn sie einen verletzten hund sieht. die sich seiner annimmt, ihn zum arzt bringt, auf dem weg und im wartezimmer streichelt und ihm zuredet – damit alles wieder gut wird. alle hartherzigkeit ist in diesem moment verschwunden. auch die rationalsten vergessen, dass man mit tieren angeblich nicht sprechen könne. selbst der nüchternste gerät in tiefes mitgefühl, wenn sein hund leidet. wir spüren, dass der hund es dem menschen dankt und das menschliche mitgefühl nachempfindet. wenn ein kätzchen von einem großen baum nicht mehr herunterkommt, rufen wir die feuerwehr, die es aus seiner lage befreit. »gott sei dank«, denken wir dann und beruhigen »das arme kätzchen« liebevoll.

die mehrheit – zumindest in den westlichen zonen der welt – teilt dieses tiefe mitgefühl schon lange, es sei denn, eltern und großeltern lebten es verkehrt vor und unterdrückten es in frühen kindheitstagen.

wir ertragen es schwer, wenn jemand einem hund oder einer katze etwas antut. tierquäler verlieren ihren ruf, wir

5 / den panzer knacken

»eine weltwende ist immer die rechte stunde für jean-jacques rousseau«, schreibt stefan zweig in einer besonderen buchausgabe von rousseaus *émile* 1919. »als vater der menschenrechte« ist »sein wort und sein geist wieder lebendig« und dies »in jeder weltwende«.[1] warum essen manche menschen einfach nichtvegane produkte weiter, obwohl ihnen die hintergründe des tierleidens bekannt sind? warum erleben sie den kafka-effekt nicht?

rousseaus einleitende zeilen zu seinem *gesellschaftsvertrag* sind zugleich ein rätsel – und deuten trotzdem eine antwort an: »der mensch ist frei geboren, und liegt doch überall in ketten. einer hält sich für den herrn der anderen und bleibt doch mehr sklave als sie. wie ist dieser wandel zustande gekommen? ich weiß es nicht.«[2] das buch erscheint 1762 und wird sofort verboten. im

1| **jean-jacques rousseau:** émile oder über die erziehung. potsdam 1919, seite 9

2| **jean-jacques rousseau:** vom gesellschaftsvertrag oder grundsätze des staatsrechts. stuttgart 1977, seite 5

»allheilmittel« gegen »schreikinder«; tatsächlich spiegelt doch, wie reich es betont, das schreien der kinder die not der eltern wider. therapeuten praktizieren nach reichs methode erfolgreich »schreikinder« dadurch, dass sie den betroffenen eltern ruhe geben und das schreien der kinder beenden. ihr erfolg verdeutlicht, wie fatal es ist, kinder zum schweigen zu bringen, anstatt die eigentliche ursache zu behandeln. so wird das panzern in neue generationen hinein verlängert.

die panzerung der emotionen setzt schon in früher kindheit auf mehreren ebenen ein.

rousseau beklagt bereits im *émile*: »kaum ist das kind geboren, kann es seine glieder frei recken und bewegen, so fesselt ihr es von neuem. man wickelt es und legt es mit unbewegbarem kopf und ausgestreckten beinen, die arme an den körper angelegt, hin. es wird in bänder und windeln verschnürt, dass es sich nicht mehr rühren kann.«[9]

9| **rousseau:** émile oder über die erziehung. potsdam 1919, seite 116

10| **abraham h. maslow:** motivation und persönlichkeit. reinbek 2002

doch die emotionale pest ist unerbittlich, ein rousseau oder ein reich und hundert therapeuten genügen nicht. die panzer müssten von einsichtigen menschen immer aufs neue aufgeknackt werden. hierzu wird mut benötigt, den auch die frauen brauchen, die am ende des 18. jahrhunderts trotz des hasses ihrer männer ihren kindern das geben, was rousseau im *émile* beschreibt: liebe.

es fehlt aufklärung über die wichtigsten grundlagen in der ausbildung von hebammen, in praxen, elternratgebern, in kindergärten, schulen und universitäten. was wirkt noch »ganz im verborgenen«?

für das begreifen der zusammenhänge und um einen weiteren lösungsansatz zu finden, sind auch die arbeiten abraham maslows hilfreich, von dem der begriff »selbstverwirklichung« stammt. seine bedürfnispyramide[10] veranschaulicht, welche gewichtung die oberflächlichen grundbedürfnisse haben. die ersten drei grundbedürfnisse sind diejenigen, die immer befriedigt werden wollen. ohne ihre befriedigung bleibt der weg zu den höheren ebenen für die meisten versperrt, selbst wenn asketen

in vielen europäischen und anderen sprachen existieren doppeldeutigkeiten bei begriffen und sprachlichen wendungen, die sich auf fleisch, seine herstellung, verarbeitung und seinen verkauf beziehen. so wurden z.b. carne und beccheria lange zeit ebenso für sexuelle zusammenhänge gebraucht wie a bit of meat, das zunächst synonym für ›geschlechtsverkehr mit einer frau‹ verwendet wurde und später zur bezeichnung von prostituierten diente. im englischsprachigen raum galten außerdem ausdrücke für ›heißes‹ oder ›rohes‹ fleisch als umgangssprachliche bezeichnungen für frauen, und mit ›fleischhäusern‹ waren zugleich bordelle gemeint.

einige dieser im dictionary of historical slang verzeichneten formulierungen sind noch heute gängig. es sind hauptsächlich die diskurse der stammtische und pornographie, die sich seiner terminologien bedienen, in der

13| **monika setzwein:** ernährung – körper – geschlecht. zur sozialen konstruktion von geschlecht im kulinarischen kontext. wiesbaden 2004, seite 135

frauen mit gejagten tieren oder fleisch gleichgesetzt werden: ›einsame wölfe‹ gehen auf die ›jagd‹ nach ›weiblicher beute‹, frauenkörper werden in einer ›fleischbeschau‹ begutachtet, frauen werden zu ›frischfleisch‹ oder ›freiwild‹ erklärt (...)«[13]

der zusammenhang also zwischen sexualität und nichtveganen produkten ist enorm. bei der milch wäre die frage zu erörtern, inwiefern sie ein ersatz dafür ist, dass kinder von ihren müttern nicht oder nur kurzzeitig gestillt wurden und dies später mit dem milchtrinken kompensieren. auch eier sind ein symbol für sexualität und das symbol schlechthin für neues leben und fruchtbarkeit, man denke nur an das auf heidnische ursprünge zurückgehende osterfest und seine fruchtbarkeitssymbole.

sobald wir die traditionen der ernährung loslassen, das essen vom panzer befreit betrachten und die natürlichen gefühle zulassen, können wir feststellen: keine ausrede der welt kann das fleischessen und alle anderen nichtveganen produkte legitimieren. die zusammenhänge zwischen ernährung und machtmissbrauch zeigen, dass

lernen wir neue gefühle, die wir in einem speziellen emotionalen gedächtnis speichern. das entspricht unserer natur.«[1]

die beachtung unserer emotionalen fähigkeiten ist ein plädoyer für klares denken und die aufforderung, es emotional zu ergänzen. die erforschte bedeutung der gefühle zeigt die tragik, die mit ihrer unterdrückung verbunden ist.

mit diesem wissen sollte sich die emotional verpanzerte welt von den schlimmsten auswüchsen eines gefühlverleugnenden verhaltens emanzipieren.

rené descartes, der den berühmten ausspruch »ich denke, also bin ich« zu papier gebracht hat, behauptet, tiere seien nur maschinen. aus diesem grund hat er auch selbst gefühle ausgeschaltet und grausamste versuche ohne betäubung an tieren verübt. im grunde basiert der tierfeindliche umgang der westlichen und westlich beein-

flussten welt auf solchen irrtümern, die gefühlsarmen technokraten bis in unser jahrhundert pseudo-»wissenschaftliche« ausreden liefern.

heißt es bei descartes: »ich denke, also bin ich«, so korrigiert der hirnforscher antonio damasio: »ich fühle, also bin ich.«

doch damit nicht genug, denn: die »einschätzung der gefühle hat in den vergangenen 20 jahren einen radikalen wandel erfahren. neurologen kommen mittlerweile zu dem schluss, dass gefühle nicht etwa dumm und primitiv sind, sondern ihre eigene form von intelligenz besitzen. gefühle machen uns auch nicht zu unvollkommenen wesen, sondern umgekehrt – unvollkommen wären wir ohne sie. kurz: ohne emotionen wäre der mensch kein mensch.«[2]

auch tiere haben gefühle. unser verhalten diesen gegenüber wird durch die erkenntnisse der neuesten forschung noch drastischer. ein neugeborenes tier kann sich ebenso vom ersten tag an mitteilen. wir schalten nicht nur unsere eigenen gefühle aus, wenn wir tiere

2| **antonio damasio:** ich fühle, also bin ich. zitiert nach: bast kast. spiegel online, 10.08.2008

59

ermöglicht es uns, aus der programmierung in unserer kindheit auszubrechen. so können wir ganz realistisch zu unserer ursprünglichen menschlichen empathiefähigkeit gelangen.

»(...) das herz und das gemüt schaffen nicht die beweggründe des handelns. sie setzen dieselben voraus und nehmen sie in ihren bereich auf. in meinem herzen stellt sich das mitleid ein, wenn in meinem bewußtsein die vorstellung einer mitleiderregenden person aufgetreten ist. der weg zum herzen geht durch den kopf. davon macht auch die liebe keine ausnahme. wenn sie nicht die bloße äußerung des geschlechtstriebes ist, dann beruht sie auf den vorstellungen, die wir uns von dem geliebten wesen machen. und je idealistischer diese vorstellungen sind, desto beseligender ist die liebe. auch hier ist der gedanke der vater des gefühles. man sagt:

2| **rudolf steiner:** die philosophie der freiheit. grundzüge einer modernen weltanschauung. (seelische beobachtungsresultate nach naturwissenschaftlicher methode). berlin 1921, seite 24

die liebe mache blind für die schwächen des geliebten wesens. die sache kann auch umgekehrt aufgefaßt werden und behauptet: die liebe öffne gerade für dessen vorzüge das auge. viele gehen ahnungslos an diesen vorzügen vorbei, ohne sie zu bemerken.«[2]

dieser auszug aus der *philosophie der freiheit* ist eine mögliche anleitung für den umgang mit unseren emotionen und eine skizze zur befreiung aus unserer eigenen emotionalen panzerung.

der auszug beinhaltet das, was wir in diesem jahrhundert gut brauchen können, um toynbees vermächtnis von liebe statt kampf zu verwirklichen.

die bewusstwerdung unserer persönlichen mitverantwortung für das leiden von menschen und tieren findet über das denken statt. allerdings über eine besondere art des denkens, die nicht nur eine kopftätigkeit ist. unser denken wird ein ganz anderes, sobald wir einen gedanken gezielt durch konkrete gefühlvolle vorstellungen idealisieren. denn damit steigern wir die willenskraft hinter unserer guten absicht. dies wirkt beseligend auf die liebe

mir eine genaue vorstellung von der schönheit, aber auch der leidensfähigkeit der tiere mache, die ich bis jetzt nicht hatte, schwindet meine bereitschaft, weiterhin ihre toten teile zu zerkauen und herunterzuschlucken oder produkte zu verbrauchen, die ihnen schmerzen verursachen, ganz von selbst. ich erweitere meine geistige kapazität und handlungsfähigkeit, indem ich mir auch von den tieren und ihrer leidenssituation ein sehr genaues bild mache.

albert schweitzer betont: »ethisch werden heißt wahrhaft denkend werden.«[7] und steiner: »das wertvollste ist, wenn die gedanken ein herz haben.«[8] nicht, weil ich es nicht darf, esse ich keine nichtveganen produkte, sondern

6| **steiner:** die philosophie, seite 24

7| **albert schweitzer:** kulturphilosophie. verfall und wiederaufbau der kultur. kultur und ethik. münchen 1923 [münchen 2007, seite 306]

8| **maria krück von poturzyn (hrsg.):** wir erlebten rudolf steiner, stuttgart 1957, seite 128

weil ich es nicht will! ich will sie nicht, weil die nichtveganen produkte meine seele trüben. vegan zu leben ist daher kein verzicht, sondern eine ideelle bereicherung.

die veganisierung geschieht buchstäblich freiwillig, die veganisierung der welt ist ein akt des freien menschen, der sein denken zugunsten des lebens idealisiert, somit die liebe zugunsten des lebens beseligt und damit den »eigentlichen kampf« gegen die tiere beendet.

was hegel angekündigt hat, wird durch anwendung von steiners beschreibung tatsächlich erlebbare realität: das bewusst idealisierte denken lässt neben die seele nämlich den freien geist treten. durch idealisiertes denken entstehen freier wille und tatkraft, und es ist damit konkret möglich, toynbees vermächtnis zu erfüllen und den kampf durch liebe zu ersetzen, was identisch ist mit: unfreiheit durch freiheit und programmierung durch geist zu ersetzen. und ebenso kann der freie geist des menschen den von orwell so bezeichneten »eigentlichen kampf« in vollem bewusstsein und in freiheit beenden. das resultat sind in diesem fall freiere menschen und befreite tiere,

theologischen streitigkeiten auf naturwissenschaftliche fragen gelenkt« werden.

doch alle nichtmenschliche natur wird ja nun tatsächlich zum jagenden »freiwild« erklärt. die höheren, dem reich des geistes zugehörigen gefühle werden bis ins 21. jahrhundert ebenso ausgeschaltet wie das freie denken – und gerade noch »dem anderen« überlassen, also einer »religion«, die sich am besten auch gar nicht in die wissenschaft einmischen solle. und die – zumindest was ihren organisierten teil betrifft – alles andere als ein garant für freies denken ist.

der mensch hätte, so bacons formulierung, »durch den sündenfall (...) seine herrschaft über die geschöpfe ver-

loren«. zugleich beschuldigt er ausgerechnet pythagoras, sein denken sei »mit einem gröberen und lästigen aberglauben verknüpft«.[8]

ebenso hätte er alle anderen griechischen philosophen des aberglaubens bezichtigen können; dass er sich pythagoras herausgesucht hat, hängt vermutlich mit dessen vorbehaltloser position den tieren gegenüber zusammen. jamblichus berichtet über pythagoras und seine schüler: »übrigens trugen sie reine weiße gewänder, desgleichen war ihr ruhelager und alles von leinen. wolle war untersagt.«[9]

lucius annaeus seneca, der vielleicht größte denker des römischen reiches, schreibt, er habe »den pythagoras geliebt«, und ergänzt: »von solchen worten wurde ich gepackt und begann mich der fleischnahrung zu enthalten. schon nach jahresfrist fiel mir diese gewohnheit nicht nur leicht, sondern war mir sogar angenehm. ich hatte das gefühl größerer geistiger beweglichkeit.«[10] ebenso berichtet ovid über den pythagoras, er habe »(...) klage dagegen erhoben, daß man tiere als speise auftischt«.[11] jamblichus,

---

8| ebd., seite 112

9| **jamblichus aus chalcis:** über das pythagoreische leben. amsterdam 1707, § 99 [siehe auch eduard baltzer: pythagoras, der weise von samos. ein lebensbild. nordhausen 1868, seite 108]

10| **lucius annaeus seneca:** mächtiger als das schicksal. ein brevier. leipzig 1943, seite 167

grundlegend für führung sei die richtige strategie. aber strategie bedeute nicht, dogmatisch einmal aufgestellte pläne betonkopfartig auszuführen, sondern sich andauernd geistig neu zu orientieren – und das gesetzte ziel der jeweiligen situation immer wieder aktuell anzupassen.

dazu druckt er eine original-handschrift helmuth von moltkes, des chefs des preußischen generalstabes, ab. nach von moltke sei strategie »die fortbildung des ursprünglich leitenden gedankens entsprechend den stets sich ändernden verhältnissen«.[2]

ausdrücklich ist das denken von moltkes nicht starr, sondern es stellt »einheitliche auffassungen« infrage, die »auf den strengen regeln einer lehrmeinung«[3] beruhen.

1| **hans hinterhuber:** leadership. strategisches denken systematisch schulen von sokrates bis jack welch. frankfurt am main 2003

2| ebd., seite 117

3| ebd., seite 119

4| **von moltke (1872),** seite 72, zitiert nach: ebd., seite 122

5| ebd., seite 123

von moltke erscheint uns zunächst als das symbol für jemanden, der als general zum prinzip des kampfes gehört. allerdings weist hinterhuber darauf hin, dass von moltke den frieden als sein höchstes persönliches ziel angesehen hat.

wie auch immer man von moltke betrachten mag: selbst wenn man ihn, vermutlich ungerechtfertigt, als symbolfigur des kämpfenden prinzips betrachten würde, wäre der erkenntnisgewinn umso verblüffender: ohne rücksicht auf bestimmte grundsätze zerstört sich sogar das kampfprinzip selbst. selbstständiges, freies denken wird zum höchsten wert. es allein kann das überleben in ausweglosen situationen ermöglichen. auch wenn im militär der gehorsam prinzip sei, sagt von moltke: »der mann steht über dem prinzip.«[4]

der general hat auf dieser denkgrundlage die direktiven erfunden. hinterhuber nennt sie das »höchste niveau« von führung. sie zeuge »von einem hohen grad an initiativ- und verantwortungsgefühl«.[5] würde man anders vorgehen, würden die entscheidungswege zu lang. deshalb

religion oder wissenschaft	–	religion und wissenschaft
»das eine« und »das andere«	–	ganzheitlichkeit
problem	–	lösung
reaktiv	–	proaktiv
wissensstillstand	–	wissenserweiterung
abhängigkeit	–	selbstbestimmung
ausbeutung	–	fürsorge
ausgebeutete tiere	–	freie tiere
starre	–	lebendigkeit
gerade bahnen	–	natürliche schlangenlinien
kanal	–	wirbel
töten	–	leben erhalten
fleisch, fisch, milch, eier	–	vegane ernährung
leder, seide, wolle	–	vegane materialien

haltene phosphat entzieht es dem körper aber tatsächlich. doch der aberglaube »man muss milch trinken, um die knochen zu stärken« hat sich fest verankert.

obwohl es wohlschmeckende, gesündere alternativen zu fleisch und milch gibt, halten menschen stereotyp an den starren denkgewohnheiten fest. der gesamte konsum nichtveganer produkte basiert auf aberglauben und stereotypie.

die mär vom angeblichen »nährstoffmangel« unter vegan lebenden menschen hält sich auch dann noch, wenn ihn fachleute als unsinn bezeichnen, und das, obwohl bei schwersterkrankungen die vegane ernährung eine mindestvoraussetzung für das gesundwerden ist.

dass der konsum nichtveganer produkte geschichtlich auf dem aberglauben basiert, wird noch an anderer stelle erörtert, denn er hängt mit opferungsritualen zusammen.

6. macht und robustheit
die beziehungsqualität herrschaft – untertänigkeit, stark – schwach, führer – gefolgschaft steht im vordergrund des interesses; identifikation mit figuren, die macht repräsentieren; überbetonen der konventionellen attribute der persönlichkeit; übertriebenes zurschaustellen von härte und robustheit.

hier kommt der machtkomplex zum tragen, von dem orwell spricht. wer überhaupt in kategorien wie stark – schwach und führer – gefolgschaft denkt, der stellt die menschenmacht über die tiere gar nicht erst infrage und lebt sie auch selbst: zuhause, im beruf, in der gesellschaft. wir haben es mit einem möglichen wechsel zu tun zwischen führen und geführtwerden, mit nichtsexuellem sado-masochismus. in diesen verhältnissen sind tiere in der kette das letzte glied.

kein wunder, dass die am häufigsten verwendeten schimpfworte gerade jenen durch menschen besonders ausgebeuteten tieren entsprechen: »du dummes schwein«, »du blöde sau«, »du dummes huhn«, »du dämliche kuh«.

diese schimpfworte spiegeln unsere in der regel unbewusst ausgeübte macht wider. darauf hat schon schopenhauer aufmerksam gemacht. marketing zielt bei

11 / kadavergehorsam

woran liegt es, dass menschen eine politik unterstützen, die dem mitgefühl entgegenwirkt? wie ist es zu erklären, dass sie freiwillig totalitäre strukturen unterstützen, die sich letztlich auch gegen sie selbst richten? was macht menschen für die gefahren von gewalt, unterdrückung und sogar krieg blind? die empathiefähigkeit steht auch in humanistisch geprägten gesellschaften stets auf der kippe. warum das so ist, findet ein forschungsteam im rahmen der berkeley university of california um theodor w. adorno, r. nevitt sanford und anderen schon 1944 heraus.[1]

die ergebnisse der sozialforschungsstudie geben auskunft über die ursachen totalitärer strukturen. sie sind angeregt durch die arbeiten von wilhelm reich und erich fromm.[2] während reich die unterdrückung der lebens-

1| **theodor w. adorno:** studien zum autoritären charakter. frankfurt am main 1973, und theodor w. adorno et al: der autoritäre charakter. studien über autorität und vorurteil. band 1 und 2. amsterdam 1968

energie als forschungsschwerpunkt verfolgt, konzentriert sich fromm auf die beobachtung von menschen, die mit wirklicher freiheit nicht zurechtkommen und deshalb in autoritäre abhängigkeiten flüchten, die sie als sicherheit empfinden.

um diese sicherheit erleben zu können, benötigen diejenigen, die sich der autorität freiwillig unterwerfen – zum ausgleich hierzu – an anderer stelle eine möglichkeit dazu, selbst eine unterdrückende autorität gegen schwächere auszuüben. nach erich fromm ergibt sich hieraus eine form des nichtsexuell verstandenen sado-masochismus.

tatsächlich ordnen sich menschenmassen freiwillig unter, beuten aber zum beispiel gemeinsam tiere aus. das ist es, was george orwell als den »eigentlichen kampf« beschreibt. selbst in zeiten des verbitterten »klassenkampfes«, so orwell, beuten ja kapitalisten und kommu-

nisten die tiere gemeinsam aus. so wird die menschliche unfreiheit, das rousseausche »in ketten liegen«, durch das gemeinsame ausbeuten der tiere kompensiert. der »eigentliche kampf« läuft unbewusst ab und wird aggressiv »verteidigt«.

das kampfprinzip gründet auf dem autoritären charakter, dessen neun kernmerkmale auch hinweise darauf geben können, warum nichtveganer konsum gesellschaftlich lange zeit so »selbstverständlich« gewesen ist.

alle »ausreden« und »argumente«, die für den konsum nichtveganer produkte herhalten müssen, lassen sich durch die untersuchung des autoritären charakters erklären. die neun merkmale des autoritären charakters und der konsum nichtveganer produkte weisen viele parallelen auf.

1. konventionalismus

starres gebundensein an gesellschaftliche konventionen. der veganisierung stehen bis jetzt in der regel folgende und weitere »konventionen« entgegen:

2| **wilhelm reich**: die massenpsychologie des faschismus (1933). köln 1974.

erich fromm: die furcht vor der freiheit. zürich 1945

»man hat schon immer fleisch gegessen«
»so ist halt unsere kultur«
»kuchen gelingt nur mit eiern«
»kinder brauchen milch«
»käse gehört zu unserer kultur«
»schuhe müssen aus leder sein«
»am meer isst man fisch«
»freitags isst man fisch«
»am sonntag isst man einen braten«
»ostern isst man eier und lamm«
»weihnachten isst man eine weihnachtsgans«
»an thanksgiving isst man einen truthahn«
»bei feiern kann man sich beim essen nicht ausklinken«
»man lacht mich aus, wenn ich das nicht mitesse«

2. autoritäre untertänigkeit
untertäniges, unkritisches verhalten gegenüber idealisierten moralischen autoritäten der eigengruppe.

das beginnt bereits in der eigenen familie. wenn der lebenspartner oder die lebenspartnerin fleisch, molkereiprodukte, eier und fisch »will«, dann esse ich es »halt auch«. die eltern aßen nichtvegan, also essen »wir auch so«.

die mitschüler, kommilitonen, lehrer, nachbarn usw. essen »nichtvegan«, wir ebenfalls.

3. aggressive autoritätssucht
tendenz, überall leute aufzustöbern, die konventionelle werte verletzen, sich über sie aufzuregen, sie zu verurteilen und zu bestrafen.

so erklärt sich die hexenverbrennung, aber auch die absurde verfolgung von »aus der reihe tanzenden wissenschaftlern«. wie oft werden »propheten« noch heute außer landes getrieben, weil sie »im eigenen land nichts gelten«?

die ersten autofahrer wurden durch jene, die sich in ihrer vermeintlichen »sicherheit« bedroht fühlten ebenso als vermeintlich »radikal« angesehen wie die ersten umweltschützer. es ist immer die »autoritäre aggression«, die zuschlägt. in österreich werden im ersten jahrzehnt des 21. jahrhunderts mitarbeiter verschiedener tierschutzorganisationen und der veganen gesellschaft mit fadenscheinigen argumenten monatelang illegal in haft gehalten.

überall dort, wo aggressiv gegen vegan lebende menschen gehandelt wird, und sei es nur in gedanken, kommt autoritäre aggression ins spiel. besonders trifft es kinder und jugendliche, die von verwandten, sogar den eigenen eltern, zum konsum von fleisch, milchprodukten, fisch und eierspeisen gezwungen werden.

auch das von rousseau im *émile* erwähnte programmieren von kindern entspricht, wenn auch nicht immer bewusst, der autoritären aggression.

4. abwehr der intrazeption
abwehr aller »innerlichkeit«, besonders der selbstkritik, ablehnung von subjektivität, phantasie und subtil geistigem.

die ausschaltung der bedeutendsten positiven wesensmerkmale des menschen. das ausschalten der empathiefähigkeit. abwehr der intrazeption führt dazu, mit den tieren nicht mitfühlen zu können, ihr leiden wider besseres wissen zu übersehen. generationen werden so erzogen: »bloß keine gefühle zeigen.«

doch die anerzogene härte ist in wahrheit die schwäche des herzens. besonders kinder werden schon darauf konditioniert, dass tiere »nur tiere« seien. beim angeln sagt ein vater zu seinem kind, das den zappelnden fisch am haken bedauert: »stell dich nicht so an« oder »das ist doch nur ein fisch, dem tut das nicht weh«.

die abwehr der intrazeption sorgt für verrohung und abstumpfung, aber auch dafür, dass hinweise auf das leiden der tiere nicht wahrgenommen werden.

5. aberglaube und stereotypie
glaube an das bestimmtwerden des einzelschicksals durch geheimnisvolle mächte; disponiertsein zu einem denken in starren kategorien.

obwohl jeder verantwortungsvolle arzt das gegenteil behauptet, hält sich der neuzeitliche aberglaube, dass milch sehr wichtig für unseren knochenbau sei. in wirklichkeit enthält milch zwar kalzium. das in der milch ent-

produkten häufig auf vorbilder ab. in einem gewissen alter, vor allem bis 14 jahre, orientieren sich kinder und jugendliche besonders an vorbildern. das »vormachen« des nichtveganen konsums kann die »selbstverständlichkeit«, mit der er ein leben lang stattfindet, »begründen«.

auch die milchpropaganda, die vor allem junge menschen im fokus hat und jahrzehntelang gezielt in schulen praktiziert wird. sie bedient sich der macht und der robustheit. aufgrund des rückgängigen fleischkonsums werden ähnliche propagandafeldzüge auch für fleisch »durchgezogen«. die so harmlos daherkommenden »biobrotboxen« sollten diesbezüglich einer kritischen untersuchung unterzogen werden. ihr jeweiliger inhalt gibt auskunft.

ganze schulklassen werden durch romantisch-irreale »bio-bauernhöfe« geschickt oder sogar durch industrielle tiermastanlagen geführt. in umkehrung der schilderungen

rousseaus heißt es in einem offiziellen programmpapier: »die haltung von tieren bietet den kindern und jugendlichen weitere erfahrungen mit den kreisläufen der natur, d. h. geburt und leben, sterben und tod können miterlebt und besprochen werden. ferner kann der kontakt zu den tieren positive auswirkungen auf die entwicklung von kindern und jugendlichen haben.«[3]

auf den ersten blick klingen diese zeilen noch überzeugend, doch in ihnen stecken macht und robustheit, denn das elend der tiere wird vollkommen ausgeblendet. einen objektiven einblick würden die kinder und jugendlichen erst dann bekommen, wenn sie die positivere situation befreiter tiere auf lebens- und gnadenhöfen sehen würden, abgesehen davon, dass ihnen die konkreten schattenseiten bei derlei propagandaführungen natürlich nicht gezeigt werden und man in der regel darüber auch nicht spricht. denn man kann mit – wie steiner meint – »mathematischer genauigkeit« die durch offene kommunikation resultierenden abwehrreaktionen der kinder und jugendlichen gegen die ausbeutung der tiere

3| bundesministerium für verbraucherschutz, ernährung und landwirtschaft: leitfaden »bundesinitiative – lernen auf dem bauernhof«. berlin 2003, kapitel 1, seite 7

voraussehen. stattdessen wird den kindern und jugendlichen auf diese weise manipulativ suggeriert, dass tiere
so zu leben hätten und dies ihre bestimmung sei. und so
ist das zitat der bundesinitiative ein treffendes beispiel.

in der werbung werden besonders gern »stars« vorge-
führt, die für fleisch, milch und andere nichtvegane produkte werben. beliebt in der propaganda für fleisch- und
wurstprodukte ist die instrumentalisierung von sport-
stars. fußballprofis werben für totgekochte, nicht gesund-
heitsfördernde fleischsnacks, eltern kaufen solche produkte
unkritisch im vertrauen auf die robusten und mächtigen
vorbilder für ihren nachwuchs.

es ist sicher kein zufall, dass diverse nichtvegane fast-
food-ketten mit ihren logos selbst auf den kleinsten
jugendsportveranstaltungen ebenso auftreten wie bei
olympiaden. ebenso dienen talkshowleiter und fernseh-
moderatoren als garant dafür, möglichst viele menschen
mit der angeblichen bedeutung nichtveganer produkte
zu blenden.

7. destruktivität und zynismus
*verallgemeinerte feindeinstellung, verächtlichung des
menschlichen.*

zunehmender zynismus und zunehmende dehumani-
sierung gehen hand in hand. wer angesichts des tierleids
sagt: »es sind doch nur tiere«, ist zynisch. der industrielle,
der sagt, es ginge in der tierzucht »vor allem um leistung«,
ist zynisch.

der eigene wesenskern, das gewissen, weiß es zwar
besser, aber mithilfe des zynismus wird die menschlichkeit, die kurz durchblickt, schnell »vom tisch geräumt«.
wer sich über vegan lebende menschen »lustig« macht,
statt sich zu freuen, dass diese die tiere schonen, ist
zynisch und misstraut dem humanen.

adorno erklärt: »zynismus ist flucht vor der menschlichkeit.«

»schweine sehen nicht nur niedlich aus, sie schmecken
auch gut« ist eine zynische aussage, die zeigt, dass manche, obwohl sie den zusammenhang kennen, vor ihrer
menschlichkeit flüchten. es gibt auch eine verallgemei-

nerte feindeinstellung gegen die tiere selbst: schweine, heißt es, seien »schmutzig«, während sie in wirklichkeit extrem auf ihre reinheit achten.

8. projektion
die bereitschaft, anzunehmen, es gehe in der welt ganz allgemein wild und gefährlich zu; übertragung unbewusster triebimpulse dieser art auf die außenwelt.

das verhalten von raubtieren wird zum maßstab für das eigene verhalten und das der gesellschaft. bacon hat mit seinen ausführungen darüber, alles sei nur eine jagd, projiziert, dies sei ein naturgesetz – und generationen von wissenschaftlern haben sich emotional davon leiten lassen. die projektion des eigenen autoritären charakters auf die natur begründet den wunsch der »neuen herrschaft über die geschöpfe« und steht der verantwortungsbewussten führung im weg.

hinter der floskel »wir können nicht alle probleme der welt lösen« verbirgt sich die bereitschaft, das böse als unveränderliche selbstverständlichkeit zu sehen. damit

wird jede initiative zum guten hin im keim erstickt.

9. sexualität
übertriebene beschäftigung mit sexuellen vorgängen.
»milch macht müde männer munter«
»fleisch ist ein stück lebenskraft«

das sind (auch) gezielte sexuelle anspielungen, mit denen pr und werbung seit jahrzehnten arbeiten. männer meinen, hühnereier stärkten ihre potenz. dabei fördern sie stattdessen offenbar eher blähungen. ähnlich verhält es sich beim steak.

verfassungswidrig finanziert gab die deutsche cma millionen aus, um sexuelle anspielungen wie diese zu plakatieren: man sieht eine junge frau in hotpants und die schlagzeile »ich mag es am liebsten scharf«. dann als abbinder: »fleisch. tu dir was gutes.« man sieht einen jungen mann (der erste knopf seiner jeans ist bereits geöffnet). schlagzeile: »ich mag es am liebsten mit jungem gemüse.« abbinder: »fleisch. tu dir was gutes.«[4] außerdem an dieser stelle noch einmal der hinweis auf das kapitel in diesem buch *den panzer knacken* über den zusammenhang zwischen unterdrückung, ernährung und sexualität. die vegane lebensweise befreit das leben von tödlichen, starren konventionen, vorurteilen und überwindenswerten traditionen, projektionen und von zynismus.

die veganisierung ersetzt den autoritären charakter im konsum, der dem kampf entspricht, durch die positive autorität des eigenen freien gewissens, durch führung, durch mitgefühl, durch freies denken und das damit verbundene erwachen der liebe.

»zerreißt den mantel der gleichgültigkeit, den ihr um

4| der verursacher der kampagne, die »centrale marketing agentur« (cma), ist vom höchsten deutschen rechtsorgan, dem bundesverfassungsgericht, mittlerweile verboten worden.

5| die flugblätter der weißen rose. bremen 2010, seite 44

6| **isaac bashevis singer:** the letter writer. zitiert nach: charles patterson: »für die tiere ist jeden tag treblinka«. über die ursprünge des industrialisierten tötens. frankfurt am main 2004, seite 5

euer herz gelegt habt«, lautet eine berühmte forderung der weißen rose 1943. »man darf nicht nur dagegen sein, man muss etwas tun und an der zementmauer der unmöglichkeit versuchen, kleine möglichkeiten herauszuschlagen.«[5] besser kann man nicht aussprechen, was die überwindung des autoritären charakters und die veganisierung erreichen möchten: aus liebe – menschen aufwecken und für das ganze leben zu sein.

ist es vermessen, den totalitarismus gegen menschen mit dem gegen tiere zu vergleichen? ja, wollte man den gegen die menschen damit verharmlosen. nein, wenn man die humanität um die fürsorglichkeit gegenüber den tieren erweitert, denn dann kann sie nur an stärke gewinnen.

der literaturnobelpreisträger isaac bashevis singer meint in diesem zusammenhang, dass für die tiere »jeden tag treblinka« sei.[6]

der kampf gegen menschen und der kampf gegen tiere in seinen schlimmsten praktischen auswirkungen haben gemeinsame wurzeln. charles patterson hat diese zusammenhänge gründlich herausgearbeitet. selbst die baupläne für die gigantischen konzentrationslager, in denen menschen wie nie zuvor systematisch zum zweck ihrer ausrottung kaserniert wurden, so patterson, entstammen direkt den vorlagen zuvor konstruierter gigantischer tierschlachtanlagen.[7]

nur durch offenlegung der soziologischen zusammenhänge können die destruktiven prinzipien des kampfes den neu zu schaffenden konstruktiven der liebe weichen. hierfür brauchen die westlichen gesellschaften aber insbesondere die überwindung des »eigentlichen kampfes« gegen die tiere.

die erforderliche brüderlichkeit wird sich auch unter den menschen selbst nur dann einstellen können, wenn sie die tiere nicht länger dazu benutzen, ihre auf destruktivität aufgebaute starre und empathieschwache gesellschaftsstruktur »nachhaltig« zu erhalten.

die forschungsarbeiten adornos sind wertvolle ansatzpunkte, um mit ihrer hilfe die verhärtung der herzen abzubauen. die veganisierung bietet die chance, verhärtungen aufzuweichen und kultur neu aufzubauen. »liebe kann man nicht predigen, sie ist der mangel aller menschen, so wie sie heute existieren,«[8] aber jeder kann beginnen diesen mangel zu beheben, indem er großzügiger als bisher versucht mit ihr umzugehen.

7| **patterson:** »für die tiere ist (...) (angaben anmerkung 7). das gesamte buch ist ein äußerst erschütterndes, sehr detailliertes dokument und »(...) es bündelt« wie die frankfurter allgemeine zeitung am 28.01.2005 schreibt »in these, geschichte und zitat ungeheuerliches.«

8| **adorno:** adorno spricht. dokumentation des bayrischen rundfunks, 1989

12 / der milde westen

»in dem größeren kampf, dem globalen ›eigentlichen kampf‹ zwischen zivilisation und barbarei sind es die großen weltkulturen mit ihren großen leistungen auf dem gebiet der religion, kunst und literatur, der philosophie, wissenschaft und technik, der moral und des mitgefühls, die ebenfalls vereint marschieren müssen, da auch sie sonst getrennt geschlagen werden«, schreibt samuel huntington.[1] wenn der westen beginnt, seine guten, ursprünglichen werte ernster zu nehmen als bisher, wird huntingtons schlusspassage aus dem *kampf der kulturen* nicht nur floskel sein, sondern mit leben und liebe erfüllt. wir brauchen dazu die ideen der guten geister und vordenker des abendlandes und des westens.[2]

es scheint wie ein zufall, dass huntington, der stichwortgeber der weltpolitik, ebenfalls vom »eigentlichen kampf« schreibt, die formulierung george orwells nutzt. huntington hat damit aber wohl etwas anderes gemeint

1| **samuel p. huntington:** kampf der kulturen. die neugestaltung der weltpolitik im 21. jahrhundert. hamburg 2006, seite 529

als den kampf gegen die tierwelt, ja, er plädiert hier – im gegensatz zu toynbee – sogar nicht gegen, sondern für den kampf als prinzip, obgleich er die leistungen der weltkulturen hervorhebt, die dem geist und der liebe und gerade nicht dem kampf angehören. die neugestaltung der weltpolitik im 21. jahrhundert wird daher nicht der entscheiden, der sie mit militärischer omnipotenz auskämpfen will, sondern der, der sich in freiheit für die liebe entscheidet. schon die alten römer, die am überstrapazieren des kampfprinzipes scheiterten, wussten: omnia vincit amor – über alles siegt die liebe.[3] alle wirk-

2| im weiteren ist nur noch vereinfachend vom westen die rede. so lautet oswald spenglers *untergang des abendlandes* in der amerikanischen übersetzung *the decline of the west.* diese vereinfachung geschieht in vollem bewusstsein dafür, dass die sache insgesamt komplizierter ist und im wissen um die eigentliche besondere verantwortung der mitte und des ostens.

3| **vergil:** eclogae 10,69. in: sapientia romanorum. weisheiten aus dem alten rom. stuttgart 2008, seite 62

lich bedeutenden werte, insbesondere die des westens, gehören zur liebe, nicht zur zerstörung. die veganisierung der denk- und konsumgrundlagen ist im sinne dieser werte äußerst westlich.

ebenso gibt es – im selben sinne – kaum eine anti-westlichere verhaltensweise als das gigantisch gesteigerte produzieren, vermarkten, bestellen und verbrauchen nichtveganer produkte.

anti-westlich im sinne einer perfekten manipulation von menschen ist der gigantische konsum leidverursachender nichtveganer produkte. westlich ist aber auch die erlösung aus dem albtraum, der im westen, entgegen seinen werten, entstanden ist.

ebenso westlich sind die zeilen von h. g. wells im letzten band seiner *weltgeschichte* über das verhältnis zwischen tieren und menschen in einer zukünftigen welt: »mit dem aufhören des gänzlich sinnlosen tötens von tieren, das man heute sport nennt, würde in einer besser erzogenen welt unvermeidlich eine mäßigung der primitiven instinkte eintreten, die auf diese weise zum ausdruck kommen, man würde sich nicht für den tod, sondern für das leben der tiere interessieren, und das könnte vielleicht zu ganz eigenartigen und schönen erfolgen führen: der mensch würde sich jene ihm verwandten, niedrigeren kreaturen zu freunden machen, würde sie nicht mehr als feinde fürchten, als rivalen hassen oder als sklaven benötigen.«[4]

doch ebenso westlich sind andere passagen in wells schriften, die eher zur anderen seite tendieren. der westen ist vielleicht der bereich gewesen, in dem der wettstreit zwischen liebe und kampf besonders energisch stattfand. umso wichtiger ist es wohl, dass im westen die herzenskräfte die führungsverantwortung übernehmen.

heute ist die veganisierung ein gradmesser für die glaubwürdigkeit der westlichen welt. denn alles reden von freiheit und recht, von mitgefühl und liebe, von umwelt-

schutz und technik bleibt unausgereift, bis die glaubhafte verwirklichung dieser ideale über die veganisierung erfolgt ist. nichtvegane produkte sind barbarei auf kosten der tiere. sie sind einer weltkultur unwürdig, weil sie jenen »großen leistungen auf dem gebiet der religion, kunst und literatur, der philosophie, wissenschaft und technik, der moral und des mitgefühls«[5] widersprechen und den westen unglaubwürdig machen.

man meint, die führung über die ganze welt ausüben zu müssen, ist aber nicht einmal dazu in der lage, die führung über sich selbst zu übernehmen und einen winzigen kleinen schritt zu tun und vegan zu werden.

seneca, dante, leonardo da vinci, louis stevenson, jean paul, denis diderot, henry salt, george bernhard shaw, george orwell und viele andere literaten und künstler sind durch ihre pflanzliche ernährungsweise bewusst nicht am eigentlichen kampf beteiligt. auf der seite der religion und philosophie stehen die großen geister, die sich in das urgedächtnis aller jemals gedachten westlichen ideale eingebrannt und untergemischt haben: buddha, zarathustra,

---

4| **h. g. wells:** die weltgeschichte. band 1 bis 3. band 3, seite 469

5| **samuel p. huntingtons:** kampf der kulturen. hamburg 2006/2007, seite 529

pythagoras, christus und darauf aufbauend alle nach-
folgenden gedanken. wir begegnen den grundlagen bei
epikur, empedokles, bei seneca, im deutschen idealismus
und im amerikanischen new thought.

dieser geist steht an der wiege westlichen denkens.
alle nichtveganen produkte, schutzbehauptungen, ausreden und lügen wenden sich gegen diesen geist, gegen
das mitgefühl und gegen die weiterentwicklung des
menschen.

nichtvegane produkte widersprechen sogar der westlichen idee der technik. denn wie kann die westliche
hightech-welt sich an den schwächen der mitlebewesen
vergreifen, als sei nicht die denkerische wurzel, wie
huntington es mit recht auf den punkt bringt, tatsächlich
das mitgefühl. was technik den tieren antut, ist ein miss-
brauch der erfindergabe.

wer aber, wenn nicht der westen, wäre in der lage, aufgrund seiner technischen fertigkeiten, lebensmittel herzustellen, die lecker, nahrhaft, gesund und vegan sind?
die wahrheit ist: niemand hat die ideen für fleisch-, wurst-
und für milchalternativen aller art auf rein veganer basis
bereits so perfekt weiterentwickelt wie westliche nah-
rungsmittelhersteller. wir haben fleisch- und wurstalter-
nativen auf grundlage von weizeneiweiß, sojaeiweiß und
lupinen, milchalternativen auf basis von hafer, dinkel,
mandeln, reis und soja – in einer nie dagewesenen qualität. diese produkte, die schon auf dem markt sind und
ständig weiterentwickelt werden, sind längst der beweis
für die technische fähigkeit des westens. sie sind die
veganen antworten auf die leidverursachenden nichtveganen herausforderungen.

tatsächlich ist die veganisierung der welt eine unserer
wichtigsten aufgaben. der westen trägt die verantwortung
dafür, seinen idealen nicht nur theoretisch treu zu bleiben,
sondern ihnen auch praktisch gerecht zu werden.

die frage verläuft, wie huntington richtig schreibt,
zwischen barbarei und zivilisation. wie hoch eine gesellschaft zivilisiert ist erkennt man daran, wie sie mit den
tieren umgeht, meint gandhi. die aussagen von zwei der
wichtigsten westlichen persönlichkeiten sollten genau

gelesen und verbreitet werden. sie zeigen, dass die veganisierung eine logische und grundlegende weiterentwicklungsstufe unserer kultur ist.

die erste ist johann gottfried herder. in seinen briefen zur humanität schreibt er: »das göttliche in unserem geschlecht ist also bildung zur humanität; alle guten menschen, gesetzgeber, erfinder, philosophen, dichter, künstler, jeder edle mensch in seinem stande, bei der erziehung seiner kinder, bei der beobachtung seiner pflichten, durch beispiel, werk, institut und lehre hat dazu mitgeholfen. humanität ist der schatz und die ausbeute aller menschlichen bemühungen, gleichsam die kunst unseres geschlechts. die bildung zu ihr ist ein werk, das unablässig fortgesetzt werden muß; oder wir sinken, höhere und niedere stände, zur rohen tierheit, zur brutalität zurück.«[6]

6| **johann gottfried herder:** briefe zur beförderung der humanität. wort und begriff der humanität. bänder 3–4. dritte sammlung. riga 1794, seite 8

7| ebd., seite 15

und herder ergänzt deutlich: »nächst der selbsterhaltung ward es also die erste pflicht der menschheit, den schwächen unserer nebengeschöpfe beizuspringen und sie gegen die übel der natur oder die rohen leidenschaften ihres eigenen geschlechts in schutz zu nehmen.«[7]

in diesem sinne ist es also unsere menschliche pflicht, alle schlechte haltung und ausbeutung der tiere abzuschaffen – das vermag allein die veganisierung, nur sie ist konsequent.

verweigern wir uns der veganisierung aus bequemlichkeit, ignoranz oder boshaftigkeit, sinken wir noch mehr in menschliche bestialität. wollen wir die bildung zur humanität fortsetzen, haben wir die veganisierung zu forcieren, sie mit unserer individuellen verhaltensänderung und bewusstseinserweiterung zu starten und sie als selbstverständlichkeit zu beherzigen.

die zweite persönlichkeit, charles darwin, hat die westliche welt polarisiert und geprägt. als vater der biologischen evolutionslehre und symbolfigur der wissenschaft ab dem 19. jahrhundert schreibt er: »endlich werden die sozialen instinkte, welche ohne zweifel vom menschen ebenso wie von den niederen tieren zum besten der ganzen gemeinschaft erlangt worden sind, von anfang an den wunsch, seinen genossen zu helfen, um ein gewisses gefühl der sympathie in ihm angeregt, ihn aber auch dazu veranlasst haben, ihre billigung und missbilligung zu beachten.

derartige antriebe werden ihm in einer sehr frühen periode als eine rohe regel für recht und unrecht gedient haben. aber in dem maße, wie der mensch nach und nach an intellektueller kraft zunahm und in den stand gesetzt wurde, die weiter ab liegenden folgen seiner handlungen zu übersehen, wie er hinreichende kenntnisse erlangt hatte, um verderbliche gebräuche und aberglauben zu verwerfen, wie er, je länger desto mehr, nicht bloß die wohlfahrt, sondern auch das glück seiner mitmenschen ins auge fassen lernte, wie infolge von gewohnheit, dieser folge wohltuender erfahrung, wohltätigen unter-

richts und beispiels, seine sympathien zarter und weiter ausgedehnt wurden, so daß sie sich auf alle menschen aller rassen, auf die schwachen, gebrechlichen und anderen unnützen glieder der gesellschaft; endlich sogar auf die niederen tiere erstreckten, – in dem maße wird auch der maßstab seiner moralität höher und höher gestiegen sein. und die moralisten der derivativen schule und auch einige intuitionisten geben zu, daß der maßstab der moralität seit seiner frühen periode der geschichte der menschheit wirklich ein höherer geworden ist.«[8]

damit zeigt darwin die richtung, an der wir entweder im chaos endend vorbeisteuern – oder in der wir in die veganisierung der welt einmünden. liebe oder kampf: die entwicklung sieht so aus, dass das »gefühl der sympathie« wächst, die sensibilität gegenüber mitmenschen – und schließlich gegenüber den »niederen tieren«.

hier zeigt darwin, dass es neben der technischen entwicklung, neben der biologischen entwicklung der arten auch eine geistig-kulturelle evolution der menschheit in richtung mitgefühl gegenüber allem lebendigen gibt. die

8| **charles darwin:** gesammelte werke. frankfurt am main 2006, seite 794

charles darwin: »wilde besitzen dieses gefühl, wie es scheint, nicht, mit ausnahme der humanität gegen ihre schoßtiere.«

darwin hat unsere logische weiterentwicklung, die sich zur veganisierung der welt aufschwingt, auf den punkt gebracht: »sympathie über die grenzen der menschheit hinaus, d. h. humanität gegen die niederen tiere scheint eine der spätesten moralischen erwerbungen zu sein. wilde besitzen dieses gefühl, wie es scheint, nicht, mit ausnahme der humanität gegen ihre schoßtiere.

wie wenig die alten römer dasselbe kannten, zeigt sich in ihren abstoßenden gladiatorenkämpfen. die bloße idee der humanität war, soviel ich beobachten konnte, den meisten gauchos der pampas neu.

diese tugend, eine der edelsten, welche dem menschen eigen ist, scheint als natürliche folge des umstandes zu entstehen, dass unsere sympathien immer zarter und weiter ausgedehnt werden, bis sie endlich auf alle fühlenden wesen sich erstrecken. sobald diese tugend von einigen wenigen menschen geehrt und ausgeübt wird, verbreitet sie sich durch unterricht und beispiele auf die jugend und wird auch eventuell in der öffentlichen meinung eingebürgert.«[9] dafür können wir eintreten und deshalb heißt

veganisierung der welt ist notwendig, weil sie die logische evolutionäre weiterentwicklung der zivilisation ist.

katzen und hunde zu streicheln und problemlos nichtvegane produkte zu konsumieren, für die tiere leiden mussten, ist ein widerspruch zu mitgefühl und der idee der humanität, den tragenden pfeilern des westens.

9| ebd., seite 793

dieses buch *veg up*, um den westen und die ganze welt aus dem geistig-kulturellen albdruck des menschlichen fehlverhaltens wachzurütteln. auf der grundlage der veganisierung kann die weltkultur durch diesen aufstieg zur humanität erblühen.

denn dann kann eintreten – im sinne von liebe statt kampf –, was darwin als evolutionäre weiterentwicklung beschreibt: »blicken wir auf spätere generationen, so haben wir keine ursache zu befürchten, daß die sozialen instinkte schwächer werden würden und wir können wohl erwarten, daß tugendhafte gewohnheiten stärker und vielleicht durch vererbung fixiert werden. in diesem falle wird der kampf zwischen unseren höheren und niederen antrieben weniger hart sein und die tugend wird trium-phieren.«[10]

10| ebd., seite 795

13 / american breakfast

was emerson »das system« nennt, sind wir alle. wir selbst haben die wertvollen arbeiten und erkenntnisse adornos, reichs, steiners und vieler anderer lange nicht erkannt, obwohl das bild rousseaus vom in ketten liegenden menschen noch immer aktuell ist. es wird um das bild ebner-eschenbachs vom »glücklichen sklaven«[1] erweitert.

anstatt die wertvollen erkenntnisse adornos auf sämtliche gesellschaftsformen anzuwenden, hat man aus kleinkariertem hintergrund heraus zynische fragen gestellt. was bei existenz der autoritären persönlichkeit denn die nicht-autoritäre sei. selbstverständlich kann man die punkte adornos auch proaktiv umdrehen und erhält dann die grundsätze eines nichtautoritären oder, wenn man es besser formuliert, eines selbstbestimmten menschen. die frage wäre damit schnell beantwortet.

aber wie kommen wir zum selbstbestimmten menschen? wie kommt mehr als eine minderheit in den genuss der selbstbestimmung? eine autoritäre gesellschaft ist

[1] **maria ebner-eschenbach:** schriften. band 1. berlin 1893

davon überzeugt: »es wird einem im leben nichts ge-
schenkt. man muss sich alles hart erarbeiten.« womit wir
wieder in der kampfzone wären. das ist auch nicht ganz
falsch, doch um wie viel leichter arbeiten wir, wenn wir
es mit begeisterung tun? der autoritäre gesellschaftliche
zwang will arbeit herauspressen, das entspricht dem
automatismus, der mensch ist zur maschine degradiert
und folgt dem kampfprinzip.

millionen leiden im arbeitsprozess genau darunter. das
selbstbestimmte individuum bringt stattdessen seine
leistungen aus selbstgesteuerter, lebendiger begeisterung
heraus, es folgt dem prinzip der liebe. letztere bildet die
gruppe der wohl zufriedeneren menschen.

wie ist es mit unserer nahrungsaufnahme? essen wir
bewusst oder essen wir das, was wir essen sollen, was
man uns eingetrichtert hat? passiert dies nicht so, wie

rousseau es im *émile* erläutert hat? langzeituntersuchun-
gen zeigen, dass die rate der sich im erwachsenenalter
pflanzlich ernährenden menschen steigt, je höher ihre
intelligenz ist; ein höherer iq – gemessen im zehnten
lebensjahr – erhöht signifikant die wahrscheinlichkeit,
dass sich die erwachsenen im alter um die 30 pflanzlich
ernähren.[2]

die veganisierung der welt setzt nicht auf zufall, sondern auf die weitere entwicklung aller menschen. sie ist
teil einer neuen phase der aufklärung und steuert einen
beitrag dazu bei, aus der unmündigkeit herauszukommen,
die – anders als kant es in seinem berühmten aufsatz zu
papier bringt – nicht immer selbst verschuldet ist.

denn denken wir an rousseaus ausführungen im *émile*
über die natürliche abneigung der kinder gegenüber aus
tieren gewonnener nahrung, trifft den so konditionierten
»fleischesser« keine schuld, weil ihm bis dahin nicht
bewusst gewesen ist, was er isst.

»der so genannte kulturmensch wurde tatsächlich eckig,
maschinell, ohne spontanität, d. h. er entwickelte sich zu

2| iq in childhood and vegetarianism in adult hood: 1970 british
     cohort study. in: *british medical journal*:medical research council
     epidemiology resource centre, university of southhampton

einem automaten und zu einer ›hirnmaschine‹. er glaubt also nicht bloß, daß er wie eine maschine funktioniert, sondern er funktioniert tatsächlich automatisch mechanisch-maschinell. er lebt, liebt, haßt und denkt nur mehr maschinell«, schreibt reich in seiner 1933 erschienenen *massenpsychologie des faschismus.*[3]

dass wir wie maschinen »funktionieren«, das würden die meisten empört abstreiten. dabei schreibt bereits fünf jahre vor wilhelm reich ein gewisser edward bernays in seinem buch *propaganda – die kunst der public relations* sehr deutlich, wie er die gesellschaft sieht:

»die bewusste und intelligente manipulation der organisierten gewohnheiten und meinungen der massen ist ein wichtiges element in der demokratischen gesellschaft. wer die ungesehenen gesellschaftsmechanismen manipuliert, bildet eine unsichtbare regierung, welche die wahre herrschermacht unseres landes ist. wir werden regiert, unser verstand geformt, unsere geschmäcker gebildet, unsere ideen größtenteils von männern suggeriert, von denen wir nie gehört haben. dies ist ein logisches ergebnis der art, wie unsere demokratische gesellschaft organisiert ist. große menschenzahlen müssen auf diese weise kooperieren, wenn sie in einer ausgeglichenen, funktionierenden gesellschaft zusammenleben sollen. in beinahe jeder handlung unseres lebens, ob in der sphäre der politik oder bei geschäften, in unserem sozialen verhalten und unserem ethischen denken werden wir durch eine relativ geringe zahl von personen dominiert, welche die mentalen prozesse und verhaltensmuster der massen verstehen. sie sind es, die die fäden ziehen, welche das öffentliche denken kontrollieren.«[4]

bernays gilt als einer der väter der public relations, kurz pr. für ihn und seine nachfolger funktionieren menschen wie maschinen.

»es ist teuer, die gesellschaftliche maschine zu manipulieren. deshalb liegt die unsichtbare herrschaft und

---

3| **reich:** die massenpsychologie des faschismus, seite 303

4| **edward bernays:** propaganda. die kunst der public relations. freiburg 2007, seite 19

ddp images / ap

edward bernays:
»wir werden regiert,
unser verstand
geformt, unsere
geschmäcker gebil-
det, unsere ideen
größtenteils von
männern suggeriert,
von denen wir nie
gehört haben.«

edward bernays, ein neffe sigmund freuds, nimmt die position des kampfes ein. er nutzt freuds forschungsansätze aus, um menschenmassen gezielt zu manipulieren. dagegen nimmt wilhelm reich – als ursprünglich engster und wichtigster schüler freuds – die position der liebe ein. auf bernays kundenliste stehen die wichtigsten internationalen konzerne und stiftungen, reich überwirft sich mit freud. er wird ausgegrenzt und seine bücher werden in den 1950er jahren in amerika per dekret verbrannt.

bernays liefert massen von menschen ihrer noch gezielteren steuerung als »maschinen« aus. reich dagegen ist bemüht, den einzelnen, zur »maschine« degradierten menschen zu befreien, indem er ihm den fluss seiner lebensenergie zurückgeben will.

reich oder bernays, selbstbestimmung oder manipulation, geben oder nehmen – liebe oder kampf. das erbe freuds wird in reichs lebensenergieforschung veredelt und in bernays pr-theorien pervertiert. die welt aber startet in das 21. jahrhundert nicht im sinne der entpanzerung des menschen, sondern im sinne seiner verstärkten mani-

kontrolle der meinungen und gewohnheiten der massen tendenziell in der hand von nur wenigen menschen.«[5]

5| **bernays:** propaganda, seite 40

6| nach 10 jahren arbeiten laut dem verein lobbycontrol etwa 100 mitarbeiter von pr-unternehmen und verbänden sogar ungeniert und direkt in deutschen bundesministerien. lobbyisten-liste enthüllt einfluss in ministerien. in: spiegel online, 26.07.2007

pulation. der boom der pr-agenturen war noch nie so groß wie im ersten jahrzehnt des 21. jahrhunderts.[6]

mit gekonnter pr werden auch gleich die kritiker im sinne adornos ins lächerliche gezogen, indem die kritik an der autorität gekonnt umcodiert wird. die anhänger des ungenierten ausnutzens des autoritären charakters blasen zum kampf gegen »gutmenschentum« und »politische korrektheit«.

mit welchem ziel? verbirgt sich dahinter der wunsch, ungeniert eine art schlechtmensch sein zu dürfen und politisch »unkorrekt« zu handeln? damit macht man den zynismus »hip« und startet die kollektive flucht vor der menschlichkeit.

trotz aller bisherigen bemühungen, die abhängigkeit des einzelnen menschen von gesellschaftlichen autoritäten durch gewinnung ihrer individuellen selbsterkenntnis zu lösen, hat sich in manchen bereichen die abhängigkeit eher noch verstärkt. menschen werden

nicht nur noch mehr zu »maschinenmenschen«, sondern generationen von kindern verbringen heute mehr zeit denn je mit computern und anderen elektronischen »spielsachen«, vor deren zu früher verfügbarkeit sie niemand mehr schützt. kaum jemand hinterfragt diese verhaltensweisen, im gegenteil, jede kritische frage zu einer dieser alltäglichkeiten wird als übertrieben oder lästig empfunden.

»nur eines gibt es nicht mehr: das, was stimmt. das, was stimmt, ist der störenfried. und ihn kann man in solchen zeiten nicht brauchen. fragen sind lästig. deshalb werden nur noch antworten ausgespuckt. wir werden nur noch mit antworten gefüttert. wozu fragen, ob etwas giftig und schädlich ist, wenn der schein so schön, die atmosphäre so duftend, die aussage so gewinnend ist. aber nicht jeder verträgt eine solche welt. von manchen speisen wird einem schlecht, und mancher sucht etwas glaubwürdiges, wenn einem nur noch glauben, nicht mehr wissen vermittelt werden kann«,[7] skizziert otl aicher diesen zustand. die eigentliche trennungslinie verläuft

---

7| **otl aicher:** typographie. mainz 2005, seite 92

dabei zwischen dem, was toynbee als aufgabe hinge-
stellt hat: zwischen liebe und kampf, zwischen achtung
und gleichgültigkeit. im fall der liebe ist der mensch ein
geistiges, ein im kern gutes und entwicklungsfähiges
wesen, im falle des kampfes bloß ein werkzeug, das
dem einen oder dem anderen zweck dienlich ist.

die freiheit und damit die liebe sind niemals daran
gescheitert, dass die wahrheit nicht gesagt worden wäre,
sondern daran, dass die mehrheit der »glücklichen sklaven«
als »die größten feinde der freiheit« sie aus den neun
punkten des autoritären charakters heraus nicht wahrhaben wollten. schlimmer noch: diese autoritär struktu-
rierte mehrheit hat in der geschichte schlimmste verbrechen legitimiert. erst hinterher wird gefragt: wie konnte
das nur geschehen?

doch mit derlei ›nach‹fragen ist es nicht getan. der
mensch bleibt solange mitverantwortlich am geschehen,
solange er seine fähigkeit ungenutzt lässt, aus der persönlichen geistigen versklavung – und sei sie noch so
»bequem« – zu erwachen. doch wie können menschen

erwachen, wenn sie nicht einmal wissen, wie offenkundig
sie zu automatisch funktionierenden maschinenteilen
degradiert und entsprechend fremdgesteuert worden
sind?

propaganda im sinne des kampfes gegen die selbstbestimmung kann so erfolgreich »das gehirn waschen«,
dass noch im moment der vorlage stichhaltiger beweise
der »zufriedene sklave« seiner »autorität« die treue hält,
obwohl diese eines der größten verbrechen in der geschichte der menschheit zu verantworten hat. er glaubt
ihr, weil er sagt: »wir sind unschuldig!« pr ermöglicht
es wie nie zuvor, offenkundig zu lügen, ohne dass die
»maschine gesellschaft« noch aufmuckt.

es ist für zuviele kein skandal mehr, dass auch im
21. jahrhundert kriegsgründe erfunden werden, obwohl
dies nicht nur aufgedeckt, sondern von den verantwortlichen zugegeben wird.

die pr behält die oberhand – solange bis ein wirklicher
austausch der »elite« stattfindet. behält sie ihren einfluss,
nur weil alternativen zu ihr nicht gefördert werden?

»die alphabetisierung«, schreibt bernays in *propaganda*, »sollte den gemeinen bürger dazu befähigen, seine angelegenheiten selbst zu regeln. durch lesen und schreiben sollte sich auch sein geist so entwickeln, dass er zum regieren fähig wäre. aber statt den geist zu beflügeln, hat ihn die alphabetisierung dem einfluss von prägungen ausgesetzt: druckerzeugnissen voller werbeslogans, leitartikeln, wissenschaftlicher erkenntnissen, den trivialitäten der boulevardpresse zusammen mit tradierten denkmustern. zum eigenständigen denken kommt es dabei eher selten.«[8]

bernays legt bereits 1928 dar, was die analysen adornos später bestätigten. freuds neffe beschreibt, wie sich freie westliche gesellschaften wie die vereinigten staaten verändern können, sobald jene, die dem kampfprinzip folgen, gebrauch von propaganda machen. »vielleicht klingt es

übertrieben zu behaupten, dass die meisten öffentlich diskutierten themen in amerika der bevölkerung vorgekaut werden. und doch: propaganda ist der mechanismus, (...) einen bestimmten glauben oder eine doktrin zu verbreiten.«[9]

weiter beschreibt bernays, wie man die merkmale der autoritären persönlichkeit für die propagandaarbeit missbraucht: »bei dieser kampagne hat man sich gleich mehrere bekannte psychologische verhaltensmuster zunutze gemacht: bedürfnisse nach ästhetik, wettkampf und geselligkeit, snobismus (der impuls, einem anerkannten anführer zu folgen), einen gewissen exhibitionismus und nicht zuletzt den mutterinstinkt.« in dieser »kampagne« war man nicht einmal gehemmt, schüler im schulunterricht für diese zwecke »einzuspannen«.

er wird noch deutlicher: »all diese bekannten psychologischen motive wurden durch die simple maschinerie von gruppenführung und autorität harmonisch stimuliert. wie auf knopfdruck begannen die menschen zu arbeiten, und ihr lohn war nichts als die befriedigung, die sie in der

8| **bernays:** seite 27

9| ebd., seite 28

10| ebd., seite 57

tätigkeit selbst fanden.«[10] was hat das ganze mit der veganisierung der welt zu tun? sie ist der nächste schritt in der menschlichen weiterentwicklung, ist aber um jahre aufgehalten worden, weil eine ausufernde pr-industrie rücksichtslos dem kampfprinzip dient.

in deutschland wird in den sechziger jahren des zwanzigsten jahrhunderts ein staatlich legitimierter »absatzfonds« eingerichtet, der sämtliche hersteller überwiegend aus der haltung von tieren gewonnener produkte zwangsverpflichtet, in einen gemeinsamen propaganda-topf einzuzahlen. im dafür extra geschaffenen »gesetz« heißt es, die zwangsabgabe diene dafür, um public relations zu betreiben, mit dem ziel, den absatz von fleischwaren, milchprodukten, eiern und fisch zu steigern. man geht genauso vor, wie bernays es beschrieben hat, nur noch ausgeklügelter und geschickter.

in dieser zeit erscheint das buch *tiermaschinen*, mit der ruth harrison eine ausführliche und sachliche dokumentation zur verfügung stellt, die jedem klar darlegt, dass bar jeden mitgefühls ab den sechziger jahren die haltung der tiere noch schlimmer wird. harrison legt mit ihrem buch zeugnis darüber ab, was mit den tieren passiert, wenn der mensch sich »maschinell« verhält.

nicht mehr zur nächstenliebe in der lage, wird er, ob direkt oder indirekt, in der hierarchie unter ihm stehende wesen noch geringer beachten. dass diese lebewesen im takt der maschine getötet werden, spielt für einen so »funktionierenden« menschen keine rolle mehr. harrison weiß, dass ihr buch, obwohl ein bestseller in der kritischen literatur, die durch propaganda angetriebene inhumane maschine nicht aufhält.

sie schreibt: »wir sollten nur überzeugt sein, daß die erzeugnisse der industrie besser und nahrhafter seien, als sie es jemals waren. man wird uns auch erzählen, daß wir das beste volk auf erden sind und daß wir mit jedem tag noch besser ernährt werden. man wird uns zu verstehen geben, daß jene leute, die von heimlichem mißtrauen erfüllt sind, es könnte nicht alles in ordnung sein, eine ausgesprochene minderheit darstellen, daß sie sonderlinge sind und daß leute, die noch fanatischere ansichten über diese dinge hegen, völlig verschrobene menschen sind. der apparat, der für diese beschwichtigungsmanöver in bewegung gesetzt werden kann, ist beängstigend.«[11]

adorno lässt grüßen. es ist der »apparat«, dessen betriebsanleitung bernays liefert und der schamlos eingesetzt wird. harrison nimmt vorweg, was uns bis ins 21. jahrhundert hinein zu erwarten hat: »einschmeichelnde gesichter werden dauernd auf unseren fernsehschirmen erscheinen, gerüstet mit gewichtigem ›wenn und aber‹ und mit entwaffnendem lächeln, um jede erscheinung, die vielleicht unruhe verursachen könnte, mit einem beruhigenden wortschwall zu verschleiern. dem habe ich nur die tatsachen entgegenzustellen, wie ich sie sehe, und ich muß mich darauf verlassen, daß meine leser selbst die schlußfolgerungen daraus ziehen.«[12] diese

11| **ruth harrison:** tiermaschinen. die neuen landwirtschaftlichen fabrikbetriebe. münchen 1965, seite 227

12| ebd.

pr-apparate reden uns dabei nicht nur ein, wie »toll« der massenweise »verbrauch« von fleischwaren, milchprodukten, eiern und fisch sei, sondern es wird uns auch noch als »traditionell« und »lebensnotwendig« vorgegaukelt. dabei scheint das gefühl für das wirkliche ausmaß dieses verbrauchs abhanden gekommen zu sein. wen man auch fragt: fast alle, die noch nicht vegan leben, sagen aus, sie selbst würden »nur wenig« der jeweiligen nichtveganen produkte konsumieren.

komisch ist dabei nur, dass die regale binnen jahrzehnten eher voller geworden sind. es fragt sich auch scheinbar niemand, ob es überhaupt einen sinn macht, »weniger« vom übel zu nutzen. denn eines sollte doch mittlerweile klar geworden sein: solange überhaupt eine nachfrage nach solchen nichtveganen produkten besteht, werden die regale im maschinentakt gefüllt. ob es verkauft wird oder nicht. »weniger« bringt gar nichts. gar nichts dagegen viel. man kann rückblickend sagen: die propaganda hat funktioniert. dass sie in einem land wie deutschland auch über jahrzehnte staatlich legitimiert gewesen ist, zeigt, wie unfrei auch sogenannte freie gesellschaften in kernbereichen des täglichen lebens sein können und wie eng sie mit dem autoritären charakter verbunden sind.

die pr hat in wenigen jahrzehnten den konsum nichtveganer produkte so gesteigert, dass auch die konfektionsgrößen mehrfach den sich verändernden leibesumfängen angepasst werden mussten. das system der krankenkassen ist durch herangezüchtete essgewohnheiten und ihre krankmachenden folgen beinahe ruiniert worden.

dieses ausgeklügelte system, das unsere menschlichen schwachstellen und sehnsüchte schamlos missbraucht, trickst so lange menschen aus, bis sie sich dem von emerson so bezeichneten »system« des kampfes bewusst entziehen und sich stattdessen für die liebe entscheiden. geschieht dies bewusst, ist die veganisierung der welt eine der bedeutendsten entwicklungsfortschritte. da menschen immer noch dazu neigen, anführern zu folgen, leisten auch die von der pr-industrie gegründeten inter-

essenverbände mit klingenden namen ganze arbeit. und so ist der freie westen, der auf der freiheit des geistes und den rechten des individuums gegründet sein sollte, stück für stück zur dauergehirnwäsche übergegangen.

bernays berichtet in *propaganda* auch, wie er in diesem zusammenhang gelatine zu einem massenartikel macht: »wie die öffentlichkeit auf die vorzüge eines produkts aufmerksam gemacht werden kann, zeigte sich im fall gelatine. das mellon institute of industrial research hat die positiven auswirkungen von gelatine auf die verdaulichkeit und den nährwert von milch nachgewiesen. man schlug vor, die verbreitung dieser erkenntnis voranzutreiben, indem die wirkung von gelatine auch in verschiedenen krankenhäusern und schulen untersucht wurde. die positiven ergebnisse dieser tests wurden wiederum an andere meinungsführer weitergegeben – mit dem ergebnis, dass gelatine immer häufiger eingesetzt wurde. die idee nahm fahrt auf.«[13] so wird aus einem leichenabfallstoff – nämlich knochen, knorpeln, sehnen und hirnmasse – ein »verkaufsstar«. millionen hausfrauen

13| **bernays:** seite 67

und bäcker lassen sich anstecken, bis niemand mehr über den ursprung dieses unsinns nachdenkt. in amerika haben derartige pr-kampagnen auch dazu geführt, dass erstmals eine generation von eltern ihre kinder überlebt, da die kinder der lebensmittel-propaganda noch mehr erlegen sind als die eltern selbst.[14] bernays ist auch der erfinder der schulmilch-propaganda. kinder sind die verbraucher von morgen. was liegt also näher, als ihnen

14| **michael naumann:** wir waren einmal reich und schön. in: die zeit, 15.01.2009. mitherausgeber michael naumann besuchte seine alte schüleraustauschstadt mexico in missouri/usa. er berichtet: »der verwaltungsdirektor des krankenhauses von mexico sagt: ›wir sind die erste generation, die länger leben wird als ihre kinder. in unser krankenhaus kommen übergewichtige elf- bis zwölfjährige mit fettsucht und diabetes.‹ welch ein paradox – da lebe man auf dem land, ›aber viele menschen in mexico können sich gesundes essen nicht mehr leisten‹. und: »mexico in missouri – eine kleine stadt verkörpert die geschichte vom amerikanischen traum und das, was aus ihm wurde.«

das milchtrinken verstärkt in der schule nahe zu bringen, koste es, was es wolle. wenn man nur lange genug behauptet, dass das trinken von milch gut und gesund sei und angeblich »munter« mache – dann sind kinder und jugendliche irgendwann geneigt, dem zuzustimmen oder werden durch ihre besorgten eltern dazu gebracht.

ist, ähnlich wie rousseau es beschreibt, die abneigung nach öffnen des ersten bechers noch so groß, zählt der pr-effekt, der greift, wenn der erste ekel überwunden ist. in deutschland und in der europäischen union »subventioniert« man jeden liter schulmilch auf kosten der bürger. absurd, wenn man bedenkt, dass jeder liter schon vorher »subventioniert« wird.

mit allen nichtveganen produkten ist man nach bernays lesart vorgegangen. als reflex auf diese propaganda trifft man bei jeder präsentation eines köstlichen veganen kuchens bei nichtveganern auf die frage, wie der kuchen auch ohne eier so gut gelingen konnte, obwohl eier zum kuchenbacken doch gar nicht gebraucht werden. ebenso benötigt man für eine gute pizza keinesfalls zwingend käse, schon gar keinen nichtveganen. das sogenannte »american breakfast«, es besteht aus schinken und ei, ist eine der zahlreichen »erfindungen« bernays. hatten amerikaner morgens ansonsten marmeladen-bröttchen gegessen oder sogar – wie die ersten siedler – brot und pfannkuchen aus mais, hat die gehirnwäsche es den massen eingetrichtert, dass man zum frühstück »als echter amerikaner« immer »ei und speck« zu essen habe. die massen haben es angenommen. und wie.

genau so ist die maschine gesellschaft und damit die maschine mensch auf eine nie vorher gekannte weise auf kosten der tiere und des menschlichen mitgefühls gesteuert worden. es hat uns glücklichen sklaven derweilen spaß gemacht, auch wenn millionen von uns mit unserem eigenen leben dafür bezahlen mussten. machte es die krankenkassen zwar ärmer, füllte es die konten anderer wirtschaftskreise umso praller. wie perfide man das massive »mitschuldigmachen« verbreitet hat, wenn man,

wir erinnern an emerson, »gerade zu mittag gegessen hat«, offenbart der erfinder des amerikanischen frühstücks schonungslos bereits im jahr 1928: »wer beeinflußt die eßgewohnheiten der menschen am meisten? die antwort liegt auf der hand: die ärzte. der neue verkäufer wird also ärzte dazu anhalten, öffentlich zu verkünden, wie nahrhaft und gesund speck sei. weil er die seelische abhängigkeit vieler menschen von ihrem arzt kennt, kann er mit der gewissheit eines naturgesetzes vorhersagen, dass sehr viele menschen dem rat des arztes folgen werden.«[15]

in deutschland hat man hunderte von millionen mark und euro ausgegeben, um die vielleicht geschickteste lügenformel, die je getextet worden ist, immer und immer wieder zu wiederholen: »fleisch ist ein stück lebenskraft.« man müsste hinzufügen: »(...) solange das fleisch noch nicht getötet ist«, oder: »wenn es von einer frucht statt von einem tier stammt«. doch die propagandaformel »fleisch ist ein stück lebenskraft« ist so oft wiederholt worden, dass sie sich im unterbewusstsein

15| **bernays:** seite 53

eingebrannt hat. so sehr, dass mütter, deren kleinkinder
das fleisch und andere nichtvegane produkte ausspucken,
besorgt zum kinderarzt gehen, um ihn um rat zu fragen,
als handele es sich um eine krankheit, wenn sich das kind,
wie von rousseau beschrieben, wehrt. ohne vorherige
gehirnwäsche würden diese mütter ihren kindern obst
und getreide zu essen geben, so wie es jahrtausende
vorher üblich war.

geschickte pr-mechanik für zigaretten:
»die entscheidung des artzes ist auch diejenige ameri-
kas!« die anzeige ist teil einer großen werbekampagne
in den 1940er und 1950er jahren in den usa.

14 / geheimnis

unsere weitere entwicklung hängt von einem »geheimnis« ab. das soll nicht länger geheim bleiben, da sich sonst auf breiter ebene wenig ändern wird. das »geheimnis« ist einfach. es aber denen, die es nicht kennen, »einfach so« zu erzählen, führt in der regel zu nichts. das hängt mit dem mangel an bewusstem denken und mit menschlicher eitelkeit zusammen. das »geheimnis« bewusst aufzunehmen setzt einsichtsbereitschaft voraus.

in der vergangenheit konnte es für diejenigen sogar lebensgefährlich sein, die inhalte des »geheimnisses« frei zu äußern. das sprichwort: »wer die wahrheit sagt, braucht ein schnelles pferd« verharmlost fast noch, welche mörderischen auswirkungen ein offenlegen dieses »geheimnisses« haben konnte.[1]

man erinnere sich an den im fünften kapitel zitierten journalisten, der sich im magazin der *süddeutschen* ehrlich über sich selbst wundert: dass »all die guten, all die richtigen argumente« doch »zu nichts« führten. obwohl er die zusammenhänge kennt, die ihn auch überzeugten, äße er dennoch weiter fleisch. und jonathan safran foer, der autor von *tiere essen*, der in einem spiegel-artikel zitiert wird und auf die frage, warum er denn einen kuhmilchkaffee trinke, obwohl er in seinem buch selbst beschreibt, wie die »milchkühe« und »legehennen« ausgelaugt werden, antwortet: »ich tue, was ich kann – aber mehr kann ich nicht tun.«[2]

etwas scheint beiden zu fehlen. was kann das sein? es reicht nicht, die zusammenhänge einseitig auf der verstandesebene zu erläutern. konzentriertes, freies denken ist eine voraussetzung, das »geheimnis« in seiner tragweite aufzunehmen. aber nur menschen, die sich in

[1] manichäer, waldenser, kartharer, albigenser und bogumilen wurden ermordet. die franziskanischen orden entgingen ihrem unheil nur durch machtgelüste der kirchenführung und wurden dem häufig dickbäuchigen nichtveganen common sense der autoritätskirche angepasst. ins gegenteil der franziskanischen idee verdreht, tragen einige der »deftigsten« und fettigsten fleisch- und bierlokale noch im 21. jahrhundert den namen »franziskaner«.

[2] **katja thimm:** das gute essen. in: der spiegel 32/2010, seite 94

sich selbst öffnen – in ihr eigenes inneres ich hinein – können das »geheimnis« aber ihr verstandesdenken hinaus auch in ihr waches bewusstsein aufnehmen.

bis jetzt haben wir schon eine reihe von hindernissen beschrieben, die den bewussten zugang zum »geheimnis« versperren: die emotionale panzerung, die bereits in der kleinkindzeit mit dem programmierten konsum beginnt. der antrainierte autoritäre charakter und eine gigantische – diesen bedienende und ausnutzende – pr-maschine, dessen maschinenteile, was das perfide an ihr ist, wir selbst sind. zumindest solange, bis wir uns bewusst davon befreit haben.

einen teil des geheimnisses lüftet toynbee: »das rätsel liegt in der geheimnisvollen tatsache, dass allein der mensch von allen bewohnern der biosphäre auch in einem anderen reich zu hause ist – dem reich des geistes, das immateriell und unsichtbar ist. in der biosphäre ist der mensch ein psychosomatisches wesen, das in einer materiellen und endlichen welt tätig ist. auf dieser ebene seiner aktivität ist es seit seiner bewusstwerdung sein ziel gewesen, sich zum herrn seiner nichtmenschlichen umwelt zu machen; und in unseren tagen ist er seinem ziel sehr nahe gekommen – möglicherweise zu seinem unheil.

aber des menschen andere heimat, die welt des geistes, ist nicht minder ein wesentlicher bestandteil der gesamten realität; sie unterscheidet sich dadurch von der biosphäre, daß sie immateriell und unendlich ist. und in seinem leben in der welt des geistes sieht der mensch seine aufgabe nicht in der materiellen herrschaft über seine umwelt, sondern in der geistigen herrschaft über sich selbst.«[3]

geist ist die annäherung an die wahrheit und seine vermittelnde energie ist liebe. gandhi drückt das so aus:

3| **toynbee:** seite 26

4| **mohandas karamchand gandhi:** eine autobiographie oder die geschichte meiner experimente mit der wahrheit. berlin 1982, seite 576

5| **leo tolstoi:** grausame genüsse. berlin um 1900, seite 93

»um den universalen und alles durchdringenden geist der wahrheit von angesicht zu angesicht zu schauen, muß man fähig sein, das geringste geschöpf zu lieben wie sich selbst. und ein mensch, der dieses ersehnt, kann es sich nicht leisten, sich aus irgend einem bereich des lebens herauszuhalten.«[4]

indem man gandhis worte genau studiert und mehrfach liest, ermöglichen sie jedem, der dazu bereit ist, den zugang zu einer neuen qualität seines eigenen bewusstseins.

es folgt daraus ein »gebot«, das aber nicht zwanghaft befolgt, sondern aus der einsicht der selbstbestimmung geboren wird. es setzt den willen voraus, sich selbst zu erkennen und zu schätzen – und dann achtung auch vor dem kleinsten lebewesen zu haben. man muss klar denken, aber auch aus dem herzen heraus sehen können. dann kann man keiner fliege mehr etwas zuleide tun.

»das mitleid bleibt immer dasselbe gefühl, ob man es für einen menschen oder für eine fliege empfindet«,[5] schreibt leo tolstoi, und: »der dem mitleid zugängliche

leo tolstoi:
»das mitleid
bleibt immer
dasselbe gefühl,
ob man es für
einen menschen
oder für eine
fliege
empfindet.«

gefühls infolge des unbedeutendsten umstandes muß er es wachsen lassen und nicht ersticken.«[6] eine »erste stufe auf dem weg zum moralischen leben« ist »das aufgeben der fleischnahrung«.

denn: »(...) wenn der mensch ernstlich und aufrichtig den moralischen weg sucht, so ist das erste, was der mensch aufgeben muß, die fleischnahrung, denn (...) dieselbe (ist) auch ganz einfach unmoralisch, weil sie eine dem gefühl der moralität widersprechende tat – den mord – erfordert (...).«[7]

»um ein einzelnes zu erwähnen«, schreibt rudolf steiner, muss, wer nach erleuchtung strebt »(...) dafür sorgen, daß er sein mitgefühl für die menschen- und tierwelt, seinen sinn für die schönheit der natur immerfort vergrößere«. berücksichtigt man das nicht, hat das folgende konsequenzen: »das herz würde hart, der sinn stumpf.«

und zwar wird das herz dann gerade bei denjenigen hart, die ohne ausbildung ihres mitgefühls dennoch versuchen erleuchtung zu finden. »es wird dem menschen anfangs nicht leicht, zu glauben, daß gefühle wie ehrer-

mensch entzieht sich in beiden fällen dem egoismus und erweitert so die moralische befriedigung seines lebens.

deshalb soll der mensch jede äußerung von mitleid, das er für irgend ein lebendes wesen empfindet, ganz besonders wert halten; bei der geringsten regung dieses

6| ebd., seite 93
7| ebd., seite 49

geheimnis

bietung, achtung usw. etwas mit seiner erkenntnis zu tun haben.« das ist aber deshalb so, weil für die seele »verehrung, achtung, devotion nährende stoffe« sind, die »sie gesund, kräftig machen«. die entgegengesetzte »mißachtung, antipathie, unterschätzung des anerkennenswerten« bewirken dagegen »lähmung und ersterben der erkennenden tätigkeit«.[8]

vor keinem unrecht, das auf der welt geschieht, soll man die augen verschließen. geistige wachheit duldet keine herzensrücksichtslosigkeit. in dem moment, wo die einsicht in freiheit durch liebe zum leben geboren wird, ist es einem nicht mehr möglich, produkte zu konsumieren, für die menschen und tiere leiden mussten.

etwas gezielt oder gedankenlos zu unternehmen, was anderem leben schadet, ist mit liebe nicht vereinbar, die – wie steiner ja bereits in seiner *philosophie der freiheit*

schreibt – in dem moment erwacht, in dem man sich von den betroffenen lebewesen eine genaue vorstellung macht.

»was liegt ihm daran«, fragt tolstoi »wenn er eine in einer falle gefangene maus, anstatt sie zu töten, freiläßt, daß er dadurch spott oder mißbilligung hervorruft, wenn er nur weiß, daß er nicht nur ein tier vom tode errettet hat, dem sein leben ebenso teuer ist als dem menschen das seinige, sondern daß er dem gefühl des mitleids freien lauf gelassen, daß er einen schritt gegen jene höhere ära der allgemeinen liebe getan hat, welche keine grenzen kennt, ihn vom tode befreit und ihn der quelle des lebens ähnlich macht.«[9] der schritt in diese höhere ära der liebe ist voraussetzung, um sich geistig weiterzuentwickeln.

»nicht nach belieben, sondern nach dem eigenen fassungsvermögen soll man aus dem borne der weisheit schöpfen«, schreibt seneca über den beginn zu geistigem aufstieg. »aber laß den mut nicht sinken. du wirst soviel fassen können, wie du willst. je mehr wir in uns aufnehmen, umso größer wird unser geistiges fassungsver-

8| **rudolf steiner:** wie erlangt man erkenntnisse der höheren welten.
dornach 1995, seite 56

9| **tolstoi:** seite 94

mögen.« in seinen briefen an lucilius erläutert er den zusammenhang zwischen der wahren weisheit und der pflanzlichen nahrungsaufnahme: »da ich nun einmal begonnen habe, dir zu schildern, wie viel größer meine jugendliche begeisterung bei der ersten berührung mit der philosophie war als der eifer, mit dem ich jetzt als alter mann auf diesem wege weitergehe, scheue ich mich auch nicht, dir zu gestehen, wie sehr ich den pythagoras

10| **seneca:** mächtiger als das schicksal, seite 166

11| **benjamin franklin:** poor richard's almanack. 1746. zeitweise trug franklin dahzu bei, die pflanzliche lebensweise in amerika populär zu machen. entgegen seiner aussage (original-wortlaut): »a true great man will neither trample on a worm, nor sneak to an emporer«, kehrt er später zum essen von fischen mit einem »argument« zurück, dass er im magen eines fisches viele kleinere fische gefunden habe. »wenn ihr euch schon untereinander eßt, sehe ich nicht, warum ich nicht euch essen kann.« genau diese unheilvolle hackordnung gilt es mit der veganisierung zu überwinden. wir haben es heute leichter als franklin damals, zu einer zeit, in der es vegane alternativen noch nicht gab.

geliebt habe. sotion legte mir dar, aus welchem grunde pythagoras sich des fleisches enthalten hatte und aus welchem grunde dies später sextius tat. die gründe der beiden waren verschieden, in beiden fällen waren sie aber ausdruck hoher gesinnung.«

der beginn einer hohen gesinnung führt dazu, dass das geistige fassungsvermögen zunimmt. »von solchen worten wurde ich gepackt und begann mich der fleischnahrung zu enthalten. schon nach jahresfrist fiel mir diese gewohnheit nicht nur leicht, sondern war mir sogar angenehm. ich hatte das gefühl größerer geistiger beweglichkeit.«[10]

wir erinnern uns an herder und darwin. beide schildern den zusammenhang zwischen der wildheit des geistig unterentwickelten, der keine oder wenig rücksicht auf anderes leben nimmt, einerseits und der geistigen höherentwicklung und mildheit derjenigen, die nicht nur ihren schoßhund streicheln, sondern mitgefühl und achtung vor jedem lebewesen haben.

benjamin franklin, der die pflanzliche kost zu seiner

zeit in nordamerika populär macht, erklärt: »ein weiser mensch kniet weder vor dem kaiser, noch zertritt er einen wurm.«[11] franklins aussage verbindet das thema des autoritären charakters (das knien) mit der achtung vor dem kleinsten lebewesen (dem wurm).

»der landmann, der auf seiner wiese tausend blumen zur nahrung für seine kühe hingemäht hat, soll sich hüten, auf dem heimweg in geistlosem zeitvertreib eine blume am rande der landstraße zu köpfen, denn damit vergeht er sich an leben, ohne unter der gewalt der notwendigkeit zu stehen«, schreibt albert schweitzer in seiner *kulturphilosophie* und fährt fort: »indem ich einem insekt aus seiner not helfe, tue ich nichts anderes, als dass ich versuche, etwas von der immer neuen schuld der menschheit an die kreatur abzutragen.«[12] leo tolstoi:

12| **schweitzer:** kulturphilosophie, seite 317

13| **tolstoi:** seite 94

14| **gandhi:** eine autobiographie, seite 292

15| **seneca:** seite 167

»wenn der mensch der leiden eines leidenden wesens sich erbarmt, so vergißt er sich selbst und versteht die lage des leidenden. durch dieses gefühl entzieht er sich seiner eigenen vereinsamung und erlangt die möglichkeit, sein dasein mit dem der anderen lebenden wesen zu verbinden. indem er diese fähigkeit, sein leben mit anderen zu verbinden, ausübt und entwickelt, schreitet der mensch fort zu dem unpersönlichen leben, das sein bewußtsein auf einen viel höheren standpunkt erhebt und ihm das größte erreichbare vergnügen gewährt.«[13]

gandhi ist deshalb der »überzeugung, daß der mensch fleisch, eier und dergleichen nicht essen darf. es muß eine grenze geben, selbst in bezug auf die mittel, die uns am leben erhalten. bestimmte dinge dürfen wir nicht einmal zur rettung des lebens tun.«[14]

da man das gute in sich trägt, kann jeder zur erforderlichen einsicht gelangen. »jede rohheit«, schreibt seneca seinem freund lucilius, »hat ihren ursprung in einer schwäche.«[15] liebe und begeisterung überwinden sie. die veganisierung ist die dem leben der tiere entgegengebrachte sympathie, die über die grenzen der eigenen art, der menschheit, hinausgeht.

dieser entwicklungsschritt ist so bedeutsam, weil er auch das gezänke unter den menschen hemmt. die veganisierung, die aus dem herzen geboren und vom kopf geführt wird, schafft einen dauerhaften befriedungsimpuls für das leben als ganzes. halbes engagement in dieser sache ist halbherzig.

»zwar hatte ich schon längst begriffen, daß milch zur erhaltung des körpers nicht erforderlich war, doch auf sie zu verzichten war nicht leicht. während mir die notwendigkeit, milch zu meiden, immer klarer wurde, fiel mir beiläufig einige literatur aus kalkutta in die hand, worin beschrieben war, welchen grausamkeiten die kühe und büffel seitens ihrer hüter unterworfen werden. das hatte eine wunderbare wirkung auf mich«, berichtet gandhi über seine entwicklung zum veganer. er diskutiert darüber mit seinem freund kallenbach und der fragt gandhi:

»warum geben wir sie dann nicht auf?« – »ich war angenehm überrascht«, informiert gandhi, »und wir verpflichteten uns hier und heute der milch abzuschwören. das geschah auf der tolstoi-farm im jahre 1912.«[16]

gandhis und kallenbachs denken ist befreiung vom autoritären charakter und zeugnis für humane weiterentwicklung menschlicher individuen, eine entscheidung, die den kampf praktisch durch liebe ersetzt. beide haben sich die mühe gemacht, sich über die umstände der milchproduktion gedanken zu machen, und da sie die durch

gandhi: »ich bin der überzeugung, daß der mensch fleisch, eier und dergleichen nicht essen darf. es muß eine grenze geben, selbst in bezug auf die mittel, die uns am leben erhalten.«

deutsche presse-agentur / picture alliance

16| **gandhi:** eine autobiographie, seite 381

ihr denken entstandenen bilder nicht mit ihrem herzen vereinbaren konnten, haben sie die souveräne, geistig freie entscheidung getroffen.

sie haben genau das getan, was rudolf steiner in seiner *philosophie der freiheit* beschreibt, sich eine genaue vorstellung von den milchkühen und den büffeln gemacht, aber im umgekehrten sinn – sie haben sie zunächst in ihrem leiden gesehen und erkannt, was zu tun ist, um das zu beenden: das meiden aller zu leidenssituationen führenden produkte.

danach stärkt dann das ideale bild von zufriedenen und gesunden kühen und büffeln sie in ihrer umsetzung. es erwacht die liebe in ihnen. gandhis und kallenbachs denken und fühlen lässt eine willensentscheidung entstehen, die zur dauerhaften veganen ernährung bis an ihr lebensende wird.

und wir können – das »geheimnis« lüftend – nun ergän-

17| ebd., seite 576

18| **goethe:** faust. erster teil. 442 f.

zen: die erwachte liebe siegt über den »eigentlichen kampf«. diese praktizierte veganisierung impliziert als voraussetzung exakt das, was steiner die nährenden stoffe für die seele nennt. denn, so gandhi: »identifizierung mit allem, was lebt, ist un-möglich ohne selbstläuterung.«

erfolgt die veganisierung in diesem sinne, wird die welt veganisiert, denn: »(...) da läuterung höchst ansteckend ist, führt die eigene läuterung notwendigerweise zur läuterung der umgebung.«[17] der »kampf des daseins« wird ersetzt durch den inneren sieg, der die verbundenheit und zusammengehörigkeit allen lebens bewusst macht.

indem wir den »eigentlichen kampf« durch die liebe ersetzen, atmet die erde auf, sie beginnt zu heilen. heilung ist herstellung von ganzheit. fürsorglichkeit gegenüber der einheit des lebens verhindert das leiden von einzelteilen. jeder mensch hat es in der hand, das durch ihn verursachte »tiergeripp und totenbein« zu überwinden und sich die faust-worte zu entschlüsseln:

jetzt erkenn' ich, was der weise spricht:
›die geisterwelt ist nicht verschlossen;
dein sinn ist zu, dein herz ist tot!
auf, bade, schüler, unverdrossen
die ird'sche brust im morgenrot.[18]

1918 ist der erste weltkrieg vorbei, das wort vegan noch unbekannt, die kräfte des kampfes haben sich entfesselt wie nie zuvor. zugleich wird auch das leben der tiere immer schlimmer.

ella wheeler wilcox schreibt in diesem moment, dass das abschlachten der menschen und tiere vom fleischessen herrührt. einem aktiven tierschützer schreibt sie von frankreich aus in ihre amerikanische heimat: »ich

glaube, daß sich in hundert jahren vom jetzigen zeitpunkt an die ganze welt vegetarisch ernähren wird.«[19]

ob ihre vorausschau wahr wird, hängt von der einsicht des einzelnen in das »geheimnis« ab. selbstverständlich ist hier mit »vegetarisch« vegan gemeint.

»erneuerung der kultur ist nur dadurch möglich, dass die ethik wieder die sache der denkenden menschen wird und dass die einzelnen sich in der gesellschaft als ethische persönlichkeiten zu behaupten suchen«,[20] fordert albert schweitzer. rudolf steiner schreibt: »jeder mensch trägt neben seinem – wir wollen ihn so nennen – alltagsmenschen in seinem inneren noch einen höheren menschen. dieser höhere mensch bleibt solange verborgen, bis er geweckt wird. und jeder kann diesen höheren menschen nur selbst in sich erwecken.«[21]

darauf kommt es an. und nur, wer seinen eigenen höheren menschen weckt, kann dazu beitragen, dass wir die welt von einem kampfplatz spürbar umwandeln. henry david thoreau notiert: »wer auf die leisen, aber unaufhörlichen einflüsterungen seines genius lauscht,

19| **ella wheeler wilcox:** brief vom 21.08.1918 aus dem hotel l'universe in tours/frankreich an dr. andrew crawford, scott bluffs/nebraska. (faksimile siehe seite 25)

20| **schweitzer:** kulturphilosophie, seite 317

21| **steiner:** wie erlangt man erkenntnisse der höheren welten?, seite 33

abbildung 6 **/ das »geheimnis«**

1.

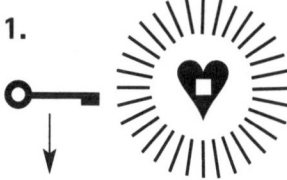

aufgeschlossenheit

· achtung
· sympathie
· verehrung
· devotion
· mitgefühl mit menschen und tieren
  (steiner)

· »geist der wahrheit« nur
  durch liebe zu allen lebewesen

· selbstläuterung und dadurch möglich:
  identifizierung mit allem, was lebt
  (gandhi)

veganisierte welt

2.

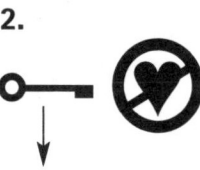

verschlossenheit

· antipathie
· missachtung
· unterschätzung des
  anerkennenswerten
· verhärtung durch zu
  schwaches mitgefühl
  mit menschen und tieren
  (steiner)

konsum nichtveganer
produkte

nichtvegane welt

welche sicherlich wahr sind, der sieht nicht ab, zu welchen extremen, ja zu welchem wahnsinn sie ihn führen werden; und doch verfolgt er, wenn er an entschlossenheit und treue wächst, den ihm gewiesenen weg. der leiseste, aber sichere einwand, welchen ein gesunder mensch in sich fühlt, triumphiert schließlich über die argumente und bräuche des menschengeschlechts. niemand ist jemals durch seinen genius irre geführt worden.«[22]

wer den »höheren menschen«, den »genius« in sich weckt, wer sich als ethisch denkende persönlichkeit behauptet und achtung vor dem kleinsten lebewesen entwickelt, verhilft der liebe zum durchbruch.

»warum steht darüber nichts in der bibel?«, fragen die vom autoritären charakter abhängigen, die ihr eigenes verhalten auch ansatzweise erst dann ändern, wenn sie dazu eine art amtlicher extraeinladung erhalten haben.

doch finden wir auch in der bibel mindestens zwei hinweise auf das »geheimnis«. etwa die aussage, »was ihr für einen meiner geringsten brüder getan habt, das habt ihr mir getan« und ebenso umgekehrt: »was ihr für einen dieser geringsten nicht getan habt, das habt ihr auch mir nicht getan.«[23]

der prophet daniel deutet auf das »geheimnis« schon im alten testament hin. daniel gehört zu der »auserwählten« gruppe von israeliten, die »frei von jedem fehler«, »schön an gestalt, in jeder weisheit unterrichtet und reich an kenntnissen« sowie »einsichtig und verständig« sind. sie sollen »im palast des königs dienst tun«. hierzu sollen sie »als tägliche kost speisen und wein von der königlichen tafel« bekommen.

doch der veganer daniel ist »entschlossen, sich nicht mit speisen und dem wein der königlichen tafel unrein zu machen«. es gelingt daniel, mit dem oberkämmerer einen versuch auszuhandeln. »versuch es doch einmal zehn tage lang mit deinen knechten! laß uns nur pflanzliche nahrung zu essen und zu trinken geben! dann ver-

22| **henry david thoreau:** walden oder leben in den wäldern. zürich 1971, seite 216 [englische originalausgabe: 1854, seite 266]

23| **matthäus:** 25,40 und 25,45

gleiche unser aussehen mit dem der jungen leute, die von den speisen des königs essen. je nachdem, was du dann siehst, verfahr weiter mit deinen knechten«,[24] schlägt daniel ihm vor.

es gelingt ihm, den oberkämmerer und den könig zu überzeugen. die bibel berichtet: »am ende der zehn tage sahen sie besser und wohlgenährter aus als all die jungen leute, die von den speisen des königs aßen.« das ergebnis ist eindeutig, denn: »da ließ der aufseher ihre speisen und auch den wein, den sie trinken sollten, beiseite und gab ihnen pflanzenkost.« daniel ist es also gelungen, die nichtvegane kost, von der sogar der könig meint, sie sei die beste, durch die wirklich gute vegane, die daniel bisher gegessen hat, zu ersetzen. auch die anderen israeliten in seiner dienstgruppe, nämlich hananja, mischael und asarja, bekommen jetzt vegane nahrung.

und was hat das – auch wenn diese klaren aussagen zur veganen ernährung manche schon bis hier überra-schen mögen – mit dem »geheimnis« zu tun? direkt im anschluss an den satz »(...) und gab ihnen pflanzenkost« heißt es: »und gott verlieh diesen vier jungen leuten wissen und verständnis in jeder art schrifttum und weis-heit; daniel verstand sich auch auf visionen und träume aller art.«

es kommt aber noch etwas hinzu: der prophet daniel, der ja den »gang der weltgeschichte« und »die vollendung der königsherrschaft gottes auf der erde« vorhersieht, kann dies laut seiner aussage also nur deshalb, weil er konsequent vegane nahrung zu sich nimmt. mit gandhi können wir sagen, er ist dem »geist der wahrheit begeg-net«. und so erklärt sich auch, dass die bibel noch einmal betont: »sooft der könig in fragen, die weisheit und ein-sicht einfordern, ihren rat einholte, fand er sie allen zei-chendeutern und wahrsagern in seinem ganzen reich zehnmal überlegen.« deutlicher kann man es auch in der bibel nicht schreiben.

24| **daniel:** 1,1 bis 20

15 / das gute tun

sich als mensch nicht zum werkzeug für interessen machen zu lassen, sondern sich im sinne höherer ziele und ideale frei für das gute zu entscheiden, heißt, den kampf durch liebe zu ersetzen, weil man dem kampf die grundlage entzieht. wilhelm von humboldt schreibt:

»jede beschäftigung vermag den menschen zu adeln, ihm eine bestimmte, seiner würdige gestalt zu geben.

nur auf die art, wie sie betrieben wird, kommt es an; und hier läßt sich wohl als allgemeine regel annehmen, daß sie heilsame wirkungen äußert, so lange sie selbst und die darauf verwandte energie vorzüglich die seele füllt, minder wohltätige, oft nachteilige hingegen, wenn man mehr auf das resultat sieht, zu dem sie führt, und sie selbst nur als mittel betrachtet.«[1]

auch humboldt zeigt, wie wichtig es ist, die autoritäre fremd- durch selbstbestimmung zu ersetzen. heilsame wirkungen auf das ganze hat eine handlung, wenn sie

1| **wilhelm von humboldt:** ideen zu einem versuch, die grenzen des staats zu bestimmen. stuttgart 1962, seite 33

129

aus eigenem antrieb geschieht und der seele gut tut, eher nachteilige oder schädliche, wenn die handlung nur aufgrund des drucks einer autorität erfolgt und nicht dem eigenen seelischen bedürfnis und der geistigen überzeugung entspricht.

»denn alles, was in sich selbst reizend ist, erweckt achtung und liebe, was nur als mittel nutzen verspricht, bloß interesse; und nun wird der mensch durch achtung und liebe ebenso sehr geadelt, als er durch interesse in gefahr ist, entehrt zu werden.«[2]

wenn wir uns veganisieren, überwinden wir in diesem sinne einen teil unserer selbstentehrung, die wir durch die bekämpfung der nichtmenschlichen natur und der unterdrückung unseres eigenen guten kerns praktiziert haben und transformieren sie zu achtung und liebe.

was uns »adelt«, nämlich aus innerer überzeugung und

selbstbestimmt das gute zu tun, hat lessing in seiner schrift die *erziehung des menschengeschlechts* ersehnt:

»nein, sie wird kommen, sie wird gewiß kommen, die zeit der vollendung, da der mensch, je überzeugter sein verstand einer immer bessern zukunft sich fühlet, von dieser zukunft gleichwohl bewegungsgründe zu seinen handlungen zu erborgen, nicht nötig haben wird; da er das gute tun wird, weil es das gute ist, nicht weil willkürliche belohnungen darauf gesetzt sind, die seinen flatterhaften blick ehedem bloß heften und stärken sollten, die inneren besseren belohnungen desselben zu erkennen.«[3]

2| ebd., seite 33

3| **gotthold ephraim lessing:** die erziehung des menschengeschlechts. § 85. stuttgart 1965, seite 28

wilhelm von humboldt: »und nun wird der mensch durch achtung und liebe ebenso sehr geadelt, als er durch interesse in gefahr ist, entehrt zu werden.«

die veganisierung der welt schützt die tiere um der tiere willen, sie schützt das leben um des lebens willen. nicht aus zwang, sondern aus einsicht. nicht aus egoistischem interesse, sondern aus überzeugung. mögen andere vorteile für die veganisierung der welt sprechen: hierin findet sie ihren menschlich wertvollsten und vollwertigen sinn, das gute zu tun, weil es das gute ist.

»interesselose liebe für alle geschöpfe«, bekräftigt darwin, ist »das edelste attribut des menschen«.[4] darwin drückt damit den inhalt des geheimnisses aus.

schopenhauer und nietzsche sind dem geheimnis nicht auf die spur gekommen. schopenhauer ergreift zwar radikal partei für die tiere. aber er bejaht das leben nicht, sondern plädiert dafür, sich zurückzunehmen, sich zu enthalten. so kann schopenhauers denken in die veganisierung führen, aus mitleid. aber das geheimnis geht darüber hinaus. nicht das mitleiden allein ist das entscheidende, sondern das mitfühlen können. nicht das entsagen des

lebens, sondern das erkennen, dass das leben eins ist, macht das geheimnis aus, oder anders gesagt: nicht das noch weitere zurückziehen hinter den emotionalen charakterpanzer, sondern das aufbrechen dieses panzers und das selbstbewusste aktivwerden auf der welt machen den unterschied aus.

schopenhauers ethik ist nicht zu kritisieren. das resultat seines denkens gehört nicht dem kampf an. aber auch noch nicht ganz der liebe im sinne des geheimnisses. schopenhauers ethik entspricht der vernunft, aber noch nicht dem bewusstsein. seine philosophie ist eine art zwischenstufe zwischen zwei zeitaltern. dem zeitalter des kampfes und dem neuen, kommenden zeitalter der liebe.

schopenhauers vernunft setzt hier mehr auf einen neutralen standpunkt, der mit dem buddhismus verwandt ist. er schneidet prinzipiell aber die evolutionäre weiterentwicklung des menschen, wie sie darwin beschreibt, ab. wer auf neutral schaltet, nimmt zwar nicht aktiv mit an der verursachung von leid teil, verhindert es aber auch nicht. die weitverbreitete akzeptanz gegenüber fürch-

4| **darwin:** gesammelte werke, seite 795

terlichem brauchtum bei gleichzeitigem erkennen seiner grausamkeit entstammt auch dieser neutralen position.[5]

jetzt könnte man doch sagen, dass diese schopenhauersche neutralität zwischen kampf und liebe identisch sei mit dem christus-wort, man solle, wenn jemand einem auf die rechte backe haut, ihm auch die linke hinhalten, oder der erkenntnis, dass derjenige durch das schwert umkommt, der es erhebt.

zwar hat schopenhauers ethik davon viel, was ihr aber fehlt, ist die selbstbewusste verbundenheit mit dem leben, und zwar so, dass man das leben wirklich bejaht.

das aber ist die eigentliche botschaft hinter der durch den christus eingeleiteten zeitenwende: denn der christus, der ja sagt »ich bin das leben«, steht nicht für die verneinung des lebens im sinne seiner neutralität, sondern schenkt uns eine neue perspektive: das leben, so schreibt es ja goethe passend, *ist* die liebe. im sinne des geheim-

nisses geht es um eine lebensbejahende vorstellung von der welt, in dem der menschliche wille, anders als schopenhauer es darstellt, nicht zurückgenommen werden muss. der mensch soll seinen willen selbst umstülpen und zwar vom egoismus zu dem guten um des guten selbst willen.

dieser standpunkt ist weder lebensfeindlich noch leidverursachend, aber auch nicht schopenhauerisch-neutral, sondern er tritt aktiv für das leben ein. dieser lebensbejahende wille ist mitfühlend und befreiend. er will nicht das glück abmildern und das leben dämpfen, sondern glücklich machen, weil er das leben selbst befreit und es zur liebe umwandelt. die erkenntnis aus dem geheimnis will sich nicht in das geistige zurückziehen, sondern das geistige mitten in die welt bringen.

die durch das geheimnis freiwerdende liebe befreit menschen und tiere und ihre energie ist so stark, dass sie mächtiger ist als der kampf. auch diesen zusammenhang muss der christus gemeint haben, als er aussagt, man würde ihn jetzt noch nicht verstehen. dazu kommen wir

---

5| vgl. arthur schopenhauer, die beiden grundprobleme der ethik, darin insbesondere: über das fundament der moral. frankfurt a. m. 1841

noch in einem weiteren kapitel. nietzsche dagegen flüchtet aus verzweiflung vor schopenhauers ethik in das selbstmitleid und beginnt sogar das mitleid zu hassen. er projiziert seinen hass auf die welt und das leben und wird zum propheten einer vermeintlichen stärke, zum propheten des kampfes.

schließlich versteigt er sich in seinem *antichristen* zu der aussage, dass descartes nicht nur recht gehabt hätte, dass tiere maschinen seien, sondern auch wir menschen: »was die tiere betrifft, so hat zuerst descartes, mit verehrungswürdiger kühnheit, den gedanken gewagt, das tier als machina: unsre ganze physiologie bemüht sich um den beweis dieses satzes. auch stellen wir logischer-weise den menschen nicht beiseite, wie noch descartes tat: was überhaupt heute vom menschen begriffen ist, geht genauso weit, als er machinal begriffen ist. ehedem gab man dem menschen, als eine mitgift aus einer höheren ordnung, den ›freien willen‹: heute haben wir ihm selbst den willen genommen, in dem sinne, daß darunter kein vermögen mehr verstanden werden darf.«[6]

nietzsche wettert gegen das mitleid, nennt es »schwäche«, schreibt, schopenhauer habe »recht damit: durch das mitleid wird das leben verneint, verneinungswürdiger gemacht«.[7]

damit wird nietzsche zum lebensverachtenden ergänzer der »leid«sätze bacons. er ist der erste, der offen bestreitet, dass der mensch einen freien willen habe. in der antichristlichen tradition nietzsches stehen jene wissenschaftler, die sich händeringend darum bemühen, dem menschen seine willensfreiheit abspenstig zu machen, und den versuch unternehmen, dies wissenschaftlich zu »beweisen«.[8] die nichtvegane weltrealität, die im sinne nietzsches das mitleid verbannt, beweist, dass nietzsche

---

6| **friedrich nietzsche:** das hauptwerk iv. der antichrist. fluch auf das christentum. kapitel 14. münchen 1990, seite 377

7| ebd., seite 369

8| ein beispiel für den versuch, den freien willen des menschen in der tradition nietzsches zu »beweisen«, liefert der forscher john-d. haynes: der mensch denkt, das gehirn lenkt. in: die zeit, 8.10.2010

nicht recht damit hat, dass mitleid eine schwäche sei. das geheimnis zeigt, dass mitgefühl geradezu eine stärke ist.

man kann wohl nietzsche am besten begreifen, wenn man auch mitgefühl mit ihm hat. er verdammt das mitleid, weil es, in bezug auf schopenhauer, das leben verneine, und ersetzt es also durch den willen zur macht. jetzt wird nietzsche auch noch prophet des totalen egoismus, des übermenschen, zum propheten des kampfes auf hohem niveau – und endet selbst im wahnsinn. seine sinne sind stumpf geworden und sein herz hart.

nietzsche haben wir auch zu »verdanken«, dass man sich seit ihm nicht mehr traut, wahrheiten auszusprechen. denn er hat jede wahrheit verachtet. ob er dies wirklich getan hat, bleibt offen. karl jaspers macht darauf aufmerksam: »angesichts jener menschen, die sich durch sein denken täuschen und verführen lassen, ruft er entgegen: ›diesen menschen von heute will ich nicht licht sein, nicht licht heißen. die – will ich blenden: blitz meiner weis-

heit! stich ihnen die augen aus!« und jaspers erläutert: »es ist kein freundlicher abschluß, mit dem nietzsche entläßt. es ist, als ob er sich uns versage. alles wird auf uns selbst gelegt. wahr ist nur, was durch nietzsche aus uns selber kommt.«[9]

wer das geheimnis erkennt, weiß, dass es selbst eine dritte position darstellt, nämlich die der liebe, die man aber nur in sein bewusstsein aufnehmen kann, wenn man ein freund des neuen zeitalters wird, wenn man sich vom kampf willentlich bewusst lossagt und statt auf neutral zu schalten, sich auf den pfad der erkenntnis begibt, den, der zur liebe führt.

ähnlich wie durch schopenhauer gibt es eine weitere strömung, die sich eher zwischen den polen liebe und kampf ansiedelt – den utilitarismus. auch er versucht zum teil, ähnlich wie schopenhauer, die beendigung des »eigentlichen kampfes« gegen die tiere umzusetzen. wer aus dem »interesse« heraus handelt – und nicht aus dem guten des guten selbst willen – nimmt dem menschen seine in ihm verborgene fähigkeit der selbsterkenntnis.

9| **karl jaspers:** nietzsche und das christentum. münchen 1952, seite 71

das macht einen interessengesteuerten menschen nicht per se zu einem schlechten. nicht jeder egoismus ist schlecht. obwohl doch erkannt werden kann, dass bacons »leid«sätze und nietzsches wille zur macht die interessengesteuerte nichtvegane welt gerade in jene situation auf der welt führt, die toynbee und die in diesem buch zitierten persönlichkeiten mit recht kritisieren.

der utilitarist peter singer hat auch für die interessengesteuerten einen weg in die veganisierung der welt gefunden. es bedarf allerdings des etwas komplizierten umweges über den begriff des speziesismus und des anti-speziesismus.

zunächst erläutert er: »das argument des prinzips der gleichheit über unsere spezies hinaus ist einfach – so einfach, daß es dazu lediglich bedarf, das wesen des prinzips der gleichen interessenabwägung klar zu verstehen. dieses prinzip schließt, wie wir gesehen haben, ein, daß unsere rücksicht auf andere nicht davon abhängig sein darf, was sie sind, oder welche fähigkeiten sie haben (obwohl genau das, was dieses interesse uns zu tun aufgibt, nach den eigenschaften derer variieren kann, die von dem, was wir tun, betroffen sind).«

nachdem singer logisch erklärt, dass man in diesem sinne nicht das recht hat die interessen anderer menschen zu missachten, ergänzt er: »die tatsache, daß bestimmte wesen nicht zu unserer gattung gehören, berechtigt uns nicht, sie auszubeuten, und ebenso bedeutet die tatsache, daß andere lebewesen weniger intelligent sind als wir, nicht, daß ihre interessen mißachtet werden dürfen.«[10]

singer zitiert dann den begründer des utilitarismus, jeremy bentham. bentham ist ein radikaler abmilderer innerhalb der von bacon initiierten »leid«sätze.

denn schon bentham gelangt, obgleich er es mit der interessensteuerung auf die spitze treibt, zu dem auch für utilitaristen folgerichtigen überlegung, auf die sich singer ausdrücklich bezieht: »die frage ist nicht: können sie denken? oder: können sie sprechen?, sondern können sie leiden?« daraus folgt für bentham auch, dass man

---

10| **peter singer:** praktische ethik. stuttgart 1994, seite 83 ff.

keine tiere zu nahrungszwecke halten und töten darf. der begründer des utilitarismus tritt nicht nur für das frauenwahlrecht ein, spricht sich gegen sklaverei aus und für das mitbestimmungsrecht und gegen die todesstrafe – sondern ernährt sich selbst konsequent pflanzlich.

singer erklärt, was das leiden mit dem utilitarismus zu tun haben kann: »die fähigkeit zu leiden und sich zu freuen ist vielmehr eine grundvoraussetzung dafür, überhaupt interessen haben zu können, eine bedingung, die erfüllt sein muß, bevor wir überhaupt sinnvoll von interessen sprechen können.« folgerichtig bringt singer das beispiel von einem kleinen nicht-menschlichen lebewesen: »eine maus dagegen hat ein interesse daran, nicht gequält zu werden, weil sie dabei leiden wird.«[11]

nun kommt es zur konstruktion des speziesismus: »ähnlich messen jene, die ich ›speziesisten‹ nennen möchte, da, wo es zu einer kollision ihrer interessen mit denen von angehörigen einer anderen spezies kommt, den interessen der eigenen spezies größeres gewicht bei. menschliche speziesisten erkennen nicht an, dass der schmerz, den schweine oder mäuse verspüren, ebenso schlimm ist, wie der von menschen verspürte«.[12]

der – im sinne humboldts – veredelte mensch, der seinen inneren kern freilegt und im sinne lessings das gute um des guten selbst willens tut, der braucht diese konstruktion des speziesismus jedoch nicht.

selbstverständlich ist es aber für alle, die interessengesteuert denken und leben wollen ein tatsächlich großer fortschritt, wenn sie sich singers idee zu eigen machen, weil sie damit ihre interessensteuerung abmildern und humaner gestalten können.

eine gefahr des utilitarismus bleibt aber bestehen, auch wenn singer selbst das bestreitet. ein teil von singers konstruktion ist ins gerede gekommen, weil die interessensteuerung spätestens da problematisch wird, wo etwa menschen mit behinderung sich empören, weil singer sich angeblich für tiere, nicht aber z. b. für das lebens-

11| ebd., seite 85

12| ebd., seite 86

recht für menschen einsetzt, die mit einschränkungen zur welt kommen, und bezichtigen singer der eugenik. singer setzt sich für das recht der eltern ein, die das als extreme belastung empfinden. an diesem härtefall sieht man tatsächlich konkrete interessenskonflikte.

doch bei aller abwiegelung der kritik an seinen äußerungen bekennt sich singer in einem interview tatsächlich zur eugenik, weshalb ihn der *spiegel* einen »kaltherzigen vordenker« nennt.

singer: »das postulat, dass alles menschliche leben heilig ist, gilt nicht mehr.« die interviewer fragen ihn, was die alternative sei, und singer antwortet: »es gibt nicht mehr die einfachen konkreten antworten, wie sie uns die alte ethik bot. das leben ist eben zu kompliziert.«

schon an dieser aussage singers erkennt man den himmelweiten unterschied zwischen einem gandhi und ihm und seiner interessensteuerung, die übrigens doch auch weit von bentham entfernt ist. singer mischt sich

13| **peter singer:** animal liberation. new york 2002

dauernd in die schicksale des lebens ein. seine interessensteuerung spielt grausame streiche mit ihm. wo tiere noch geschont werden sollten, weil sie doch nicht sprechen können, plädiert er bei komapatienten dafür, den tod einzuläuten, statt geduld zu haben und – wie sie nicht selten eintritt – doch noch auf eine besserung zu hoffen.

selbst wenn es so scheint, als gäbe es keine hoffnung, haben wir doch diesen menschen in liebe bis zum letzten atemzug beizustehen. denn es gibt doch auch sterbeforschung, die längst nachgewiesen hat, dass ein mensch auch im koma alles mitbekommt, was um ihn herum passiert. das klammert singer – entgegen seiner eigenen konstruktion – vollkommen aus.

in wirklichkeit ist nicht das leben »zu kompliziert« geworden, sondern singer hat sich in seiner abstrakten weltanschauung offenbar verheddert.

dass die interessensteuerung nichts ganzes etwa im sinne gandhis ist, erkennt man daran, dass singer selbst, autor von *animal liberation*,[13] keineswegs konsequent vegan lebt und für sich persönlich noch das recht in anspruch nimmt, weiterhin eier und molkereiprodukte zu essen. zwar aus »bio«-haltung, aber mit für tiere ebenso tödlichen konsequenzen.

solange eier aus biologischem anbau stammen, sind sie für singer »in ordnung«. damit widerspricht er sogar seiner eigenen utilitaristischen ethik. denn auch für bio-eier müssen bio-küken sterben und werden bio-hennen gequält.

an diesem beispiel wird der wert des geheimnisses noch deutlicher, denn der utilitarismus als abstrakte konstruktion gerät an praktische umsetzungsgrenzen. die liebe ist offenbar nicht erwacht.

hierzu passt auch noch eine weitere beobachtung: singer als utilitarist sieht im ganzen jetzt die grenzen der »gattung mensch« erreicht. in wirklichkeit reißen aber doch gerade im moment millionen veganer diese angeblichen grenzen der gattung mensch ein. diese millionen vegan lebenden menschen, die nicht aus interessensteuerung, sondern eben aus tiefstem herzen, aus liebe zu den tieren konsequent denkend und handelnd vegan

leben, zeigen, dass wir nicht am ende der »gattung mensch« stehen, sondern am anfang einer neuen epoche.

wir stehen nicht am ende, sondern erst am anfang der menschwerdung. diese millionen menschen beenden den »eigentlichen kampf« und haben in diesem bereich führung über sich selbst übernommen. sie beweisen auch, dass die in der nietzsche-tradition stehenden sich irren, wenn sie behaupten, menschen hätten keinen freien willen.

menschen, die sich an singers utilitaristischer ethik orientieren und vegan werden, brauchen dazu die abstrakte denkkonstruktion des anti-speziesismus und eine art ideologie. wenn das in diesem sinne bewusst geschieht, nennen sie die ideologie »veganismus«.

doch die veganen menschen, die im sinne gandhis dem geist der wahrheit begegnen und aus dem herzen heraus vegan werden, brauchen gar keine ideologie, sie brauchen keinen »ismus«, sondern folgen im sinne lessings dem guten einfach, weil es das gute ist. und diese menschen würden im leben nicht auf die grausame idee kommen, so wie peter singer, babys willkürlich erst ab einem alter von 28 tagen ein lebensrecht einzuräumen, und – da stockt einem tatsächlich der atem – nicht auszuschließen, dass man bis dahin mit ihnen auch tödliche medizinische experimente machen könne, die er bei tieren vehement ablehnt.[14]

das beispiel singer zeigt eindrucksvoll, dass der utilitarismus menschlich ebenso zum scheitern verurteilt ist wie alle anderen abstrakten konstruktionen, in denen das mitgefühl »keine« rolle spielt. denn ohne mitgefühl und genaue vorstellung von dem lebewesen kann ja die liebe nicht erwachen.

auch singers lebensverachtende äußerungen belegen, dass steiners beobachtung stimmt: wer sein mitgefühl für menschen und tiere nicht dauernd erhöht, stumpft ab und wird hartherzig. dies gilt auch für jene, die einmal – wie singer – von tierbefreiung gesprochen haben und

heute fürsprecher von gentechnik und eugenik sind und keine schwierigkeiten damit hätten, wie er im interview äußert, dass babys getötet würden, wenn die eltern sie bis zum achtundzwanzigsten lebenstag zur freien verfügung stellten.

und das in einer situation, in der die pr-technik – wie anhand von bernays erläutert – schamlos auf kosten der menschen missbraucht wird und viele der beherrschten doch nicht einmal ahnen, dass sie selbst einen freien willen haben und den pfad zur liebe in freiheit betreten könnten. auch wenn das ein widerspruch zum utilitarismus ist – denn auch das baby hat doch von geburt an ein interesse, nämlich, das interesse zu leben – das beispiel zeigt, dass es außer dem geheimnis keine wertvollere ethik und keine lebensfreundlichere erkenntnis gibt.

die jedoch entsteht jedoch nur dann, wenn menschen sie aus sich heraus, aus ihrem inneren in freiheit entwickeln – und die tötenden, lebensfeindlichen panzer knacken. denn, ganz anders als singer es behauptet, der sagt, das menschliche leben sei nicht mehr heilig, ist es

---

14| **peter singer:** »nicht alles leben ist heilig«. gespräch mit peter singer. in: spiegel-online, 24.11.2001

in wirklichkeit genau anders herum: nicht nur das
menschliche, sondern das »gesamte« leben ist »heilig«.
und das ist nicht, wie singer absurderweise kaltherzig
behauptet, die alte, sondern immer noch die neue ethik,
die erst konsequent auf der welt zu verwirklichen ist.

16 / abendmahl

die tötung sogenannter heiden und ungläubiger, die kreuzzüge, die verstrickung der kirchen in die eroberung von kontinenten und die verstrickung in verbrecherische ereignisse. was »das christentum« in jahrhunderten mitzuverantworten hatte, wiegt schwer.

und warum hält man das gebot »du sollst nicht töten« nicht ein? wie kann man neben dem unrecht, das menschen angetan wird, die behandlung der tiere und die nichtveganen ess- und konsumgewohnheiten mit christlicher nächstenliebe in einklang bringen?

trotz einer mehrbändigen bereits verfassten *kriminalgeschichte des christentums*[1] können wir nicht das ganze christentum aus allen diesen schwerwiegenden gründen pauschal aufgeben. man könnte ebenso das projekt der ganzen menschheit für vollständig gescheitert erklären, angesichts der schuld, die wir menschen durch unsere mörderischen handlungen als gattung

1| **karlheinz deschner:** kriminalgeschichte des christentums, bd. 1-8. digital. berlin 2005

auf uns geladen haben. jeder einzelne könnte dann aufgrund seiner fehler sein leben aufgeben. ein buch helena blavatskys weckt in gandhi den wunsch, sich näher mit dem hinduismus zu beschäftigen, und er gerät dabei in kontakt zu einem überzeugten christen: »ungefähr zur selben zeit traf ich einen guten christen aus manchester in einer vegetarischen pension. er sprach mit mir über das christentum. ich erzählte ihm meine erinnerungen an radschkot. er war davon schmerzlich berührt.

er sagte: ›ich bin vegetarier. ich trinke nicht. zweifellos essen viele christen fleisch und trinken. doch weder fleischessen noch trinken werden von der heiligen schrift vorgeschrieben. bitte lesen sie die bibel.‹ ich akzeptierte seinen rat, und er besorgte mir ein exemplar.«

mit dem alten testament hat gandhi schwierigkeiten, aber: »das neue testament (...) machte mir einen anderen

2| **gandhi:** eine autobiographie, seite 96 ff.

3| **johannes:** 14,6.

4| **johannes:** 8,12

eindruck, besonders die bergpredigt, die mir direkt zu herzen ging. ich verglich sie mit der gita. die stelle: ›ich aber sage euch, dass ihr dem übel nicht widerstehen sollt; sondern so dir jemand einen streich gibt auf deine rechte backe, dem biete die andere auch dar. und so dir jemand deinen rock nimmt, dem laß auch den mantel‹ entzückte mich über die maßen und rief mir shamal bhatts worte ins gedächtnis: ›für eine schale wasser gib mir ein reichliches mahl‹ usw. mein junger geist versuchte, die lehren der gita, des ›the light of asia‹ und der bergpredigt zu vereinen.«[2]

in jahrhunderten nach christus mögen viele der sich selbst christlich nennenden kirchen und gesellschaften vergessen haben, warum christus erschienen ist. vielleicht mussten wir erst heranreifen, um ein bewusstsein dafür zu entwickeln, was der christus mit seinem wort meint: »ich bin der weg, die wahrheit, und das leben«[3] und »ich bin das licht der welt.«[4]

er wird »friedensfürst«[5] genannt. »mein reich ist nicht von dieser welt.«[6] christus ist der erwecker und der erretter von der nichtbewusstheit. dieser prozess dauert an, so lange, bis eine mehrheit der menschen ein bewusstsein dafür entwickelt, dass christus das leben und die liebe ist und sein anliegen heute mehr mit wissen als mit glauben zu tun hat.

die menschen um ihn können ihn noch nicht verstehen: »ich habe euch noch viel zu sagen, aber ihr könnt es jetzt nicht tragen.« aber die zeit wird kommen, wo sie es können: »wenn aber jener, der geist der wahrheit kommen wird, der wird euch in alle wahrheit leiten. denn er wird nicht von sich selber reden, sondern was er hören wird, das wird er reden, und was zukünftig ist, wird er euch verkünden.«[7] während der christus »hinwegnimmt die sünden der welt«, kämpft die noch nicht reife menschheit

jahrhunderte blutig weiter. sie ist noch nicht hoch genug entwickelt, noch nicht edel genug – und, auch wenn sie sich so nennt, wenig christlich. denn wenn christus das leben ist, dann ist jede lebenszerstörung unchristlich.

aus der idee des christentums wird eine »staatsreligion«. aus der auf selbstbestimmung gegründeten religion der liebe wird eine der interessensteuerung.

»die höchsten ämter der kirche hatten sich in verlockende prämien für karrieremacher verwandelt«,[8] denn, so toynbee, »(...) erkannte man, daß einheit und fortbestand des reiches nur mit hilfe einer staatsreligion möglich war«.[9]

und nun wird deutlich, was humboldt meint, wenn er von der spaltung zwischen liebe und reinem interesse spricht. das christentum wird mittel zum zweck, es wird werkzeug, denn in dem moment, wo es offizielle staatsreligion wird, schwindet das, was alles menschliche veredelt: der eigene antrieb, die liebe. die kirche als rahmen wird wichtiger als ihr inhalt. um als staatsreligion installiert werden zu können, sind gewisse abstriche nötig,

5| **johannes:** 9,6

6| **johannes:** 18,36

7| **johannes:** 16,12

8| **toynbee:** seite 299

9| ebd.

abstriche, die einem herzensoffenen gandhi erst dann ermöglichen, sich mit dem christentum zu beschäftigen, als er einem vegetarischen christen begegnet, der ihm persönlich ein glaubwürdigeres bild vermittelt als das derjenigen institutionalisierten christen, die die natur der vivisektion unterworfen haben.

die »falschen grundlagen«, die nun in zwei jahrtausenden (neben vielen guten auch) gelegt worden sind, soweit sie auf dem »eigentlichen kampf« aufbauen, sind blutflecken auf den schönen fassaden der christlichen prachtbauten, an denen gläubige menschen jahrhunderte gebaut haben.

sagt christus nicht: »ich bin bei euch, alle tage bis an der welt ende«?[10] aber nur, wer sich der liebe verschreibt, seinem eigenen herzen folgt, steht in der wahrheit. nur der wird das kämpfen durch liebe ersetzen können. wenn es um das thema tiere geht, zitieren kritiker und kirchen-

10| **matthäus:** 18,20

11| **toynbee:** seite 397

vertreter oft den heiligen franz. er ernährt sich rein pflanzlich, hat ein großes herz für die tiere und gilt als ihr schutzpatron. die bis ins 21. jahrhundert bestehende diskrepanz zwischen anspruch und wirklichkeit »des christentums« hat ursachen.

über eine klärt toynbee auf: »papst innozenz iii. (1198–1215) und sein großneffe und zweiter nachfolger kardinal ugolino (papst gregor ix., 1227–1241) befanden, dass des franziskus zielstrebige nachfolge christi die kurie in ein dilemma gebracht hatte. doch statt ihn zu vernichten, beschlossen sie, ihn ihren zwecken dienstbar zu machen. diese entscheidung erweist ihre intelligenz, auch wenn ihre motive eigennützig waren.«[11]

oder mit humboldt gesprochen: die unterstützung des heiligen franz ist nur mittel zum zweck und kein herzenswunsch.

toynbee macht verständlich: »die institutionalisierung ist der preis der beständigkeit – das ist einer der mängel der sozialen seite des menschlichen lebens; aber die institutionalisierung einer sache, die großen geistigen wert für die nachwelt hat, ist ein kleineres übel als der totale verlust des sich leicht verflüchtigenden geistigen reichtums.«[12] bis in die 50er jahre des 20. jahrhunderts ist es regel der mitglieder des franziskanerordens und weiterer auf den heiligen franz zurückgehender gemeinschaften, sich der fleischspeisen zu enthalten, bis auch dies hinweginstitutionalisiert wird.

tatsächlich zahlen die hungernden menschen und die tiere den höchsten preis für die institutionalisierung des christentums.[13] als das christentum staatsreligion wird, muss es abstriche machen. einer davon ist die abkehr von den rein pflanzlichen essgewohnheiten. die herrschenden römischen machtgruppen haben ein problem mit pflanzenköstlern. die ablehnung des essens bestimmter tiere wird als aberglaube aufgefasst, den man mit aller gewalt

auszurotten beabsichtigt. absurd, denn gerade hinter dem zwang, tiere essen zu müssen, verbirgt sich in wirklichkeit der größte aberglaube. wer sich in der öffentlichkeit weigert, bestimmte fleischspeisen zu sich zu nehmen, riskiert sein leben.

für die ersten christlichen lebensgemeinschaften ist die rein pflanzliche ernährung mehr als eine selbstverständlichkeit. dies bezeugen die ersten kirchenhistoriker, die von der zur staatsreligion gewordenen kirche, ebenso wie franz, heilig gesprochen werden. sie legen mit ihren schriften auch die geistigen grundlagen der heutigen christlichen kirche.

sie legen – mal offen und mal vorsichtiger – zeugnis für die pflanzliche ernährung ab. der durch die römische machtclique ausgeübte druck auf die kirchenführung ist so wenig zu unterschätzen wie der pragmatismus der kirchenverantwortlichen, die nun einen karriereschub erwarten. später übernimmt die kirchenführung den barbarischen part, alle bewussten pflanzenköstler zu verfolgen – wie die mörderischen massaker gegen die manichaer,

---

12| **toynbee:** seite 398

13| gerade die kirche hätte aufgrund ihrer langjährigen tätigkeit in der entwicklungshilfe längst zum globalen fleischverzicht aufrufen müssen, anstatt dies paul mccartney zu überlassen.

albigenser und gegen die bogumilen zeigen. unterhalb
der kirchenführung gibt es jedoch immer wieder auf-
brüche, in denen die ursprüngliche pflanzliche ernährung
wieder durchblitzt.

»nachdem das christentum staatsreligion geworden
war«, erläutert toynbee, »gehörten seine berühmten
märtyrer der vergangenheit an. an ihre stelle als glaubens-
helden (die einem psychologischen bedürfnis entgegen-
kamen) traten nun die asketen.«[14]

dabei sind zwei namen entscheidend: antonius, ein
ägyptischer eremit, und pachomius, der urheber des
mönchstums.

im 21. jahrhundert ist der name antonius im westen
geläufiger als der name pachomius. pachomius schreibt
eine abfassung über die ersten klosterregeln des christen-

tums. sie beinhalten eine fast militärisch anmutende
askese. ohne sein wirken sind klostergründungen im
osten und westen nicht denkbar, so auch das des basilius
von caesarea. basilius entwickelt »von pachomius ausgehend« eine »mildere form des mönchtums«. er lebt von
brot, wasser und gemüse.

»um 529 gründete der heilige benedikt von nursia, der
(...) auf basilius fußte (...) das erste von zwölf klöstern
und stellte eine ›regula‹ auf, die für die lateinisch spre-
chende welt maßgebend wurde.«[15] im benediktinerorden
besteht jahrhundertelang die regel, kein fleisch vierfüßiger
tiere zu essen, was direkt auf den heiligen franz zurückführbar ist.

basilius und antonius, beide eremiten und nicht der
kirchenführung angehörig, sind die entscheidenden
repräsentanten, die der mit der äußeren macht der welt
verbundenen und institutionalisierten religion ihre
glaubwürdigkeit vermitteln. »damit wurde«, so toynbee,
»eine kettenreaktion ausgelöst, die das leben der christen-
heit stark beeinflußte.«[16] das schlachten von tieren »trübt

14| **toynbee:** seite 304
15| ebd.
16| ebd.

den menschengeist«[17] schreibt basilius, ebenso lässt es »den geist darben«[18] und kann »die seelischen erleuchtungen des heiligen geistes aufhalten«.[19] da, so basilius, »(...) auch die engel eine speise haben, so ist es brot, wie der prophet sagt: ›engelbrot aß der mensch‹ – nicht fleisch, nicht wein, nichts von all dem, wonach die bauchdiener gelüstet. »das fasten« ist deshalb umgekehrt »eine waffenrüstung (...) gegen die bösen geister. denn ›dies geschlecht wird nicht ausgetrieben als durch gebet und fasten.‹«[20] clemens von alexandrien schreibt:

17| **basilius von caesara:** ausgewählte predigten. erste predigt (mauriner ausgabe nr. 1). kempten; münchen 1925, seite 168

18| ebd., seite 178

19| ebd., seite 177

20| ebd., seite 177

21| **clemens von alexandrien:** paidagogus. zweites buch. kempten; münchen 1934, 1. kapitel. nr. 11

22| **basilius:** ausgewählte predigten, seite 173

23| ebd., seite 52

fleischnahrung »verfinstert die seele«.[21] was unter dem fasten gemeint ist, fasst basilius zusammen: »wegen des fastens wird dir nichts im hause fehlen. kein tier beklagt seinen tod; kein blut wird vergossen; kein todesurteil wird von dem unerbittlichen bauche gegen die tiere gesprochen. es ruht das messer der schlächter; der tisch begnügt sich mit dem, was von selbst wächst.«

aus diesem grunde gilt: »der christ darf nicht dem weine ergeben sein, noch leidenschaftlich den fleischgenuß lieben.«[22]

als vorbild soll dem menschen das »leben im paradies« dienen: »ja selbst das leben im paradiese ist ein vorbild des fastens, nicht bloß insofern der mensch engelgleich wandelte und durch genügsamkeit die ähnlichkeit mit den engeln bewahrte, sondern auch, weil alles, was hernach menschenverstand ersann, wie das weintrinken, das schlachten der tiere, überhaupt alles, was den menschengeist trübt, den im paradiese lebenden noch nicht bekannt war.«[23] denn: »im paradiese gab es keinen wein, wurden keine tiere geschlachtet, kein fleisch genossen.

basilius:
das schlachten von tieren »trübt den menschengeist« und kann »die seelischen erleuchtungen des heiligen geistes aufhalten.«

nach der sündflut kam der wein.« ²⁴ schließlich klagt basilius: »du aber willst in einem fort dich mästen und

mit fleisch beladen? du willst den geist darben und hungern lassen und keine notiz nehmen von den heilsamen und belebenden lehren?«²⁵

nicht nur fleischessen sondern alles, was dem tötenden prinzip entspricht, trübt den menschengeist. damit auch alle nichtveganen produkte. wenn einem menschen das aber bewusst geworden ist, ist dann nicht jeder bissen fleisch, eine sünde wider den geist? ebenso jede verwendung nichtveganer produkte? ist nicht – aus christlicher sicht – eine sünde wider den geist die einzige, die nicht verziehen wird? denn es heißt: »jede sünde und lästerung wird den menschen vergeben werden; aber die lästerung des geistes wird nicht vergeben werden.«²⁶

deshalb ist die veganisierung der welt die lösung der von gandhi und uberoi berechtigt vorgetragenen lage, dass die vivisektion der gesamten nichtmenschlichen natur schon mit der bergpredigt unvereinbar ist und den westlichen werten des mitgefühls widerspricht; sie macht den weg frei für den neubeginn der christlichen idee. dazu gehört der mut, irrtümer, die männer mit großen

24| ebd., seite 168

25| ebd., seite 169, 176

26| **matthäus:** 12,31. übrigens schrieb clemens: »der apostel matthäus nährte sich von samenkörnern und nüssen und gemüsen ohne fleisch.« (paidagogos. zweites buch, i. kapitel. seite 25)

namen begehen, zu benennen. dass etwa paulus, der persönlich gern fleisch gegessen hat, möglicherweise aus diesem grund das fleischessen legitimierte.

das neue testament wird unter kaiser konstantin im zuge seiner staatsinstitutionalisierung offenbar gezielt angepasst, um vom pflanzlichen konsum abzulenken – und das, was wiederum die kirchenhistoriker in ihren nebenschriften halb offen bestätigen, wird aus den bibelstellen gelöscht.

hinweise dafür gibt es auch in schriften, die derzeit keine »offiziellen« sind. etwa im friedensevangelium der essener. dessen herausgeber berichtet, wie er als student dem damaligen vatikanischen präfekten angelo mercati erläutert, auf der suche nach der quelle des heiligen franz zu sein. dieser gibt ihm einsicht in das geheimarchiv des vatikans. mercati sagt ihm: »der heilige franziskus ist der

ozean. zuerst musst du den strom finden, der ihn nährte. und dann musst du den fluss suchen. und dann, wenn deine füße fest auf dem weg stehen, musst du nach der quelle suchen.«[27] mithilfe des vatikanischen präfekten findet bordeaux székely im geheimarchiv und im kloster monte cassino schließlich die aramäisch verfasste quelle des heiligen franz. dort finden sich die folgenden worte:

»und jesus fuhr fort: ›gott befahl euren vorvätern: ihr sollt nicht töten. aber ihre herzen waren verhärtet, und sie töteten. dann forderte moses schließlich, sie sollten keine menschen töten, und duldete, dass sie tiere töteten. und dann verhärteten sich die herzen eurer vorväter noch mehr, und sie töteten menschen und tiere gleichermaßen. aber ich sage euch: tötet weder mensch noch tier.‹«[28]

laut kirchenstellen ist diese quelle im geheimarchiv unauffindbar. das archiv in monte cassino wird im zweiten weltkrieg bei einem luftangriff zerstört. doch schon im alten testament findet sich eine bemerkenswerte stelle, die wohl auch gandhi übersehen hat: »ich habe lust an der liebe und nicht am schlachtopfer, und

27| **edmond bordeaux székely:** das friedensevangelium der essener. buch 4. saarbrücken 2002, seite 107

28| ebd., buch 1, seite 51

über franz von assisi schreibt arnold toynbee: »das zeitalter des geistes (...) wäre nur zu gewinnen gewesen, wenn der geist des heiligen franz sich durchgesetzt hätte.«

an der erkenntnis gottes, und nicht am brandopfer.«[29] bestätigt sie nicht, was christus im »unauffindbaren« friedensevangelium über die vorväter äußert? bestätigt

sie nicht auch basilius und clemens worte? das geheimnis der aussage des christus: »ich bin unter euch bis ans ende aller tage«, bedeutet, dass der mensch jederzeit das angebot annehmen kann, den geist der liebe zu empfangen.

»wo drei sich in meinem namen versammeln, bin ich unter euch«[30] heißt, dass jederzeit der geist bzw. die liebe sich ausgießen kann, wenn die bereitschaft dazu da ist. die bereitschaft setzt voraus, was gandhi »selbstläuterung« nennt, toynbee »selbstbescheidung«, humboldt »achtung« und lessing das »gute zu tun, weil es das gute ist«. und führt – auch entwicklungsgeschichtlich – in die veganisierung, da mit ihr im sinne darwins das »edelste attribut des menschen« zur geltung kommt.

toynbee schreibt in seiner *weltgeschichte* über joachim von floris' prophezeiung vom neuen zeitalter des geistes: »(...) das zeitalter des geistes brach nicht an; es wäre nur zu gewinnen gewesen, wenn der geist des heiligen franz sich durchgesetzt hätte.«[31] was aber macht nach toynbee den geist des franz aus? »die nachwelt verehrt den heiligen

29| **hosea:** 6,6
30| **matthäus:** 18,20

franziskus (...) vor allem wegen seines mitgefühls für jede lebende kreatur.«

die veganisierung ist eine der voraussetzungen für ein wirkliches zeitalter des geistes auf der erde. der blutzoll der tiere und ihr leidensmaß ist schwer in worte zu fassen. wenn das fleischessen und die verwendung nichtveganer produkte die verfinsterung des geisteslichtes fördert, so wird die veganisierung die tierwelt vom leiden befreien und das geisteslicht der menschheit wird erstrahlen können.

christian morgenstern schreibt aus diesem grund: »wir stehen nicht am ende, sondern erst am anfang des christentums.«[32] morgensterns enger freund rudolf steiner bekommt zugriff auf die unter verschluss gehaltenen überlieferungen der christlichen esoterik, die in jahrhunderten institutionalisierter religion, jedem, der sie auf-

bewahrt, das leben kosten kann. der begriff »esoterik« hat eine gänzlich andere bedeutung, als er es in zeiten eines spät boomenden »esoterik-marktes« hat.

rudolf steiner übernimmt zu beginn des 20. jahrhunderts den versuch, die wurzeln des christentums der liebe freizulegen und aus den quellen zu schöpfen. über das abendmahl, dessen bekannteste bildliche darstellung von dem veganer leonardo da vinci stammt, sagt rudolf steiner in seinem berliner vortrag vom 4. november 1905 erschütternd wie hoffnungsweckend: »insofern also christus (...) erscheint, weist er hin auf brot und wein: ›dies ist mein leib – dies ist mein blut.‹ damit wollte er

31| **toynbee:** menschheit und mutter erde, seite 398

32| **christian morgenstern:** wer vom ziel nicht weiß, augsburg 2002, seite 77

rudolf steiner: »›dies ist mein leib – dies ist mein blut.‹ damit wollte er (christus) einen übergang schaffen von der tiernahrung zur pflanzennahrung, den übergang zu etwas höherem.«

rudolf steiner: »die bedeutung des abendmahles ist die, von der ernährung vom toten tiere übergehen zu der ernährung von der toten pflanze«. (bild: das abendmahl von leonardo da vinci)

manfred kyber:
»alle tiere sind
geschöpfe gottes
– bringe ihnen
der liebe gral.«

einen übergang schaffen von der tiernahrung zur pflanzennahrung, den übergang zu etwas höherem.«[33]

dann weist steiner auf etwas hin, über dessen wirkliche bedeutung wir uns erst im 21. jahrhundert mit der veganisierung der welt bewusst werden: »es gab damals zwei menschenklassen: erstens die, die sich von fleisch und blut ernährten; das sind die vorchristlichen menschen, mit denen christus gar nicht gerechnet hat. zweitens diejenigen, die nur pflanzen töten, der pflanze das blut abzapfen; die wein trinken und brot essen. mit diesen rechnet er noch; sie sind die vorboten derjenigen menschheit, die in der zukunft sein wird.«[34]

daraus folgt, so der begründer der waldorfpädagogik und anthroposophie: »die bedeutung des abendmahles ist die, von der ernährung vom toten tiere überzugehen zu der ernährung von der toten pflanze.«[35] seneca und basilius bestätigend sagt er: »die fleischkost« vermag »den geistig strebenden menschen in der entwicklung aufzuhalten«.[36] man könne »leichter arbeiten (...) in geistiger weise, wenn man kein fleisch isst«.[37] »ich bin das

33| **rudolf steiner:** grundelemente der esoterik. dornach 1972, seite 247

34| ebd., 247

35| ebd., 247

36| **rudolf steiner:** das matthäus-evangelium. vortrag vom 6.10.1910 in bern. ga 123. dornach 1930, seite 117

37| **rudolf steiner:** philosophie und anthroposophie. ga 35. dornach 2007, seite 185

leben«, sagt christus und deshalb ist die veganisierung
der welt etwas zutiefst christliches, das gerade in seinen
anfängen steht.

der schriftsteller und dichter manfred kyber hat ein
gedicht verfasst, das in diesem sinne den christlichen
moment der veganisierung beschreibt. kyber thematisiert
nicht allein aus poetischen gründen den gral. auch in
seinem gedicht *der geweihte des grales* verbirgt sich das
in kapitel 14 benannte geheimnis.

alle tiere sind geschöpfe gottes –
bringe ihnen der liebe gral
und tilge von deiner entweihten stirne
der menschheit blutiges kainsmal.

alle sind deine brüder und schwestern,
mit dir in die kette der dinge gereiht.
erst wenn das letzte geschöpf befreit ist,
bist du, befreier, selber frei.

über allem, was atmet, halte schirmend,
geweihter des grales, deinen schild.
in allem, was atmet, bist du und dein leben
und gottes ebenbild.[38]

38| **manfred kyber:** genius astri. dreiunddreißig dichtungen.
dr. rudolf steiner zugeeignet. berlin 1918, seite 19

17 / parzival

der gral symbolisiert die erlösung der der gral symbolisiert
die erlösung der menschheit durch die liebe des lebens
und zum leben, durch die überwindung des kampfes.
   in wolfram von eschenbachs epos *parzival* heißt es:

ihr mühet euch, das war mir leid,
umsonst in ganz vergebnem streit
daß wer den gral sich möcht erstreiten,
war unerhört zu allen zeiten.
ich hätt euch gern die müh entnommen,
doch anders ist es nun gekommen.
euch kam von oben der gewinn,
zur demuth wendet nun den sinn.[1]

die zeilen demonstrieren, dass man nicht durch kampf,

1| **wolfram von eschenbach:** parzival und titurel. ritterge-
    dichte übersetzt von karl simrock. zweiter band. stuttgart
    und tübingen 1842, seite 400

sondern nur durch liebe zum gral gelangt. auch die widmung kybers »rudolf steiner zugeeignet« hat gründe: christus symbolisiert ja nach steiner den übergang vom zeitalter des lammes zum zeitalter der fische. aber erst die menschliche erkenntnis selbst führt zur erlösung. denn der michael steht für die weiterentwicklung des menschlichen individuums und für die befreiung von tradition, gruppe und verhärtung, während die vorherige entwicklungsepoche für das gegenteil steht.

die römische staatskirche aber symbolisiert noch das alte menschheitskapitel, das gabrielische des lammes. es

ist noch ganz autoritärer charakter. es ist das opfernde, fleischessende, vorvegane.[2]

das neue kann jedoch nicht erobert, erstritten und erkämpft werden. wer das versucht, der gelangt nicht zum gral. der kann, wie gandhi richtig schreibt, den geist der wahrheit nicht finden. nur die von steiner sogenannten »nährenden stoffe der seele« können es, wie auch die zitierte »parzival«-stelle es zeigt.

interessanterweise sind wir dem wechsel zwischen den beiden zeitaltern schon mehrfach begegnet.

etwa in der renaissance: wir zitieren später aus dem buch von jacob burckhardt, indem er hinweist auf zwei unterschiedliche blickwinkel auf das, was den adel ausmacht. der standpunkt des großen medici ist der alte, er bezieht sich auf die eugenik. alles, was adel ausmache entstamme der vererbung, dem körperlichen. das ist sozusagen gabrielisch und gehört zum zeitalter des lammes.

doch den wirklichen adel muss man sich als mensch selbst erarbeiten. das ist nach steiner michaelisch, gleichbedeutend mit kosmopolitisch, und gehört zum zeitalter

---

2| entspricht einem monat im weltenjahr. das weltenjahr umfasst 25.800 jahre. das fischezeitalter begann mit dem jahr eins nach christus und ist gekennzeichnet mit dem hang der menschen zur mystik und zur trennung von geist und materie. im gegensatz dazu enstand der moderne materialismus. vgl. rudolf steiner, das verhältnis der verschiedenen naturwissenschaftlichen gebiete der astronomie. dritter naturwissenschaftlicher kurs. dornach 1983, ga 323

der fische. das ist christlich inspiriert und wahre freiheit. diesem zentralen entwicklungsgedanken begegnen wir auch bei humboldt in seiner gegenüberstellung zwischen interessengesteuertem handeln und dem aus achtung. ebenso bei lessing. auch die frage nach der veganisierung der welt ist eine gralsfrage. wir gehen den konsequenten schritt zur liebe um der liebe willen, nicht aus egoistischem interesse, nur so begegnen wir dem geist der wahrheit.

der satz, man könne sich nicht in den himmel essen, bezieht sich darauf, dass die umstellung der ernährung allein nichts bringe. und das ist auch richtig so. denn man

3| im kommenden wassermannzeitalter wird eine verschiebung hin zu mehr individualismus stattfinden, die auf der einen seite zu einem noch extremeren egoismus einzelner führen kann, durch die zunahme von toleranz, offenheit und weltbürgertum, andererseits eine grundlage bilden kann, um die anstehende lösung globaler probleme gemeinsam anzugehen. vgl. ebd.

braucht das bewusstsein, das entfachen der liebe durch die genaue vorstellung vom mitwesen.

das deutet schon auf das michaelische, auf die gralssuche. denn durch die eigene denkleistung, durch die idealisierung der vorgestellten gedanken entfacht ja die liebe. aber ebenso richtig ist es, dass der zugang zum gral verschlossen bleibt, wenn man aus bequemlichkeit und egoismus weiter nichtvegane produkte verspeist, obwohl man die erkenntnismöglichkeiten hat.

nun gibt es nicht wenige, die in ihrer bequemlichkeit die veganisierung ablehnen, indem sie nachsprechen, dass man sich nicht in den himmel essen könne. doch zugleich reden oft ausgerechnet gerade solche schon vom zeitalter des wassermannes, ohne jedoch selbst schon im zeitalter der fische angekommen zu sein. sie beten, meditieren und identifizieren sich mit äußerer religion und esoterik. bei allem, was wir bisher erfahren haben, dürfte klar sein, dass sie den zweiten vor dem ersten schritt versuchen. dem geist der wahrheit werden sie so nicht begegnen können. der gral bleibt ihnen versperrt.[3] wer steiners *wie erlangt man die erkenntnisse der höheren welten* genau beachtet, wird sogar die möglichkeit sehen, dass manche von denen, die ihr mitgefühl eben nicht dauernd erhöhen, auf den sogenannten schwarzen pfad abrutschen können – es wird dort eindringlich gewarnt. man muss die spreu vom weizen trennen, den egoismus von der liebe.

nur so kann der ewige wettstreit – zugunsten der liebe – beendet werden. deshalb hat morgenstern auch davon gesprochen, dass wir erst am anfang des christentums stehen. doch der tempel und die kirche sind nicht aus stein, sondern sie sind der eigene körper. der körper des lebens ist gleichfalls etwas heiliges, das man nicht zerstören sollte. das, um was es hier geht, ist »wahre« abendländische esoterik, die diesen begriff verdient.

wir finden auch bei meister eckhardt folgende informa-

4| **meister eckhart:** das buch der göttlichen tröstungen. vom edlen menschen. übersetzt von kurt flasch. münchen 2007, seite 95

tionen: »der andere mensch, der in uns steckt, das ist der innere mensch; den heißt die schrift einen neuen menschen, einen himmlischen menschen, einen jungen menschen, einen freund und einen edlen menschen. und der ist gemeint, wenn unser herr sagt: ›ein edler mensch reiste ab in ein fernes land und sich ein reich gewann und wiederkam.‹«[4]

wir haben hier das, was toynbee meint, wenn er davon schreibt, wir wären ebenso im reich des geistes zu hause. meister eckharts zeilen machen deutlich, wie lange man schon weiß, dass es neben dem alltagsmenschen noch einen inneren, höheren menschen gibt, wie etwa steiner oder thoreau erläutern.

doch schon meister eckhardt bestätigt das genannte geheimnis. es ist zwar etwas verschlüsselt formuliert, aber das kann durchaus daran liegen, dass solche aussagen angesichts der tierfeindlichen kirchenmacht nicht ungefährlich gewesen sind. tatsächlich stirbt denn auch meister eckhart während eines inquisitionsprozesses gegen ihn. er schreibt: »man muss nämlich auch wissen, dass diejenigen, die gott unverhüllt erkennen, mit ihm zugleich die kreaturen erkennen; denn die erkenntnis ist ein licht der seele, und alle menschen begehren von natur nach erkenntnis, denn selbst böser dinge erkenntnis ist gut. nun sagen die meister: wenn man die kreatur in ihrem eigenen wesen erkennt, so heißt das eine ›abenderkenntnis‹, und da sieht man die kreaturen in bildern mannigfaltiger unterschiedenheit; wenn man aber die kreaturen in gott erkennt, so heißt und ist das eine ›morgenerkenntnis‹, und auf diese weise schaut man die kreaturen ohne alle unterschiede und aller bilder entbildet und aller gleichheit entkleidet in dem einen, das gott selbst ist. auch dies ist der ›edle mensch‹, von dem unser herr sagt: ›ein edler mensch zog aus‹, darum edel, weil er eins ist und gott und kreatur im einen erkennt.«[5]

kyber schreibt ganz in diesem sinne davon, dass alle, menschen und tiere, brüder und schwestern sind. »in

allem, was atmet, bist du und dein leben und gottes ebenbild.«[6]

der komponist richard wagner wird fast zum bewussten pflanzenköstler, weil er dem geheimnis auf die schliche kommt. leider wird sein werk von einem hässlichen antisemitismus überschattet, der gar nicht in dieses bild passt und es nach der nazi-zeit noch schwieriger macht, darüber hinwegzusehen. doch hätte wagner mehr lebenszeit gehabt, so ist zu hoffen, dass er seine menschenverachtenden aussagen zurückgezogen hätte.

sein letztes großes werk, die letzte große wagner-oper, ist der *parsifal*. wagner verfügt, dass das stück nur in bayreuth und sonst nirgendwo aufgeführt werden darf.

in dem moment, in dem der mit wagner befreundete friedrich nietzsche die oper zugeschickt bekommt, erhält wagner einen umschlag mit nietzsches neuestem buch *menschlich, allzumenschliches*. zwei entgegengesetzte entwicklungen. denn wagner nähert sich mit seiner letzten oper der liebe an, nietzsche dagegen verbittert und verwirft leidend das christentum. doch beiden ist die grals-

5| ebd., seite 109

6| **kyber:** genius astri, seite 19

suche gemein. wagner notiert: »man könnte sagen, daß da, wo die religion künstlich wird, der kunst es vorbehalten sei, den kern der religion zu retten, indem sie die mystischen symbole, welche sie im eigentlichen sinne als wahr geglaubt wissen will, ihrem sinnbildlichen werte nach erfaßt, um durch ideale darstellung derselben die in ihnen verborgene tiefe wahrheit erkennen zu lassen.«[7]

haben die zuschauer in bayreuth darüber schon einmal nachgedacht? oder geht es dort eher um das sehen und gesehen werden? wie sieht es mit dem interesse an liebe und achtung aus? es ist nicht bekannt, ob man bei den festmahlen des parsifals, nach der vorführung inklusive abendmahl, und in den wirtshäusern ringsum schon zur veganen ernährung übergegangen ist. man könnte mit böhme sagen: »wer aber in sünden schläft

und in seinen fetten tagen des bauchs, der spricht: es ist alles friede und stille; wir hören keinen schall vom herrn.«[8] wer hat eigentlich den tiefen, tiefen sinn der worte manfred kybers überhaupt schon erahnen können, wenn er uns sagt, wir sollen den tieren, den geschöpfen gottes, nun endlich der liebe gral bringen?

solange wir den »eigentlichen kampf« nicht beenden, können wir als menschheit den gral nicht erreichen. das individuum kann es. aber der einzelne mensch muss bei alledem solange warten, bis jeder von uns die erkenntnis

7| **richard wagner:** sämtliche schriften und dichtungen. sechste auflage. zehnter band. leipzig 1910, seite 230

8| **jacob böhme:** christosophia. ein christlicher einweihungsweg. freiburg 1975, seite 98

jacob böhme: »wer aber in sünden schläft und in seinen fetten tagen des bauchs, der spricht: es ist alles friede und stille; wir hören keinen schall vom herrn.«

erlangt hat. denn das leben ist eins. nur unter den genannten umständen können wir wagners eintrag begreifen: »ich weiß nicht, wie der liebe gott einmal mein lebenswerk bewerten wird. in den letzten wochen habe ich über fünfzig partiturseiten vom parsifal geschrieben und drei jungen hunden das leben gerettet. warten wir ab, was gewichtiger auf die waagschale drücken wird.«[9]

auch hier wiegeln wieder die autoritätsabhängigen ab. wagner hätte das gar nicht so gemeint. schon gar nicht so konsequent. doch in wahrheit schreibt wagner unmissverständlich etwas anderes. und an wagners worte sollte man im 21. jahrhundert bei jeder *parsifal*-vorstellung denken.

der geistige hintergrund des *parsifals* entspricht dem »geheimnis«, entspricht liebe statt kampf und vor allen dingen der tiefen eigentlichen bedeutung des abendmahles: »unter den ärmsten und von der welt abgelegensten erschien der heiland, den weg der erlösung nicht mehr

durch lehren, sondern durch das beispiel zu weisen: sein eigenes blut und fleisch gab er als letztes höchstes sühnungsopfer für alles sündhaft vergossene blut und geschlachtete fleisch dahin, und reichte dafür seinen jüngern wein und brot zum alltäglichen mahle: ›solches allein genießet zu meinem angedenken.‹ dieses ist das einzige heilamt des christlichen glaubens: mit seiner pflege ist alle lehre des erlösers ausgeübt. wie mit angstvoller gewissensqual verfolgt diese lehre die christliche kirche, ohne daß diese sie je in ihrer reinheit zur verfolgung

richard wagner: »sein eigenes blut und fleisch gab er als letztes höchstes sühnungsopfer für alles sündhaft vergossene blut und geschlachtete fleisch dahin.«

9| **wagner:** sämtliche schriften und dichtungen, seite 230

bringen könnte, trotzdem sie, sehr ernstlich erwogen, den allgemeinen sachlichsten kern des christentums bilden sollte. sie wurde zu einer symbolischen aktion, vom priester ausgeübt, umgewandelt, während ihr eigentlicher sinn sich nur in den zeitweilig verordneten fasten ausspricht, ihre strenge befolgung aber nur gewissen religiösen orden, mehr im sinne einer demut fördernden entsagung, als dem eines leiblichen wie geistigen heilmittels auferlegt bleibt.

vielleicht ist schon die eine unmöglichkeit, die unausgesetzte befolgung dieser verordnung des erlösers durch vollständige enthaltung von tierischer nahrung bei allen bekennern durchzuführen als der wesentliche grund des so frühen verfalles der christlichen religion als christliche kirche abzusehen.«[10]

10| ebd., seite 230

18 / wissen statt glauben

die westliche welt, so theodor heuss, ist auf drei hügeln aufgebaut: »golgatha, die akropolis in athen, das capitol in rom.«[1]

einer der drei hügel, das kapitol, der kleinste der sieben hügel roms, ist der symbolische schicksalsort des »eigentlichen kampfes«. auf dem kapitol enden die rituellen »triumphzüge« der römischen streitkräfte. schon vor den jeweiligen eroberungszügen der römischen schlacht-

führer werden hier viele tiere zeremoniell als opfer getötet. zum »dank« für den sieg werden dann noch mehr tiere geopfert.

diese rituellen tieropfer der römer gehen noch jahrhunderte nach dem christus-ereignis von golgatha weiter. der aberglaube der römischen staatsmacht ist der ursprünglichen christlichen idee geistig weit unterlegen.

doch ist genau dieser unaufgeklärte römische aberglaube – verbunden mit der gier nach macht – dafür verantwortlich, dass die ganze eigentliche bedeutung des

---

1| **theodor heuss:** reden an die jugend. tübingen 1956, seite 32

163

christentums als beginn einer neuen ära hintertrieben wird. zwei miteinander verbundene unchristliche merkmale hängen symbolhaft mit dem kapitol zusammen: erstens der unbedingte drang, entgegen christlicher vorstellungen, kriege und kämpfe im sinne der römischen tradition weiterzuführen, wofür die triumphzüge stehen. zweitens das töten von genau den tieren, die noch im 21. jahrhundert massenhaft getötet werden und als menschliche nahrung dienen.

der zusammenhang zwischen westlichen essgewohnheiten und dem römischen aberglauben ist bislang eher unentdeckt geblieben. dabei ist er eindeutig. der kriegskult sowie die behandlung der tiere in dieser tradition roms und des kapitols entsprechen dem, was darwin »verderbliche gebräuche und aberglauben«[2] nennt. dass ausge-

rechnet ziegen, schafe, hühner, schweine und rinder im wahn des römischen aberglaubens »geopfert« werden, ist kein zufall.

tatsächlich sind die zig milliarden tiere, die in grausamen unterkünften noch im 21. jahrhundert gehalten und geopfert werden, sozusagen der gipfel, die kulmination des römischen kapitol-aberglaubens.

die römische staatsmacht kämpft vehement gegen menschen, die sich im vertrauen auf christus dem blutigen tieropfer widersetzen. mit brutaler gewalt.

das zeigt etwa das schreiben des römers plinius an seinen kaiser trajan: »es hat nämlich die seuche dieses aberglaubens sich nicht nur über die städte, sondern auch über die dörfer und über das land verbreitet: doch glaube ich, kann man sie steuern und ihr abhelfen. wenigstens ist es gewiß, daß man angefangen hat, die beinahe verlassenen tempel wieder zu besuchen und lange ausgesetzte opfer wieder zu begehen, dass hie und da wieder opfertiere verkauft werden, welche seither sehr selten käufer fanden.«[3] für das fleisch wird also

---

2| **darwin:** gesammelte werke, seite 794

3| **cajus plinius cäcilius secundus:** d. j., werke. übersetzt von e. f. u. schott. zehntes buch. achtundneunzigster brief. stuttgart 1829, seite 475

durch das wahre christentum zunächst kaum noch ein käufer gefunden.

nur durch den einfluss brutaler gewalt können die christen dazu gezwungen werden, ihre selbstverständliche abscheu gegen produkte abzulegen, die aus qual und tod von tieren gewonnen werden. plinius berichtet in dem zitierten brief, daß er die christen erst foltern muss, damit sie von christus ablassen und dem kaiser wieder tiere opfern.

auch der römische kaiser decius erlässt 250 n. chr. ein gesetz, in dem es in etwa heißt: wer die götter roms nicht verehre und dem allmächtigen kaiser das opfer verweigere, sei des religionsfrevels und des majestätsverbrechens schuldig. hierzu schreibt eusebius: »die furcht vor dem, was uns drohte, steigerte sich gewaltig. schon war auch das verfolgungsedikt erschienen. es glich fast demjenigen, von welchem der herr das furchtbare prophezeit hatte,

daß es, wenn es möglich wäre, auch den auserwählten zum anstoß gereichen würde. alle waren bestürzt. von den vornehmeren fanden sich auf der stelle viele aus furcht ein, während die beamten von ihrer beruflichen tätigkeit weggeholt wurden; andere von ihnen ließen sich von ihren freunden hinzerren.

namentlich aufgerufen, traten sie zu den unreinen und unheiligen opfern, die einen allerdings bleich und zitternd, gerade als wollten sie nicht opfern, sondern als sollten sie selbst den götzen geopfert und geschlachtet werden, so daß sie von der umherstehenden menge verspottet wurden und ihre feigheit sowohl zum sterben als zum opfern offen an den tag trat.«[4]

»an einem anderen tag, als wir gerade frühstückten, wurden wir plötzlich fortgeführt, um verhört zu werden. die kunde davon eilte sofort durch die ans forum grenzenden gegenden und es entstand eine riesige menschenmenge. wir stiegen zur tribüne hinauf. die anderen gestanden, als sie befragt wurden. man kam zu mir. sogleich erschien mein vater mit meinem sohn, zog mich

4| **eusebius von cäsarea:** ausgewählte schriften band ii: kirchengeschichte. münchen 1932, seite 307

von der treppe weg und sagte: ›vollziehe das opfer. erbarme dich des kindes.‹

der verwalter hilarianus, der damals anstelle des verstorbenen prokonsuls minucius timinianus die entscheidungsgewalt über leben und tod erhalten hatte, sagte: ›verschone deinen grauhaarigen vater, verschone das säuglingsalter deines sohnes. vollziehe das opfer für das wohl der kaiser.‹, ich antwortete: ›ich vollziehe es nicht.‹ hilarianus sagte: ›bist du eine christin?‹, und ich antwortete: ›ich bin eine christin.‹ als der vater beharrte, mich davon abzubringen, befahl hilarianus, ihn niederzuwerfen und mit der rute zu schlagen.

das unglück meines vaters schmerzte mich, als ob ich selbst geschlagen worden wäre; so empfand ich schmerz für sein unglückliches alter. dann verkündet er (hilarianus) das urteil über uns alle und verurteilt uns zum tierkampf. heiter stiegen wir in den kerker hinab.«[5] diese

5| **otto bardenhewe:** frühchristiliche apologethen band ii. die akten der hl. perpetua und felizitas. 6. abschnitt münchen 1913

worte einer im jahre 203 christin gewordenen frau aus nordafrika zeigen, dass jeder, der sich im römischen reich weigert, der staatsmacht tieropfer zu bringen, mit dem tod bestraft werden kann. es zeigt auch, dass für den tierfreundlichen einsatz eines einzigen menschen seine ganze familie bestraft werden kann.

rom leistet so dem autoritären charakter über jahrhunderte vorschub. solche in römischer zeit »antrainierten« ängste und verhaltensweisen wirken bis heute.

was toynbee den »preis der institutionalisierung« nennt, ist zugleich die innere entkernung der christlichen idee, die auf gewaltlosigkeit und friedfertigkeit aufgebaut ist, aber durch den römischen drang nach erhalt seiner machtstrukturen und seiner traditionen umcodiert wird. man könnte auch sagen, passend zu basilius: der römische aberglaube und sein festhalten am tieropfer haben das geisteslicht des christentums verdunkelt.

den ersten christen ist das tragen von waffen und die teilnahme an kriegerischen auseinandersetzungen verboten. erst die institutionalisierung konstruiert »heilige kriege« – völlig unvereinbar mit den ideen des christentums. denn »wer mit dem schwert richtet wird mit dem schwert umkommen«.

aus denselben gründen, weil man das dahinschlachten von opfertieren und das essen von tierfleisch weiter fortführen will, rotten die römischen machtcliquen auch die manichäer aus.

das echte christentum wird in dem moment zunächst einmal »besiegt«, als von den staatsmächtigen zur staatsreligion erklärt wird. denn ab diesem zeitpunkt wird das christentum nicht mehr offiziell bekämpft, sondern in den machtmechanismus integriert, und damit das fleischessen scheinheilig legitimiert. die opfertradition des kapitols wird so indirekt in die neue staatsreligion transplantiert.

spätestens zu diesem zeitpunkt beginnen, wie toynbee beschreibt, die kirchlichen karrieren. das in den römischen staatsapparat integrierte und innerlich entkernte christentum wird offizielle »reichskirche« und nennt sich förmlich selbst »römisch-katholisch«. auch in dieser kirche gibt es immer wieder wirkliche christen, die trotz der gefahren an dem selbstverständlichen nichtverzehr von fleisch ebenso wie an dem nichtverzehr von eiern und milch festhalten.

wie berichtet, werden die auf den heiligen franz zurückgehenden orden aus machtkalkül nur geduldet. rom zwingt ihnen regeln auf. wer zu weit von ihnen abweicht, wird notfalls ermordet. so geschieht es engsten begleitern des heiligen franz nach dessen tod.

die unterdrückung der selbstverständlichen christlichen veganen verhaltensweisen werden also durch den vom kapitol ausgehenden aberglauben bekämpft. die geschichtliche bedeutung, die von dieser eigentlichen verdunkelung des geistes ausgeht, kann gar nicht hoch genug eingeschätzt werden.

die meisten unchristlichen ereignisse einer angeblich christlichen westlichen welt hängen mit dem vom kapitol ausgehenden aberglauben und seinen tieropfern zusammen. zur belustigung des pöbels werden menschen und tiere in der arena aufeinandergehetzt. das zur schau gestellte leiden von menschen und tieren dient zur festigung der römischen macht. wenn doch der westen auf den drei hügeln aufgebaut ist – wie gehen wir nun mit dem kapitol um?

wir können ihn als frühes symbol des autoritären charakters betrachten, des festhaltens an konventionen und traditionen, als symbol eines aberglaubens, von dem kampf statt liebe ausgeht und auf dem das wahre kirchenunabhängige christentum geopfert wird.

wenn wir an die worte des indischen wissenschaftlers uberoi denken, der den westen für seine falschen grundlagen der vivisektion gegen die nichtmenschliche natur anklagt, so haben diese grundlagen auf dem kapitol ihren symbolischen ursprung, nämlich in dem abergläubigen festhalten am tieropfer und der zwanghaften teilnahme der bevölkerung am verspeisen der opferleichen.

besucht man das kapitol heute, ist von den tierfolterorten und den »tempeln« nicht mehr viel zu sehen. die ursprünglichen zugänge zum hügel gibt es nicht mehr, angeblich muss man ihn heute von der gegenüberliegenden seite des ursprünglichen zugangs betreten. ein hoffnungsvolles bild, passend zum namen »roma«. liest man »roma« rückwärts, kommen wir zu amor, zur liebe.

19 / wahrheit und versöhnung

platon hat schon in seinem *staat* – indem er sokrates zitiert – darauf aufmerksam gemacht, dass erst die nicht-vegane ernährungsweise einen staat in den kampf führt. und zwar deshalb, weil für die haltung von »schlachttieren« mehr land gebraucht wird. nämlich für mehr futteranbau und weideflächen.

allein dieses mehr an land führt schon zu konflikten mit anderen gesellschaften und staaten. im ergebnis haben wir also einen staat, der fortan auf expansion aus ist. dies, so kann man mit sokrates sagen, ist die geburts-stunde des imperialismus. tatsächlich ist der römische imperialismus extrem expansiv. und rom gründet auf dem opfer-aberglauben, macht das töten von tieren zur pflicht. solche verkommenen staaten sind nicht mehr geistig, sondern nur noch nach außen gerichtet. sie enden in der dekadenz, im puren materialismus.

hier aber wiederholt sich die geschichte. aus der neueren zeit können wir als beispiel die ereignisse um den 11. september 2001 nehmen. der vegane amerikanische kongressabgeordnete kucinich, dem wir schon einmal im kapitel über die führung begegnet sind, hat zum ausdruck gebracht, dass es ein grober fehler der politik seines landes gewesen sei, die unwahrheit zu sagen, nämlich einfach zu behaupten, der irak hätte massenvernichtungswaffen gehabt und man sei deshalb in den krieg gezogen.

dadurch habe man seine glaubwürdigkeit und viele freunde in der welt verloren. wären wahrheit und versöhnung maßstab der politik gewesen und hätte man nach 9/11 friedlich reagiert und nicht aggressiv, würde amerika in der welt auf mehr freunde treffen.

auch hier wiederholt sich im grunde nichts anderes als das, was platon im *staat* beschrieben hat. statt wahrheit und versöhnung zur grundlage zu machen, setzt man auf unwahrheit und aggressivität – beides geht einher mit expansionismus und kriegsführung. doch führt eine solche politik geradewegs in die dekadenz und in den untergang.

so wie rom untergeht, geht auch ein amerikanisches imperium unter, es sei denn, es besinnt sich auf wahrheit und versöhnung. doch zur wahrheit und zur versöhnung

finden der westen und das abendland nur, wenn sich beide mit dem ganzen leben versöhnt haben – oder, was das gleiche ist, den »eigentlichen kampf« beendet bzw. schluss macht mit der vivisektion der nichtmenschlichen natur. wahrheit und versöhnung bedingen einander.

wahrheit und versöhnung heißt auch: schluss mit jeglichen »opfern«. dazu hat niemand ein recht. nur ein einziges opfer ist rechtens: die opferung des eigenen egoismus, weil man damit erst den höheren menschen in sich befreit – und nur dadurch.

um dies aber zu tun, muss man das orakel von delphi erfüllen. erkenne dich selbst. und begegnet dann, wie gandhi schreibt, dem «geist der wahrheit«. das steht auch im neuen testament. aber wahrheit und versöhnung bedeutet auch, alles unwahre, alle ausreden loszulassen.

die veganisierung ist eines der logischen ergebnisse von praktizierter wahrheit und versöhnung. toynbees forderung, den wettstreit zwischen liebe und kampf zugunsten der liebe zu beenden, was nur durch die beendigung des »eigentlichen kampfes« vollständig ist, was dann der veganisierung der welt entspricht, ist mit der frage nach wahrheit und versöhnung identisch.

wer immer noch meint, toynbee hätte mit liebe und kampf etwas anderes, aber nicht so etwas »triviales« wie die ernährung gemeint, täuscht sich gewaltig und ist schon wieder beim ausreden suchen. denn das wort von liebe und kampf hat er empedokles entnommen, der im jahre 500 vor unserer zeitrechnung lebte.

wir erfahren bei empedokles, der als erster von liebe und kampf spricht, wie es im goldenen zeitalter zunächst noch aussieht: »bei jenen (menschen des goldenen zeitalters) gab es noch keinen gott des krieges und schlachtgetümmels, keinen könig zeus oder kronos oder poseidon, sondern nur eine königin, die liebe (...).«

und empedokles erläutert, was das heißt: »mit lauterem stierblut ward kein altar benetzt, sondern dies galt bei den menschen als größter frevel, leben zu rauben und edle gliedr hineinzuschlingen.«[1] und er ergänzt noch: »da waren alle (geschöpfe) zahm und den menschen zutunlich, die wilden tiere wie die vögel, und die flamme der gegenseitigen freundschaft glühte.«[2]

auch bei platon finden wir den hinweis auf den wahren politischen ursprung des krieges. lauschen wir kurz dem gespräch zwischen glaukon und sokrates:

»(sokrates:) weiter werden wir schweinehirten haben müssen; denn im früheren gemeinwesen hatten wir keine, weil wir nicht sie brauchten; in dem nunmehrigen aber werden wir auch diese noch dazu haben müssen: auch noch sehr vieles sonstige mastvieh werden wir brauchen, wenn man es essen will: nicht wahr?

(glaukon:) natürlich.

(sokrates:) dann werden wir auch ärzte nötig haben, bei dieser lebensweise viel eher als bei der früheren?

1| **hermann diels:** die fragmente der vorsokratiker. 1. band. berlin 1922, vers 128, seite 271

2| ebd., vers 130, seite 272

(glaukon:) jawohl.

(sokrates:) und das gebiet, das damals zureichend war, die damaligen bewohner zu nähten, wird jetzt statt zureichend zu klein sein. oder meinst du nicht?

(glaukon:) o ja.

(sokrates:) wir müßten also von dem lande der nachbarn etwas abschneiden, wenn es hinreichen soll zum weiden und ackern, und jene hinwiederum von dem unsrigen, wenn auch sie sich auf endlosen erwerb von gütern einlassen, die grenze des notwendigen überschreitend?

das ist ganz notwendig, sokrates, erwiderte er.
so werden wir also krieg haben infolgedessen, glaukon – oder was sonst?

3| **platon:** der staat. übersetzt von dr. e. f. ch. schneider. breslau 1850, seite 47

(glaukon:) eben dies, versetzte er.

(sokrates:) und wir wollen noch nichts sagen, fuhr ich fort, weder von dem schlimmen noch von dem guten, was etwa der krieg wirkt, sondern nur so viel, daß wir nunmehr die entstehung des krieges gefunden haben, und daraus entsteht vorzugsweise unheil für die staaten, für die einzelnen wie für das ganze, sofern krieg entsteht.

(glaukon:) allerdings.«[3]

das gespräch bestätigt toynbee, der meint, dass wir den kampf nur dann durch liebe ersetzen können, wenn wir die aggressive habgier überwinden. genau diese spiegelt sich in der schon vor jahrtausenden irren praxis, vegane nahrung mit dem faktor eins zu zehn zugunsten nichtveganer zu verschwenden. schon platon bestätigt also, was wir über den zusammenhang zwischen landwirtschaft und kriegen gesagt haben, wobei hier seit dem zwanzigsten jahrhundert noch die habgier von chemie-

und pharmakonzernen hinzugekommen ist. dies alles gehört zur wahrheit dazu. die pr-maschine hat lange gebraucht, der menschheit auch den begriff wahrheit abspenstig zu machen. selbstverständlich gibt es irregeleitete, die mit dem wort »wahrheit« hausieren gehen und die unwahrheit sagen. aber das bedeutet nicht, dass es nicht auch wahrheit gäbe.

platons worte zum beispiel sind eine wahrheit. »die wahrheit ist aber nichts, worüber man meinungen haben kann. eine wahrheit weiß man, oder man weiß sie nicht. es kann niemand sagen, daß die drei winkel im dreieck 725 grad haben statt 180.«[4]

abschließend aber noch einmal der hinweis auf gandhi. um dem geist der wahrheit zu begegnen, bedarf es eben bestimmter voraussetzungen. was dazu gehört, sind die »nährenden stoffe für die seele« und diese gehören eindeutig zum versöhnungsbereich.

4| **rudolf steiner:** die tempellegende und die goldene legende. dornach 1991, seite 108

20 / dunkelheit und licht

»liebe oder kampf« – sich für eine der beiden seiten zu entscheiden, darauf läuft alle menschliche entwicklung hinaus. doch licht und dunkelheit sind oft eng beieinander und es liegt im ermessen des einzelnen, für welche seite er sich entscheidet.

januar 1933: hitler wird deutscher kanzler. mit kräftig-finanzieller nachhilfe durch in- und ausländische finan-ziers. allen voran die chemieindustrie.

mein kampf – als titel des hitlerbuches – ist mehr als ein symbol, es ist ein bekenntnis dafür, dass die bewe-gung der nationalsozialisten davon überzeugt ist, dass der »kampf ums dasein« auch für völker und »rassen« gelte.

zigtausende braununiformierte kämpfer marschieren mit brandfackeln durch die mitte berlins, um aller welt den neuen ungeist zu demonstrieren, der jetzt ausgerechnet aus mitteleuropa in die welt gehen soll.

aus dem lied »heute hört uns deutschland und morgen die ganze welt« haben die pr-profis ein »heute gehört uns« gemacht. die machtübernahme wird mit großem tamtam zelebriert. nachdem der reichstag in flammen aufgegangen ist, brennen bald die symbole für den geist – die bücher. wer bücher verbrennt, stellt sich gegen die wahre religion – denn damit wird »immer wieder lesen« unmöglich gemacht. ausgerechnet die kirchen hatten jahrhunderte zuvor mit dem verbrennen von büchern begonnen.

das unheil nimmt seinen lauf, aus den symbolischen feuern werden bald lunten, die den alten kontinent und auch gebiete in anderen erdteilen in brand stecken. schlimmer noch als im mittelalter wüten unmenschlichkeit und krieg, hass und vernichtung.

die durch das brandenburger tor marschierenden kolonnen tragen nicht das feuer der liebe symbolisch zum sieg. es ist das feuer des kampfes. jenes menschlichen kampfes, der noch unter das (unschuldig) raubtierhafte absteigt, denn nicht wenige der beteiligten »führer« entscheiden sich gezielt dafür, das böse zu prakti-

zieren. rudolf steiner hatte 1924 in einem vortrag folgende aussage über das jahr 1933 getroffen: »ehe denn der ätherische christus von den menschen in der richtigen weise erfasst werden kann, muß die menschheit erst fertig werden mit der begegnung des tieres, das 1933 aufsteigt – das ist apokalyptisch gesprochen. da verbindet sich die geistige betrachtung mit der naturbetrachtung.«[1]

wenn wir an toynbees worte denken, dass für den menschen auch die »geistige welt« realität sei, so hat sich das mitteleuropa von 1933 weit davon entfernt. doch bis heute ist zu wenig beachtet worden, was parallel zur lauten machtübernahme noch in europa geschah.

fünfhundert kilometer nordwestlich von berlin beginnt in kopenhagen ein ungewöhnlicher junger mann, seine ersten aufsätze zu veröffentlichen. er bricht gezielt mit dem autoritären charakter, für den die form wichtiger ist als der inhalt.

über den »kampf« schreibt martinus thomsen, der sich schlicht martinus nennt: »da nun diese faktoren nur

1| **rudolf steiner:** priestervorträge. priesterkurse v. 16. vortrag. dornach 20.09.1924, seite 239

aufgrund von unterdrückung und erniedrigung der mitmenschen zufrieden gestellt werden können, ist die ganze
erdenmenschheit identisch mit einem ›kriegsschauplatz‹,
dessen kämpfende parteien oder ›heere‹ man bezeichnen
kann als weltteile, religionen, rassen, nationen, kreise,
gemeinden, parteien, vereinigungen, sekten, familien,
ehegatten, eltern und kinder, mann gegen mann, frau
gegen frau, ja, bis hinein in die gedankenwelt jedes individuums können wir diesem weltbrand folgen, ehe wir
zu dem herd oder zu dem ausgangspunkt des kampfes
gelangen.

hier rasen gedanken gegen gedanken oder energien
gegen energien und lösen die vorher erwähnten kleinen
explosionen aus, deren weitere entwicklung zur nahrung
für den alles umfassenden riesenbrand wird, der in der
gestalt von unterdrückung, armut, krankheit, haltungs-
losigkeit und demoralisierung die ganze welt beherrscht.

2| **martinus:** das schicksal der menschheit. kopenhagen 2006,
seite 63

keiner soll glauben, dass er frei davon ist. jeder mensch,
solange er noch einen schimmer des aberglaubens, der
intoleranz, herrschsucht, habgierigkeit und unehrlichkeit
in sich trägt, ist ein soldat in dem armeekorps dieses
weltbrands, er ist mit dabei zu jagen, zu verwunden und
zu töten, er ist mit dabei zu plündern, zu peinigen und
zu erniedrigen, gleichgültig, wie viele schöne ideale er
auch vertreten möge. natürlich sollen die guten seiten in
dem bewusstsein des individuums nicht verkleinert oder
unterschätzt werden. diese sind ja mit dabei, das große
gegengewicht gegen den weltbrand zu schaffen (...).

aber keiner kann also davon freigesprochen werden,
eine direkte, mitwirkende ursache des bösen oder der dis-
harmonie des gesellschaftssystems zu sein, solange er
eben noch einen schimmer des diesen weltbrand beför-
dernden gedankenklimas in sich trägt.«[2]

das hat vor und nach ihm keiner so in worte gefasst,
keine anderen zeilen bringen toynbees überlegung deutlicher auf den punkt. dieser weltbrand bricht nun tatsächlich mit voller wucht aus. doch, so erklärt martinus seinen

standpunkt, setzt der zweite nur noch brutaler fort, was mit dem ersten weltkrieg begann. zwei jahre zuvor hat er, vollkommen unbekannt, eine bemerkenswerte »erklärung«[3] herausgegeben. vielleicht hat es so etwas noch nicht oder jahrhundertelang nicht gegeben. in ihr spricht er von »meiner gesamten mission«, die »ausdruck eines ganz neuen geistigen impulses« sei, und zwar ganz bewusst, »ohne eine sekte oder eine andere form einer isolierten vereinigung zu bilden«.

dabei geht es ihm darum, dass das wort »liebet einander« (das »mehr als wissen denn als glauben« gelte) »zukünftig die höchste lebensbasis aller wesen werden und dadurch einen dauerhaften frieden stabilisieren oder aufbauen kann, innerhalb dessen bereichs sorge, krieg und verstümmelung unmöglich sind, und das reich, das vorher nicht von dieser welt war, sich auch auf den irdischen kontinenten ausdehnen wird«. was hier 1933

als liebesbotschaft aus kopenhagen kommt, ist nicht so laut wie das kampfgetöse aus berlin, doch es skizziert das hoffnungsvolle wirklich neue, wenn es auch damals nur kleinen kreisen bekannt wird. in seinem aufsatz, der im jahr von hitlers machtergreifung erschien, schreibt er, wie sich die menschen entwickeln, insbesondere durch das eigene leiden:

»diese verfeinerte gefühlsfähigkeit äußert sich im mitgefühl mit anderen wesen, die leiden, in dem drang zu helfen, etwas für andere zu tun usw., ebenso wie das betreffende individuum beginnt, keine tiere töten zu können, es nicht mehr übers herz bringt, einem lebewesen schaden zuzufügen, sich in eine beleidigung zu finden, sich über die natur und ihren reichtum zu freuen: über menschen, tiere, pflanzen und mineralien.

ein solches gefühl ist die beginnende ›liebe‹ oder die höchste behaglichkeitsenergie. die gefühlsenergie kann doch nicht zu liebe in reinkultur werden, bevor sie von einer gewissen summe von intelligenzenergie beherrscht und getragen wird.«[4] was martinus hier beschreibt, ent-

3| vgl. nils kalén: kosmische lebensanschauung. martinus und
sein weltbild. teil 1. kopenhagen 1992

privatarchiv

martinus thomsen:
»ebenso wie das
betreffende indi-
viduum beginnt,
keine tiere töten
zu können, es nicht
mehr übers herz bringt,
einem lebewesen
schaden zuzufügen.«

unterstützt später den widerstand, wird mitwisser der
verschwörung um stauffenberg gegen hitler.

im gefängnis schreibt er über seinen vater, steiner
bestätigend: »mein vater hat das siegel aufgebrochen.
den hauch des bösen hat er nicht gesehn. den dämon
ließ er in die welt entwehn.«[5] haushofer bestätigt eindrucksvoll, was martinus über das leiden des menschen
geschrieben hat:

an meer und ländern hab ich viel durchstreift,
hab gleich odysseus in bewegten jahren
von menschenart und menschenleid erfahren,
allmählich ist mein bild der welt gereift.

der wahn allein war herr in diesem land.
in leichenfeldern schließt sein stolzer lauf,
und elend, unermessbar, steigt herauf.[6]

spricht exakt darwins »edelstem attribut«. karl haushofer
ist der »erfinder« der »geopolitik« und hat hitler geholfen,
zur macht zu kommen. sein sohn albrecht wendet sich
zunehmend von dem regime ab, da er seine verbrechen
gegen die menschlichkeit nicht mehr ertragen kann. er

haushofer schreibt, als »verräter« im gefängnis sitzend,
ein gedicht, das in worte fasst, wie sich die welt zum

4| ebd.

5| **albrecht haushofer:** moabiter sonette. berlin-schöneberg
     1962, seite 47

6| ebd., seite 68

frieden hin wandeln wird, wenn sie anfängt, mitgefühl
auch mit den kleinsten lebewesen zu entwickeln.

ein leisestes gesurr. auf meine hand
sinkt flügelschwirrend eine mücke nieder,
ein hauch von einem leib, sechs zarte glieder –
wo kam sie her aus winterlichem land?

ein rüssel ... schlag ich zu? mißgönn ich ihr
den tropfen blut, der solches wesen nährt?
den leichten schmerz, den mir der stich gewährt?
sie handelt, wie sie muß. bin ich ein tier?

so stich nur zu, du kleine flügelseele,
solang mein blutgefäß dich nähren mag,
solang du sorgst um deinen kurzen tag!
stich zu, daß es dir nicht an kräften fehle!

7| ebd., seite 27
8| ebd., seite 24

wir sind ja beide, mensch und mücke, nichts
alles kleine schatten eines großen lichts.[7]

in einem weiteren gedicht schreibt er:

in tausend bildern hab ich ihn gesehn.
als weltenrichter, zornig und erhaben,
als dorngekrönten, als madonnenknaben, –
doch keines wollte ganz in mir bestehn.
jetzt fühl ich, dass nur eines gültig ist:
wie sich dem meister mathis er gezeigt -
doch nicht der fahle, der zum tod sich neigt –
der lichtumflossne: dieser ist der christ.[8]

nur wenige tage vor dem ende des zweiten weltkriegs
wird haushofer von ss-männern in der nähe der invali-
denstraße erschossen, ein denkmal vor dem innenmini-
sterium erinnert an ihn. das institutionalisierte christentum und damit die macht roms beeinflussen die entwicklung des abendlandes, des westens und der welt.

21 / brotgelehrte und mauerchristen

was uberoi »die falschen grundlagen der westlichen wissenschaft« nennt, entspricht toynbees bemerkung, dass es zum zeitalter des geistes nur gekommen wäre, hätte man sich an den heiligen franz und seinem »mitgefühl für jede lebende kreatur« orientiert.

seit der renaissance, die als »geistige wiedergeburt« verstanden wird, kommt es verstärkt zum aufblitzen des geistes. das individium mensch wird entdeckt und rückt in den mittelpunkt des weltgeschehens. ab dem 15. jahrhundert reift so die möglichkeit heran, dass menschen ihr verhalten gegenüber der nichtmenschlichen natur hinterfragen.

manche entwickeln jetzt gedanken wie diesen: »ich schuf dich als ein wesen, weder himmlisch noch irdisch, weder sterblich oder unsterblich allein, damit du dein eigener freier bildner und überwinder seiest; du kannst zum tiere entarten und zum gottähnlichen wesen dich wiedergebären. die tiere bringen aus dem mutterleibe mit, was sie haben sollen, die höheren geister sind von anfang an oder doch bald hernach, was sie in ewigkeit bleiben werden. du allein hast eine entwicklung, ein wachsen nach freiem willen, du hast keime eines allartigen lebens in dir.«[1]

in der renaissance hat man »zuerst die menschen und die menschheit in ihrem tieferen wesen vollständig erkannt«, schreibt jacob burckhardt und er betont: »schon dieses eine resultat der renaissance darf uns mit ewigem dankgefühl erfüllen.«[2]

zunächst orientieren sich die meisten mehr äußerlich an griechischen, antiken bauten und empfinden die neuen fassaden diesen nach. doch die veganen gewohnheiten der pythagoräer übernehmen erst einmal nur wenige. denn der mensch ist zu diesem zeitpunkt vor allem mit sich selbst beschäftigt. vielleicht ist dies eine voraussetzung dafür, dass im ergebnis dieser selbsterkundungen

dann eines tages wie von selbst die frage im raum steht, ob wir nicht eine höhere verantwortung auch den tieren gegenüber haben.

aber auch in der renaissance blitzt bereits das von darwin genannte »edelste attribut« des menschen auf. nicolo niccoli etwa kritisiert den italienischen adel und weist auf aristoteles hin. dieser habe in seiner ethik gesagt, adelig sei, wer nach dem wahren guten strebe. lorenzo medici, bruder des bekannteren cosimo, hält niccoli entgegen, adel sei der ausdruck für wohlgeborenheit und stamme von eugeneia. niccoli jedoch »findet das römische wort nobilis, d. h. bemerkenswert, richtiger, indem selbiges den adel von den taten abhängig mache« entscheidender.[3]

was niccoli hier anspricht, führen später – wie wir gesehen haben – lessing, goethe und humboldt weiter. es klingt hier auch schon das an, was später darwin so gründlich ausführt. niccoli und der medici sind »schon darüber einverstanden, daß es keine andere nobilität mehr gebe als die des persönlichen verdienstes.« sie

---

1| **jacob burckhardt:** die kultur der renaissance in italien. zweiter band. leipzig 1919, seite 58

2| ebd., seite 58

3| ebd., seite 63

nehmen kein blatt vor den mund und nennen ein treffendes beispiel: »der eifer für vogelbeize und jagd rieche
nicht stärker nach adel als die nester der betreffenen
tiere nach balsam. landbau, wie ihn die alten trieben, wäre
viel edler als dies unsinnige herumrennen in wald und
gebirge, wobei man am meisten den tieren selber gleiche.«⁴

einer der wenigen, die das edelste attribut schon in der
renaissance aufweisen ist leonardo da vinci. das geistes-
genie aus florenz: universell, wissensdurstig, aus sich
heraus aktiv, innerlich erwacht, das gute des guten wegen
denkend – und seit seiner jugend vegan lebend und seinen
zeitgenossen jahrhunderte voraus. »wer wenig denkt, irrt
viel«, notiert er in sein tagebuch. »er hätte nicht einmal
einen floh getötet. und er kleidete sich in leinen, um nichts
totes zu tragen«,⁵ ist von tommaso masini, leonardos
engstem freund, überliefert. skrupellos produkte auf

kosten der tiere zu benutzen ist vorchristlich, voraufklä-
rerisch und – unter berücksichtigung dessen, was toynbee
über das zeitalter des geistes meint – wenig geistig, weil
es den mangel an mitgefühl zeigt.

eine geistig erwachte menschheit ist weniger in aberglauben verstrickt als eine sich nur religiös nennende.
der geist bleibt verdunkelt, solange das mitgefühl mit
den tieren nicht erstrahlt. religion bedeutet ja »immer
wieder lesen«, und das ist das gegenteil von »immer wieder
weggucken«. ohne das wirkliche licht des geistes bleibt
die sich selbst so nennende religion spirituell auf dem
untersten level.

tatsächliche esoterik erscheint ihr deshalb als geheim-
nistuerei oder zumindest als etwas irreales. doch aber-
gläubig und irreal sind gerade diejenigen, die sich religiös
nennen und die über den »eigentlichen kampf« nichts
wissen wollen. allein hierin offenbaren sie, dass sie mit
der bedeutung von religion fast nichts zu tun haben.
denn wer immer wieder liest, klammert die wahrheit nicht
einfach so aus. wer im sinne des »immer wieder lesens«

4| ebd., seite 64

5| **charles nicholl:** leonardo da vinci. die biographie. frankfurt
       2006, seite 68

wirklich religiös ist, entwickelt bewusstsein für leonardos ausspruch »wer wenig denkt, irrt viel«.

diejenigen, die also religion nicht praktizieren, sondern nur »haben«, sprechen die sprache des herzens nicht vollständig, solange sie meinen, ihr nichtveganes verhalten sei moralisch gerechtfertigt.

religion und wissenschaft sind beide die treibenden kräfte der entwicklung und es kommt darauf an, was aus beiden gemacht wird.

jacob böhme, der selbstgesteuerte christlich suchende, dessen schriften manche menschen in england inspirieren und von denen die neuzeitliche wissenschaftliche welt ausgeht, schreibt: »ein jeder mensch trägt in dieser welt himmel und hölle in sich. welche eigenschaften er erweckt, dieselbe brennt in ihm, dessen feuers ist die seele fähig.«[6] diejenigen, die bedingt durch den autoritären charakter in die kirche gehen und nicht aufgrund der eigenen suche, nennt er »mauerchristen«.[7]

mauerchristen haben zu den falschen grundlagen des westens, zur vivisektion über die nichtmenschliche natur, beigetragen.

»liebe brüder, es ist eine zeit des suchens, findens und ernstes; wen es trifft, den trifft's, wer da wachet, der wird's hören und sehen. wer aber in sünden schläft und in seinen fetten tagen des bauchs, der spricht: es ist alles friede und stille; wir hören keinen schall vom herrn.«[8]

friedrich schiller: der »brotgelehrte« setzt »nur darum die kräfte seines geistes in bewegung, um dadurch seinen sinnlichen zustand zu verbessern.«

6| **jacob böhme:** mysterium pansophicum. freiburg 1980, seite 132

7| ebd., seite 103 und 131

8| **böhme:** christosophia. ein christlicher einweihungsweg, seite 98

friedrich schiller hat in seiner antrittsvorlesung *was heißt und zu welchem ende studiert man universalgeschichte* dieselbe problematik in eine gestalt gebracht, die für die wissenschaft neben den mauerchristen zu stellen ist, den »brotgelehrten«. dieser setzt »nur darum die kräfte seines geistes in bewegung, um dadurch seinen sinnlichen zustand zu verbessern«.

in der beschreibung dieses geistverachtenden, rein sinnlich orientierten typus von »wissenschaftler« ist er nicht zimperlich: »jede erweiterung seiner brodwissenschaft beunruhigt ihn, weil sie ihm neue arbeit macht; jede wichtige neuerung schreckt ihn auf, denn sie zerbricht die alte schulform, die er sich so mühsam zu eigen machte, sie setzt ihn in gefahr, die ganze arbeit seines vorigen lebens zu verlieren.«

einen solchen typus »wissenschaftler« beschreibt er als »beklagenswerten menschen, der mit dem edelsten werk-zeug, mit wissenschaft und kunst, nichts höheres will und ausrichtet als der tagelöhner mit dem schlechtesten! der im reiche der vollkommensten freiheit eine sklavenseele mit sich herum trägt.«[9]

schiller ist so bereits den merkmalen des autoritären charakters auf der spur. wer »brodwissenschaftlich« eine »sklavenseele« mit sich herumträgt, kann unmöglich zur weiterentwicklung der menschheit beitragen, er wird zum hemmenden faktor. denn nur wer wacht, wird von geist erfüllt – und kann die welt positiv mitgestalten. der »brotgelehrte« betreibt anti-führung. er ist ein besitzstandswahrer, der aufgrund persönlicher interessen alles, was über seinen horizont hinausgeht, entweder totschweigt oder ablehnt. gruppen und cliquen solcher brotgelehrten können gesellschaften so ausdünnen, dass sie geistig einschlafen.

brotgelehrte und mauerchristen entehren die wissenschaft, die religion und die menschen. brotgelehrte verzögern und verhindern durch ihre geistesverdunklung gute geistige impulse und ihre heilenden wirkungen.

9| **friedrich schiller:** was heißt und zu welchem ende studiert man universalgeschichte. stuttgart 2006, seite 9 ff.

abbildung 7 / die lebensunterdrückung ruht auf zwei säulen

»egoistische habgier« (toynbee). »emotionale pest« und »christusmord« (reich), »vivisektion der nichtmenschlichen natur« (uberoi), »interessensteuerung statt achtung« (humboldt), handlungen nur für »willkürliche belohnungen« (lessing), »schoßhundstufe« (darwin)

mauerchristen
(böhme)

verpanzerung
der religion

brotgelehrte
(schiller)

verpanzerung
der wissenschaft

eine neue weltkultur entsteht, wenn sich z.b. der westen auf seine wahren werte konzentriert, die hinweise seiner denker und seher ernst nimmt. die abstrakten werte müssen in ihren kernpunkten mit leben erfüllt werden.

dazu muss das unbewegliche, rein materiellorientierte »konstrukt«, das auf verpanzerter religion und wissenschaft basiert, durch handlungen abgerissen werden, die »das gute um des guten selbst willen« (lessing) praktizieren und aus »achtung und liebe« (humboldt) heraus geschehen.

die bewusste veganisierung ist eine voraussetzung für diesen ethischen fortschritt bzw. teil der beginnenden weltkultur.

dass man die in diesem buch geäußerten worte darwins nicht längst entdeckt hat und verwendet, um aus der nichtveganen geisteslähmung herauszukommen, zeigt den einfluss des brotgelehrtentums. dieses orientiert sich nämlich am, so kann man ergänzen, »institutionalisierten« darwin. dass der konsum leidverursachender produkte so lange nicht aus »dem christentum« verbannt wird, hat das mauerchristentum mitzuverantworten.

brotgelehrtentum und mauerchristentum stützen den autoritären charakter über jahrhunderte. die gestalt des brotgelehrten enthält – ergänzend zum autoritären charakter – eine weitere komponente: die bequemlichkeit. sie gehört in die sphäre des kampfes und das ist – nebenbei bemerkt – ein beweis dafür, wie untätig das kampfprinzip auch sein kann. bequemlichkeit resultiert daraus, sich fast nur persönlichen interessen zu widmen, egal wie sehr anderes leben darunter leidet. so entehren brotgelehrte und mauerchristen gemeinsam das menschsein.

10| **toynbee**: seite 497

verbindet sich die habgierig-bequeme haltung des brotgelehrten mit aggressiv-habgierigen interessen egoistischer profiteure, fördert dies »automatisch« zustände, die geistfeindlich sind und das leben in den abgrund reißen.

zynismus als flucht vor der menschlichkeit ist eine der wirksamsten waffen im kampf gegen den geist. so lassen sich menschen gezielt von geistigerem, gezielt von wahrheit ablenken. public relations, propaganda – rücksichtsloseste gehirnwäsche – machen den brotgelehrten ein leichtes spiel: denn hinter den von der pr-mechanik geschaffenen lügenfassaden können brotgelehrte und mauerchristen ihr egoistisches dasein »genießen«, während gleichzeitig leben leidet.

»es gibt keinen präzedenzfall für die macht, die der mensch in den letzten zweihundert jahren über die biosphäre erlangt hat. unter diesen verwirrenden umständen kann nur eine voraussage mit gewissheit gemacht werden: der mensch, das kind der mutter erde, würde das verbrechen des muttermordes nicht überleben«,[10] warnt toynbee. nur wenn wir die liebe um des lebens willen entfachen, mildern wir damit die auswirkungen unseres fehlverhaltens.

die veganisierung der welt kann dazu beitragen, wissenschaft und religion aus ihrem unfertigen, geistig halb wachen zustand zu erwecken. das brotgelehrten- und mauerchristentum kann durch die veganisierung deutlich geschwächt werden. das ist eine wichtige voraussetzung dafür, um auf höheren geistigen grundlagen eine moderne weltkultur begründen zu können.

22 / heilung

indem wir menschen die nichtmenschliche natur der vivisektion unterwerfen, demonstrieren wir innere schwäche
und egoismus. und ein noch nicht entwickeltes mitgefühl.
»jede verrohtheit offenbart eine schwäche«, erkennt ja
schon seneca. wilhelm reich entdeckt ein lebensverneinen-

des muster. »als er (der mensch) versuchte, sich selbst
und das strömen seiner energie zu begreifen, störte der
mensch dieses strömen und begann, indem er dies tat,
sich zu panzern und damit von der natur abzuweichen.«[1]

die angst, die der mensch vor sich bekommt, entfrem-
det ihn jahrhundertelang von ihm selbst. anstelle seiner
»organischen, spontanen, bioenergetischen selbstregulie-
rung trat ein mechanisches seinsgefüge«.[2] diese »mysti-
sche entfremdung seiner selbst, seines kerns« entspricht
nach reich der spaltung seiner einheit. seitdem läuft der

1| **wilhelm reich:** die kosmische überlagerung. über die orgono-
tischen wurzeln des menschen in der natur. frankfurt am main
1997, seite 143

2| ebd.

mensch vor sich selbst weg, er hat angst vor seinem ich, setzt erlöser auf ein podest, er will sich selbst nicht erkennen, weil er sich nicht traut. offenbar gehört das zu unserer evolution dazu.

dadurch sind aber die lebensenergie und der bioenergetische fluss blockiert. aus der einheit mit der nichtmenschlichen natur entwickelt sich zunächst ein von der einheit abgeschnittenes denken. mechanistisches wissenschaftsdenken einerseits und mystisch-religiöses denken andererseits sind dabei zwei aspekte, resultate der spaltung des menschlichen kerns. wir haben gesehen, dass genau diese spaltung von francis bacon sogar noch verstärkt worden ist.

offensichtlich hat die menschheit dies zu ihrer weiterentwicklung auch zeitweise gebraucht. reichs beobachtungen trübt dies aber nicht. im sinne seiner forschung ist religion das verlegen der selbsterkenntnis in unerreichbare himmelsregionen und wissenschaft die flucht in

etwas, was noch unterhalb der natur steht. ein hinweis senecas macht deutlicher, was reich, neben anderen, erkannt hat: »ich wüßte nichts besseres und heilsameres für dich, als daß du, wie du schreibst, beharrest in deinem streben nach sittlicher vervollkommnung, die zum gegenstand des wunsches zu machen torheit ist, da es ganz von uns selbst abhängt, sie zu erreichen. man tut nicht gut, die hände zum himmel zu erheben und den tempelhüter anzuflehen, uns unmittelbar an das ohr des götterbildes herantreten zu lassen, als könnten wir uns dadurch höheren anspruch auf erhörung unseres gebetes verschaffen: gott ist dir nahe, er ist bei dir, ist in dir.«[3]

nur wenige finden jedoch in sich den zugang zum ganzen, während jene, die angst vor selbsterkenntnis haben, in die eigene zerteilung flüchten: entweder in die »religion« oder in die »wissenschaft«. mauerchristen und brotgelehrte sind in der regel weit von der einheit des menschen mit natur und geist entfernt. um auf einer höheren menschlichen entwicklungsstufe die einheit

---

3| **seneca:** seite 64

selbstbewusst erleben zu können, ist also zunächst die spaltung des inneren kerns nötig.

die bewusste neue verbindung von religion und wissenschaft ermöglicht es danach aber auch, nun selbsterkenntnis auf einer höheren entwicklungsstufe zu erleben. mit freiem willen wird auf dieser stufe die einheit wieder hergestellt. die spaltung des inneren kerns ist der evolutionäre hintergrund des kampfes, die möglichkeit, die einheit herzustellen, die evolutionäre logik der liebe. davon hängt die heilung der erde ab.

reich bestätigt, was seneca beobachtet: »der glühende eifer, mit dem alle religionen die unerreichbarkeit und unerforschbarkeit gottes verteidigen, der zweifellos die natur innerhalb des menschen repräsentiert – all das und viele andere fakten belegen nur zu deutlich die angst, die mit dem tiefen ich-erleben verbunden ist.«⁴ hierin findet sich auch eine erklärung des manchmal seltsamen festhaltens an konventionen und traditionen. die fortset-zung des konsums nichtveganer produkte durch menschen, die alle argumente kennen, benötigt eine letzte erklärung. wir finden sie hier, in der verweigerung, sich selbst zu erkennen.

die lösung steckt schon innerhalb der kernbotschaft der christlichen religion: »liebe deinen nächsten wie dich selbst.« das beinhaltet, sich selbst zu lieben – damit ist keine überhöhte selbstliebe gemeint, da liebe egoismus ausschließt. wie bereits ausgeführt, es sei noch einmal an lessing erinnert, wird das gute nur des guten selbst willen durch die kraft der liebe praktiziert. sich selbst zu lieben muss also die eigene extreme überhöhung auf kosten anderer logischerweise ausschließen.

wenn man vor sich selbst flüchtet – und das ist jetzt das entscheidende –, kann man sich im guten sinne gar nicht selbst lieben. damit kann man aber auch den nächsten nicht lieben, wenn man ihn doch »genauso« lieben soll wie sich. man muss gleichsam sich und das andere leben in liebe annehmen, es achten, ohne vor der liebe zu flüchten. in der diskrepanz zum vorstehenden

4| **reich:** die kosmische überlagerung, seite 144

findet man die erklärung für kriege, das vom menschen verursachte elend der menschen und der tiere und die bedrohung der biosphäre. diese diskrepanz ist in der tat lebensverneinend und zerstörend.

geist und leben als zwei seiten einer medaille werden über jahrhunderte hinweg unterdrückt, aber der lebensgeist und das geistleben werden beide im grunde vor allem wohl deshalb bekämpft, um die flucht vor der selbsterkenntnis zu verlängern.

zwei produkte der spaltung des menschlichen ichs, religion und wissenschaft, bekämpfen sich dann auch gegenseitig. beide haben gemeinsam leben negiert und sich jeweils vor der selbsterkenntnis hinweg gestohlen. die einen in unerreichbare himmelsregionen, die anderen in tote materie und hypothesen.

der kampf gegen die selbsterkenntnis ist der kampf gegen die ganzheit des menschen und des lebens, ein kampf gegen den lebensfluss und den geist gleichermaßen. nur ihre annäherung ermöglicht zugleich die bildung des wahren mitgefühls, das ansonsten opfer der spaltung

wird: mitgefühl bildet sich nicht aus dem autoritären charakter und aus der flucht vor selbsterkenntnis, im gegenteil.

reich weist darauf hin, dass es auch immer andere menschen gegeben hat: »die wenigen, die nicht in angst geraten, sondern vielmehr freude empfinden, wenn sie in ihr inneres selbst eintauchen«. in welchen gruppen sind solche menschen öfter anzutreffen? »künstler, dichter, wissenschaftler und philosophen, deren schaffen aus der tiefe ihrer freiströmenden verbindung mit der natur innerhalb und außerhalb ihres selbst kommt – in der höheren mathematik nicht weniger als in der dichtung oder musik.«

sind diese wenigen die ausnahmen von der »normalität«? »daß die antwort auf diese frage auch über das elend der menschheit entscheidet, steht außer zweifel. denn wenn die mehrheit das repräsentiert, was natürlich ist, und die wenigen eine abweichung vom ›normalen‹ sind, wie uns so viele glauben machen wollen, dann haben wir keine hoffnung, die spaltung unseres kulturellen gefüges, die kriege, die diese spaltung hervorbringen, die spaltung der charakterstruktur, den haß und das weltweite morden, jeweils zu überwinden. dann müßten wir zu dem schluß kommen, daß alles elend der natürliche ausdruck einer gegebenen, unabhängigen ordnung der dinge ist.«[5]

die heilung finden wir dann, wenn wir »mutter erde« und »vater geist« zugleich als teile und als einheit in liebe annehmen. die einheit unseres lebendigen kerns können wir herstellen, indem wir den höheren menschen in uns entdecken und führung über uns selbst übernehmen, damit das »edelste attribut des menschen« erwachen kann und wir dem »geist der wahrheit« begegnen können.

deshalb heißt es auch: »ein körper ist der tempel des geistes.« der grad der veganisierung der welt zeigt an, wie weit die menschheit in der aktivierung ihrer selbst-

heilungskräfte schon fortgeschritten ist und wie sehr sie goethes worte annimmt:

denn das leben ist die liebe
und des lebens leben geist.[6]

diese beiden goethe-zeilen immer wieder zu lesen, bedeutet wörtlich wahrhaft religiös zu sein. dann erfährt man die bedeutung von: »liebe gibt der liebe kraft«.

5| **reich:** die kosmische überlagerung, seite 144

6| **johann wolfgang goethe:** west-östlicher divan. stuttgart 1820. seite 143

23 / stillstand und entwicklung

»die gottheit aber ist wirksam im lebendigen, aber nicht im toten; sie ist im werdenden und sich verwandelnden, aber nicht im gewordenen und erstarrten. deshalb hat auch die vernunft in ihrer tendenz zum göttlichen es nur mit dem werdenden, lebendigen zu tun; der verstand mit dem gewordenen, erstarrten, daß er es nutze.«[1] wenden wir diese erkenntnis goethes auf institutionen an, haben wir in ihr eine erklärung, warum sie erstarrungstendenzen

zeigen. kirchen, vereine und wissenschaften, die sich nicht weiterentwickeln und das werden aufgeben, erscheinen erstarrt, ohne lebendigkeit, tot. in ihnen ist das göttliche nicht mehr vorhanden. das einst lebendige organ mutiert zur organisation, zum kalten werkzeug von gedanken und wird nicht mehr hinterfragt.

das organ existiert nur noch in äußerer hülle. diese ist gleichsam der entgeistigte leichnam. begeisterte menschen werden ersetzt durch funktionierende funktionäre, sie sind automatenartig und dienen als werkzeuge. mehr

1| **eckermann:** gespräche mit goethe, seite 328

für den autoritären charakter als für die ursprünglich-
lebendige idee.

ein lebendiger organismus wird von menschenhand
geschaffen. seine idee begeistert andere, ermutigt sie, sich
für lebendige ideale einzusetzen. nach der institutionalisierung stirbt das leben ab, weil die ursprüngliche begeisterung auf der strecke bleibt. fortan will man konservieren, was weiterentwickelt werden müsste. die vor-
handenen strukturen werden gewartet wie eine maschine. vielleicht versucht man noch ihren wirkungsgrad zu
erhöhen und erweitert die struktur, aber die lebendigkeit kommt so nicht mehr zurück.

das innere ist abgestorben, man verlagert sich auf das
erstarrte äußere. die hüllen werden gepflegt, doch das
innere zeigt keine bewegung mehr. untersucht man die
hüllen genauer, kann man nur mit hilfe des geistes die
motivation ihrer urheber anschauen, nicht jedoch durch
analyse des oberflächlichen und abgestorbenen. nur
durch den geist gelingt der einblick in die ursprüngliche
lebendigkeit. der preis der institutionalisierung ist hoch,
nur der kern dahinter ermöglicht eine zukünftige entwicklung – eine erneuerung der lebendigen impulse und
damit das zurweltbringen neuer bewegungen.

kultur kann in ihrer gesamtheit erstarren, wenn die
vielzahl ihrer organe erstarrt ist – das innere leben aus-
gehaucht ist und die funktionäre sich auf die verwaltung
der »maschine« und ihrer äußeren verhüllungen konzentrieren.

so kann man den lebensfluss ganzer gesellschaften
hemmen. sie werden geistig ausgehöhlt, bis schließlich
die hüllen oder scheinfassaden in sich zusammenbrechen.

gelingen kann dies nur in interaktion mit denen, deren
geist entweder überhaupt nicht erwacht – oder gedämpft
wird. man kann menschen gezielt zu dienern der toten
hüllen, zu zahnrädern maschinell funktionierender appa-
rate machen. anhand der pr und ihres vaters bernays
sahen wir, wie menschen sich manipulieren und auto-
matisieren lassen. die erste zeile in toynbees menschheits-
geschichtsbuch weist darauf hin, dass unter umständen
tatsächlich menschen geboren werden, die geistig nie

erwachen. und zwar in einer gesellschaft, die auf kampf (maschine) statt auf liebe (lebendigkeit) aufgebaut ist und die ihr funktionieren mit macht konserviert.

auch seneca weiß schon: »manche leute haben schon aufgehört zu leben, bevor sie mit dem leben begonnen haben«.[2] das betrifft sowohl individuen als auch institutionen. erwacht nun aber der individuelle mensch zu bewusstsein, erneuert er seine individuelle lebendigkeit. die in seinem inneren entfachte liebe kann zur selbstläuterung führen und andere anstecken.

er wird dann erkennen, dass ursprünglich gute organisationen geistig zu tode erstarrt sind und er sie nicht als autorität anerkennen kann. denn diese autoritäten repräsentieren nicht das lebendige, das vielleicht an ihrem anfang gestanden hat. nur aus diesem bewusstsein heraus kann er eine institution erneuern. die der vivisektion, dem kampf der autoritäten, maschinen, automaten und

funktionäre unterworfene nichtmenschliche natur, insbesondere die tiere, müssen – bis zur veganisierung der welt – unter dieser schlimmsten je bestandenen kulturerstarrung leiden.

eine derartige massentötung im sekundentakt, über die weltkugel hinweg verteilt wie pockenpusteln, hat es in der geschichte noch nicht gegeben. diese kulturkrankheit, die im grunde eine krankheit des geistes ist, macht es dennoch möglich, gesund aus ihr hervorzugehen.

wenn die selbstheilungskräfte aktiviert werden, kann die menschheit begreifen, dass das lebendig werdende wort »kultur« etwas ist, das für einen ebenso lebendigen prozess steht. kultur ist das gegenteil von tötung, denn sie bedeutet kultivierung, etwas zu pflegen und zu beackern, nicht das betreiben tötender maschinen.[3]

wirkliche kultur entsteht, wenn die veganisierung der welt die kulturkrankheit durch aktivierung der geistigen selbstheilungskräfte kuriert.

2| **seneca:** mächtiger als das schicksal, seite 52

3| cultura (lat.): bebauen, pflegen, beackern

24 / kreislaufkollaps

seit den siebziger jahren des 20. jahrhunderts erörtert man vermehrt, wie man naturzustände erhalten und wieder herstellen kann. 1972 erscheint der erste bericht des club of rome. sein titel heißt *die grenzen des wachstums*.[1] er beflügelt die aufkommende umweltbewegung, die bald darauf in ökologiebewegung umbenannt wird. konzernlenker[2] gründen den club of rome und sind in sorge darüber, dass die weltwirtschaft zusammenbrechen könnte. deshalb kämpft der club of rome dafür, dass anders gehaushaltet wird.

dem bericht *die grenzen des wachstums* liegt ein »analytisches systemszenario« zugrunde, das erstmals mit einem computerprogramm durchgeführt wird. dieses szenario beschreibt einen systemkollaps, der bis 2100 stattgefunden haben wird. der bericht sagt voraus, dass

1| **dennis meadows et al:** die grenzen des wachstums. bericht des club of rome zur lage der menschheit, reinbek 1973

2| die idee des 1968 gegründeten clubs stammt von aurelio peccei, seiner zeit mitglied der konzernleitung von fiat und olivetti.

im jahr 2004 bereits 75 prozent der meere »überfischt« sind.

über einhundert jahre vor dem club of rome, im jahre 1869, schreibt ernst haeckel, der ein befürworter des angeblichen rechtes des stärkeren und damit ein verfechter des kampfprinzips ist: »ökologie ist die gesamtheit der beziehungen zwischen tieren und ihrer organischen und anorganischen umwelt.«[3] und: »tierökologie ist die lehre von der ökonomie, vom haushalt der tierischen organismen (...), (den) beziehungen des tieres sowohl zu seiner anorganischen als seiner organischen umgebung (...) und die freundlichen und feindlichen beziehungen zu denjenigen tieren und pflanzen, mit denen es in direkte und indirekte berührung kommt (...). alle diejenigen verwickel-ten wechselbeziehungen, welche darwin als die bedingungen des kampfes ums dasein bezeichnet.«[4]

ökologie bedeutet also ein ganz bestimmtes haushalten, ein wirtschaften inmitten des »kampfes ums dasein«. dieses ist das grundprinzip der ökologie, dessen begrifflichkeit von haeckel stammt. vielen ökologisch gesinnten menschen ist dieser hintergrund gar nicht bewusst. ökologie ist ein zu wenig hinterfragter begriff, über den brotgelehrte nicht debattieren möchten.

worum es sich dabei auch handelt, zeigt ein blick in das »fachgebiet nutztierökologie«. hier gilt die ausbeutung der organischen »mechanismen« als selbstverständlich: »nutztierökologie ist das wissenschaftliche studium aller interaktionen von nutztieren mit der produktionsumwelt, die das vorkommen und die bestandsdichte von nutztieren bestimmen. die produktionsumwelt wiederum schließt alle die faktoren und phänomene ein, die von außen auf nutztiere und ihre haltung wirken und dabei abiotisch, biotisch, ökonomisch oder gesellschaftlicher natur sein können.«[5] das fachgebiet ist im sinne uberois

3| **ernst haeckel:** generelle morphologie der organismen. band zwei. berlin 1866, seite 286

4| **ernst haeckel:** über entwicklung und aufgabe der zoologie (vorträge). zweites heft. bonn 1869

rein vivisektionistisch und es wird in ihr die ganze so bezeichnete »falsche grundlage« deutlich. tiere sind zu maschinen degradiert, zu teilen von abstrakten »regelkreisläufen«.

die ökologie »regelt« also die welt des »eigentlichen kampfes«. sie regelt den status quo, dem die außermenschliche welt zum opfer fällt, da sie sich nicht wehren kann.

ökologie, so könnte man sagen, ist in einigen ihrer bereiche immerhin das eingeständnis, dass das offene bekämpfen der natur und ihre vivisektion in die vernichtung, ja sogar in die selbstvernichtung führt. allerdings will man nicht die wirklichen ursachen, die falschen grundlagen aufheben, sondern vielmehr diese besser strukturieren. ökologie ist sozusagen der schaltplan für die zu beherrschende, unterworfene »maschine«. der

5| **horst jürgen schwartz:** einführung in die nutztierökologie. fachgebiet nutztierökologie humboldt universität berlin. power-point-präsentation. berlin 14.03.2009 (pdf-datum)

club of rome hat mit seinem bericht vielen die augen geöffnet. denn es ist vernünftig, ressourcen zu schonen, solange man keine alternativen zu ihnen hat. und es ist vernünftig, vorsichtiger mit den ackerflächen umzugehen, damit sie nicht ganz unfruchtbar werden. aber reicht das auch nur ansatzweise?

ersetzt es das, was emerson »das system« genannt hat und uberoi »die falschen grundlagen«? gehören die mechanismen, die die gewissensbisse von menschen unterdrücken, nicht ebenso zum »system« wie emersons »krachen der knochen« und blakes »biss des tigers«?

das »system«, das emerson entlarvt hat, ist identisch mit dem kampf, mit darwins niederer menschlicher wildheit, mit herders römischen gladiatorenkämpfen und goethes »tiergerippp und totenbein«.

der bericht des club of rome berechnet die wirkungen des weiterkämpfens so exakt wie möglich voraus. der vivisektionistische mensch erteilt dem computer die aufgabe, auf rechnerischem wege die auswirkungen des menschlichen verhaltens in einem »system-szenario«

festzustellen – und weigert sich, wirklich zu denken und zu fühlen, seinen geist weiterzuentwickeln – und sein herz sprechen zu lassen.

jahrzehnte nach veröffentlichung des ersten berichts *die grenzen des wachstums* erklärt dennis meadows, offizieller herausgeber, nicht nur seinen austritt aus dem legendären club of rome, sondern auch, dass sich an der bedrohlichen situation nichts geändert habe. der kollaps würde sogar noch früher erfolgen. zur gleichen zeit ist eine emotional motivierte umweltbewegung kaum noch

6| der begriff nachhaltigkeit wird von novartis schon 1997 benutzt. novartis entsteht 1996 durch die fusion von ciba-geigy und sandoz und ist so das drittgrößte pharma-unternehmen der welt. im jahr 2000 fusionieren die agrarsparten von novartis und astrazeneca zu syngenta. daraufhin wird die ciba-geigy-stiftung unter dem namen stiftung für nachhaltige entwicklung weitergeführt. man will sich für hungergerechtigkeit einsetzen, doch die zahl der hungerleidenden und hungertoten steigt nachhaltig, ebenso wie die gewinne dieses und weiterer konzerne dieser sparte.

wahrnehmbar. der neue modische begriff lautet nunmehr »nachhaltigkeit«, »sustainability«. er wird weltweit in rekordzeit in die wörterbücher eingetragen. den weg ins chaos will man dadurch aufhalten, indem man versucht, den naturzustand mit den technischen errungenschaften mehr als zuvor in einklang zu bringen. beide zustände will man ansonsten aber so konservieren, wie sie sind.

»nachhaltigkeit« traut sich an die »falschen grundlagen« nicht heran.

eine geistig schlafende welt hat ein neues lieblings-wort, mit dem das unterdrückte leben weiter gepeinigt wird. »nachhaltigkeit« heißt im chor mit der »ökologie« die neue general-ausrede für die herzlosigkeit, die weiterhin die westlichen werte ad absurdum führt. »nachhaltig« verweigert man sich des geistigen wachwerdens.

einer der größten gentechnik- und chemiekonzerne hat als erstes eine »stiftung für nachhaltigkeit«[6] gegründet, noch bevor die brotgelehrten den begriff nachplapperten. hunderttausende brotgelehrte und mauerchristen hinterfragen den begriff »nachhaltigkeit« so wenig wie die vokabel »ökologie«.

dass der eugeniker[7] haeckel den begriff »ökologie« erfindet, macht sie ebenso wenig stutzig wie der umstand, dass gentechnik- und chemielobbyisten »nachhaltigkeit« schon als schmuck nutzten, noch ehe die brotgelehrten und autoritätsabhängigen davon erfahren.

die unkritische verwendung dieser beiden begriffe bestätigt, was in diesem buch über den autoritären charakter, die glücklichen sklaven, mauerchristen und brotgelehrte geschrieben worden ist. solange »nachhaltigkeit« und »ökologie« auch pr-floskeln sind, mit deren hilfe man die vivisektion der nichtmenschlichen natur zementieren

7| **ernst haeckel:** die lebenswunder. stuttgart 1904, seite 134: »hunderttausende von unheilbar kranken, namentlich geisteskranke, aussätzige, krebskranke usw. werden in unseren modernen culturstaaten künstlich am leben erhalten und ihre beständigen qualen sorgfältig verlängert, ohne irgend einen nutzen für sie selbst oder für die gesamtheit.«

und verewigen will, wird das system des kampfes aufrechterhalten.

wer das system der aggressiven habgier als solches nicht antasten möchte, der will es »nachhaltig« machen und den haushalt durch die »ökologie« etwas geschickter ordnen.

bevor die »nachhaltigen« die welt veganisieren und milliarden leidender tiere befreien, besprechen und planen sie lieber, die anzahl der menschlichen bevölkerungszahl drastisch zu reduzieren, ohne dabei jedoch selbst voranzugehen – und selbst aus dem eigenen dasein zu scheiden. obwohl ja die veganisierung die dauerhafte überwindung des hungers auf der welt begünstigt.

man will die eigentlichen, lebenszerstörenden umstände nämlich nicht antasten. den geistigen schlaf der meisten will man so lange wie möglich konservieren, um selbst seinen eigenen durst nach herrschaft weiter stillen zu können. oder um als glücklicher sklave und brotgelehrter ein nutznießer des nachhaltig aufrechterhaltenen systems zu bleiben. auf die frage, ob die menschen überhaupt noch eine chance hätten, ihr verhalten zu ändern, antwortet dennis meadows nüchtern, dass uns – aufgrund des bevorstehenden zusammenbruchs – nichts anderes übrig bleibe.

computerbasierte systemanalysen hin oder her: erlösung bringen die zahlenspiele nicht. seit veröffentlichung des berichtes *die grenzen des wachstums* hat sich schon einiges geändert. konzerne, unternehmen, staaten, städte und bürger haben ihr verhalten geändert und achten mehr auf umweltschutz und sparsamkeit gegenüber ressourcen – aber inwiefern achten sie darauf aus uneigennützigen gründen?

um nicht missverstanden zu werden: jede lebensfördernde maßnahme zum schutz der natur ist zu begrüßen. doch es fehlt der schutz des lebens um des lebens willen – nicht zugunsten des profits. es geht bisher hauptsächlich um die jeweilige wirtschaftlichkeit, während das leben milliardenfach und über alle gattungsgrenzen hinweg weiterleidet. »ökologie« und »nachhaltigkeit« gehören auf den prüfstand. wir müssen beide begriffe mit lessings zukunftssehnsucht konfrontieren, mit humboldts »selbstentehrung und achtung«. »nutztierökologie« entehrt den menschen schon vom namen her eindeutig. doch wie sieht es mit den anderen gebieten der »ökologie« und der »nachhaltigkeit« aus? was ist wirklich gut, auch wenn vieles gut gemeint ist? und was ist nur »greenwashing«, ein interessengesteuerter bereich der pr-maschine?

die aus selbstloser liebe im bewusstsein des einzelnen geborene veganisierung kann eine so große macht des guten entfalten, dass sie als breitenwirksame bewegung einen großteil der umweltprobleme wie keine zweite menschliche initiative lösen würde.

wir können einen bedeutenden aufschwung in unserem denken vollziehen, wenn möglichst viele menschen – den club of rome ergänzend – einem gedachten club of amor beitreten. denn nur liebe wird das ganze leben frei und die biosphäre zur friedlicheren zone machen.

die kostenlose clubmitgliedschaft beginnt schon, wenn wir unser eigenes leben veganisieren. denn: »amor omnia vincit« – die liebe besiegt alles. »ökologie« und »nachhaltigkeit« mögen das schlechte gewissen ein bisschen beruhigen und in teilen auch schon die brutalität des kampfes mildern. sie sind jedoch gefährlich, wenn sie suggerieren, dass es keine entwicklung des lebens mehr geben würde, sondern alles immer so bliebe, wie es ist. das würde bedeuten – und das ist haeckels fehler –, dass das leiden für immer im ewigen kreislauf gefangen bliebe. dann wäre der mensch, als wesen, das als einziges das leiden vollbewusst erlösen kann, überflüssig.

wie sehr sich haeckels denkfehler im denken ganzer gesellschaften festgeschrieben hat, erkennt man an den standardäußerungen vieler, die auf die entscheidenden fragen nach der zukunft des lebens stets fest überzeugt antworten geben, als seien mord und totschlag auf ewig im kreislauf des lebens festgeschrieben. so sei nun einmal die natur.

heilung aber entsteht ganz sicher nur durch liebe und dadurch, dass wir den mut aufbringen, aus den starren »regelkreisläufen« auszubrechen, die für die tiere todeskreisläufe sind und unser eigenes menschliches entwicklungspotential zur erstarrung bringen. damit es nicht zum kreislaufkollaps innerhalb der biosphäre kommt, brauchen wir jetzt die veganisierung, weil wir nur durch sie ganzheit und, das heißt heilung herstellen können.

25 / »bio« oder: wie lange soll demeter noch weinen?

»bio« – aus dem griechischen stammend – heißt leben. bio-produkte sind sehr gut, wenn sie ihrem namen wirklich gerecht werden. ist nicht jedes stück fleisch, auf dem »bio« steht, ein widerspruch zur bedeutung des wortes »bio«? und ebenso jedes andere nichtvegane produkt, für das tiere sterben müssen? die »bio«-fleischbranche kann sich in deutschland mit bbdo campaign längst die zweit-größte werbeagentur der welt leisten. und im stile von bernays textet dazu – angeblich die hauseigene redaktion des »bio«-labels gäa – wie ein pr-fleischwolf: »auch beim schlachtungsprozess spiegelt sich der respekt vor dem tier deutlich wider. technik allein genügt nicht, auf den menschen kommt es an. er muss sich in die tiere einfühlen können, um ihren unvermeidbaren stress nicht weiter zu erhöhen.«[1]

ruth harrisons schlussworte in tiermaschinen, indem sie vor beschönigungen warnt, lassen grüßen. was sugge-

1| bio handwerkskunst fleisch- und wurstwaren. hrsg. von: ble, redaktion: gäa, layout: bbdo campaign. berlin 2005, seite 3

riert der text, der sich an »gebildete interessierte« richtet, die gern ein paar euros mehr für »qualität« ausgeben? dass »bio«-tiere nicht einfach so ins schlachthaus gebracht werden. mindestens. wieviel hat das aber mit der realität zu tun? ist an der tötung der »bio«-tiere etwas anders? es gibt so gut wie keine extra »bio«-schlachthöfe. und was würde das auch bedeuten? selbst ein wie auch immer vorstellbarer »bio«-schlachthof kann das töten von leben nicht »besser« machen.

dass technik allein nicht genügt und es »auf den menschen« ankommt, so die pr-maschine, ist nicht gelogen. doch hat diese aussage nicht eine enge verwandtschaft zur lüge? sie suggeriert ja, dass die »bio«-tiere von gesondertem personal geschlachtet würden. das ist aber auch schon alles.

es ist natürlich nicht gelogen, dass es tatsächlich auf den menschen ankommt. doch die für die »bio«-tiere verantwortlichen lassen »ihre« tiere genauso abholen und

töten wie andere tierhalter. und tötungsakt bleibt tötungsakt.

die menge des »bio«-fleisches, das man mittlerweile in jedem supermarkt bekommt, zeigt, dass durch pr-texte à la »auf den menschen kommt es an« der autoritäre charakter genutzt wird – zur gewissensberuhigung, sofern überhaupt schon bewusstsein für das tierleid vorhanden ist. wer sich wirklich, wie behauptet, in die tiere einfühlt, hat der denn nicht schon ein verhärtetes herz, um dem tier gegen dessen willen das leben zu nehmen? oder stumpfe sinne – so wie steiner das in *wie erlangt man erkenntnisse der höheren welten* beschreibt?

unverblümt bewirbt die »bio«-fleischwerbebroschüre auch getötete tierkinder: »auf der suche nach delikatessen wie fleisch vom zicklein, lamm oder milchkalb werden gourmets auch in bio-fleischereien fündig.«[2]

die tierhalter insgesamt, egal ob »bio« oder »konventionell«, weisen generell anklagen, sie würden die tiere schlecht behandeln, weit von sich. sie würden die gesetze einhalten, sagen sie. doch immer mehr menschen fragen sich, ob das einkasernieren von tieren zu nahrungzwecken überhaupt noch zeitgemäß ist.

das tierschutzgesetz erlaubt das töten von tieren nur zu »vernünftigen« zwecken. aber wenn man doch alle produkte, für die tiere getötet werden müssen, längst durch alternativen ersetzen kann – wie »vernünftig« ist das dann noch?

mittlerweile hat die agrarlobby zum angriff geblasen und will gegen all die kämpfen, die auf das aufmerksam machen, was die großen geistigen persönlichkeiten der menschlichen geschichte schon immer abgelehnt haben. manche agrarlobbyisten wollen nach möglichkeit gleich ganz verbieten lassen, dass man überhaupt das töten von tieren kritisiert. man versucht, veganer, tierrechtler und

3| www.stoppt-den-terror-gegen-unsere-tierhalter.de

4| www.nabu.de

5| gerd sonnleitner, präsident des bauernverbandes auf der landes-versammlung der bayrischen landwirte. zitiert in: der spiegel, heft 48/99

tierschützer zu kriminalisieren. unter dem motto »stoppt den terror gegen unsere tierhalter« und mit extra dafür geschaffenem internetauftritt fordert der deutsche landwirtschaftsverlag allen ernstes, man solle filmaufnahmen von versteckten kameras »nicht mehr zulassen«.[3]

aufsichtsratschef des verlages ist der deutsche bauernpräsident gerd sonnleitner, dessen hundert hektar großes land seit dem 13. jahrhundert in familienbesitz ist. der naturschutzbund hat sonnleitner den preis dinosaurier des jahres verliehen – wegen seiner »bemerkenswert schlichten lobbyarbeit« und wegen seinem »permanenten nein zur verbesserung der tierhaltung und der reduzierung von pflanzenschutz- und düngemitteln«.[4]

der spiegel zitiert sonnleitner einmal – wir erinnern uns an bernays – mit den worten: »wir sind enorm gefordert in der hirnwäsche unserer abgeordneten, damit was auf den weg gebracht wird in der landwirtschaft.«[5] doch bei aller lobbyarbeit, hirnwäsche und propaganda wollen ja immer mehr menschen nicht nur der einkasernierung der tiere nicht mehr zustimmen, sondern haben auch

»bio« oder: wie lange soll demeter noch weinen?

probleme damit, dass die tiere überhaupt noch getötet werden.

selbst der von den agrarlobbyisten auf genannter aktionswebseite interviewte professor spiller, er hat gar einen lehrstuhl für »marketing für agrarprodukte« inne, macht unmissverständlich den ernst der lage für die agrarlobby deutlich: »hinzu kommt, dass der eigenwert der tiere sowie ihre fähigkeit gefühle zu empfinden und zu leiden immer deutlicher (von den menschen, ch. v.) erkannt werden.«[6]

da also darwins vorschau nun zunehmend realität wird und sich immer mehr menschen über die schoßhund-stufe hinaus entwickeln und zu dem schluss kommen, dass wir tiere weder einkasernieren noch für nahrungs-zwecke töten sollten, ist die agrarlobby in der bredouille. denn das, was die tierhalter tun, ist noch gesetzlich legi-timiert. der staat schützt also noch das töten von milli-arden tieren. warum also nicht gleich die geheimdienste

6| www.stoppt-den-terror-gegen-unsere-tierhalter.de

damit beauftragen, die tierschützer zu beobachten?!

denn wenn die so weitermachen, wird vielleicht eines tages auch der gesetzgeber einen weg finden, das töten von wesen mit eigenwert und gefühlen gar nicht mehr wie bislang unter seinen schutz zu stellen. dass das, was heute noch legal ist, schon morgen illegal sein kann, zeigt die geschichte immer wieder. so lange dürfen frauen etwa noch gar nicht wählen, homosexuelle erst seit kurzem heiraten. selbst menschliche sklaven zu halten war ja schon einmal gesetzlich geschützt.

tatsächlich macht landwirtschaftsverlags-chefredakteur steinert darauf aufmerksam, dass österreich und die schweiz die geheimdienste »bereits beauftragen«. uner-wähnt lässt er, dass es in österreich zu einem lang an-haltenden skandal kam, der in europa seinesgleichen sucht. ein im zuge der ereignisse um den 11. september 2001 eingeführter »antiterror-paragraph« ist in österreich eingesetzt worden, um ohne vorliegen eines ernsthaf-ten tatverdachts 13 junge menschen monatelang ohne jeden rechtsgrund einzusperren. sozusagen »präventiv«.

darunter auch felix hnat, obmann der veganen gesellschaft österreichs. diese ist selbstverständlich alles andere als ein auch nur ansatzweise »terroristischer« verein.

»mit einem brutalen polizeiüberfall gegen mich, fast vier monaten untersuchungshaft ohne konkrete beweise und dem nachhaltigen verwüsten unseres büros«, sagt er, hätte er »niemals gerechnet«. sein vertrauen in den rechtsstaat ist, so würde es wohl jedem gehen, zutiefst erschüttert worden. »für meine familie war es ein absoluter schock – eine ganze großfamilie wurde für monate komplett aus der bahn geworfen. ich habe nach einigen monaten in haft ein echtes trauma erlitten – psychologische betreuung ist die folge, vergessen werde ich es nie können.«[7] wie skrupellos müssen menschen sein, die einen solchen menschenunwürdigen umgang mit kriti-

---

7| www..vegan.at

8| ein ausführlicher bericht im ersten deutschen fernsehen entlarvte dann die ganze absurdität der vorgänge: ard europamagazin. österreich: rechtsstaat treibt tierschützer in den ruin, 29.01.2011

schen menschen auch für ihren eigenen staat quasi noch herbeisehnen, so wie es die initiatoren von »stoppt den terror gegen die tierhalter« es sich wünschen. doch auch hier stellt sich eben wieder die frage nach dem mitgefühl.

die tatsache, dass dieser unglaubliche skandal in österreich in den deutschen medien nahezu unerwähnt geblieben ist, wirft fragen auf. vor allem die, wie einflussreich die agrarlobby im hinblick auf die medien ist.[8]

zahlreiche österreichische abgeordnete, juristen, unter ihnen viele richter und prominente erklären sich mit den zu unrecht inhaftierten solidarisch und rügen die gewaltmaßnahmen öffentlich.

der österreichische journalistenclub ist alarmiert und fordert »die ersatzlose streichung des paragraph 278 f, da er die pressefreiheit drastisch einschränkt«. der club betont: »dieser paragraph *anleitung zu begehung einer terroristischen straftat* bringt eine dramatische einengung der berichtsmöglichkeit für medienmitarbeiter und gleicht einer zensurmaßnahme.« der club fasst den irrsinn zusammen: »diese bestimmungen machen es journalisten

»bio« oder: wie lange soll demeter noch weinen?

nahezu unmöglich, über missstände zu berichten.« was so unglaublich klingt, ist tatsächlich eine tatsache: nur gedeckt durch den »antiterror-paragraphen« ist es möglich, diese menschen über monate ohne wirkliche anklage oder beweise einfach so einzusperren. der generalsekretär von amnesty international heinz patzelt sagt zu dem österreichischen paragraphen: »durch die schwammige formulierung ist tür und tor geöffnet, unliebsame und kritische organisationen in mafia- und terrorismusnähe zu rücken.«[9]

wichtig zu wissen ist dabei, dass österreichische tierrechtler über viele jahre hinweg sehr fleißig gearbeitet und das leid der tiere in zahlreichen betrieben ihres landes dokumentiert haben. diese nicht nur vollkommen legalen, sondern auch bedeutenden journalistischen recherchen machen der agrarlobby in zeiten des internets und des

9| www.vegan.at
10| www.stoppt-den-terror-gegen-unsere-tierhalter.de
o-ton chefredakteur detlev steinert

wachsenden mitgefühls mit den tieren zu schaffen.

deshalb also fordert nun ein teil der deutschen agrarlobby ernsthaft den deutschen innenminister dazu auf, die geheimdienste »schon bevor es zu übergriffen kommt« damit zu beauftragen, die »eigentums- und persönlichkeitsrechte« der »rechtschaffenden tierhalter« besser zu schützen. denn »die extremistischen tierrechtler« würden die »rechte dieser landwirte mit füßen treten«.[10]

ist »bio« aber eine alternative? auch für »bio«-eier müssen ja die männlichen küken »herodisiert«, sprich getötet werden. gebraucht werden nur die weiblichen küken, da nur sie eier legen können. auch »bio«-küken werden lebendig geschreddert oder vergast.

mythen von »bio«-milch können nicht darüber hinwegtäuschen, dass jeder schluck »bio«-milch, jeder happen käse und jeder löffel voll joghurt lebenstötende konsequenzen hat. denn auch »bio«-milchkühe müssen kinder gebären, um milch geben zu können, die in wirklichkeit von natur aus doch wohl nur für sie und nicht für menschen gedacht ist. dass menschen es einfach nicht lassen können, hat auch bei »bio«-kühen tödliche folgen. die überwiegende anzahl der geborenen männlichen kälber wird nicht gebraucht. deshalb werden sie getötet, nachdem man sie ihren müttern entrissen und gemästet hat.

spätestens ihr tod findet wieder in einer umgebung statt, die mit »bio« auch dem scheine nach überhaupt nichts mehr zu tun hat. das aus menschlichem eigennutz heraus stattfindende töten von tieren ist auch bei der kleinsten hausschlachtung leid- und todbringend, technisch gesteigerte schlachtungen von tieren in industriebetrieben sind nur die quantitative steigerung derselben handlungen.

in beiden fällen liegt – im sinne der in diesem buch erörterten evolutionären menschlichen weiterentwicklung – ein mangel an mitgefühl, liebe und bewusstsein zugrunde. ganz unabhängig davon, ob dies alles rechtlich erlaubt ist oder nicht. um nicht falsch verstanden zu werden: das hier ist kein plädoyer gegen »bio«, sondern ganz im gegenteil ein plädoyer für die veganisierte biologische landwirtschaft, die den begriff »bio« – im sinne

von leben und lebensschutz – erst verdient. die umfassende veganisierung der welt würde es ermöglichen, alle menschen grundsätzlich mit naturkost zu versorgen.

aggressive chemie auf den feldern ist, wie wir gesehen haben, das kennzeichen für den massiven anbau von futtermitteln. chemie auf den feldern und tierausnutzung korrelieren. das heißt eben: die massenweise herstellung nichtveganer produkte ist nur durch den raubbau an der natur überhaupt möglich – und zwar durch massiven einsatz von chemikalien, die die böden der welt – hier tatsächlich »nachhaltig« – zerstören. das elend der tiere garantiert also bislang den gigantischen profit von chemie- und pharmakonzernen.

der begriff »artgerecht« enthält etwas, was mit »bio« nichts zu tun hat. er wurde von menschen entwickelt, die noch nicht mit dem herzen so denken, wie darwin es als »edelstes attribut« kennzeichnet und die tiere wie maschinen behandeln. »artgerecht« ist zucht und haltung durch den menschen. dabei stehen bei »züchtungen« nicht die tiere im vordergrund, sondern immer nur ihre ausbeutung, das interesse des nutzers, des ausbeuters. es überlebt nicht das stärkste tier, sondern das, das dem interesse des züchters und seiner kunden am meisten »dient«.

wie »artgerecht« können »bio«-tiere gehalten werden, die es vor fünfzig, hundert und zweihundert jahren in dieser »art« gar nicht gegeben hat? schweine werden nach dem zweiten weltkrieg durch menschliche züchtungen so sehr gestreckt, dass die tiere schwierigkeiten haben, ihr eigenes gewicht zu tragen. das wird weder der art noch der natur gerecht. aber mit »bio« ist dies alles verfügbar.

das problem an den nichtveganen »bio«-produkten liegt also in der illusion einer sogenannten »tiergerechten« haltung. könnten die tiere mitreden, würden sie wohl weder als »konventionelle« noch als »bio«-tiere ihrer überzüchtung, ihrer entfremdung, ihrer haltung, ihrem »zweck« und ihrem ende zustimmen. ob mit bolzenschuss oder mit der elektrozange, ob das tier minutenlange todeskämpfe durchstehen muss oder nicht: ist eine solche

arbeit nicht auch menschenunwürdig? ist sie nicht in wirklichkeit unzumutbar für die tiere und auch für die im schlachthaus beschäftigten und die produkte kaufenden menschen, wenn sie hierfür erst einmal das bewusstsein entwickelt haben?

ist also die »schönere« gewissensberuhigende »bio«-welt nicht eher eine zum teil gutgemeinte flucht vor der wirklichkeit in die illusion? und damit eben auch die verweigerung vor dem mitgefühl und der veganisierung? ein etappenziel auf dem weg, der zur freiheit der tiere führt, aber eben nur ein illusionäres? was unschön ist, wird verdrängt. je mehr das marktsegment »bio« ansteigt, umso schlechter werden wohl auch die »bio«-tiere behandelt.

auf webseiten, in farbprospekten und pr-beiträgen ist natürlich nichts zu sehen vom massenweisen töten männlicher küken, von kuhkindern und minutenlangen todeskämpfen. ein paar verbesserungsvorschläge dienen nur wieder der gewissensberuhigung. in industriellen schlachtanlagen kann das töten zehn minuten und länger dauern, wenn zum beispiel rinder nach missglückter betäubung bei lebendigem leib gehäutet und enthornt werden und ihnen bei vollem bewußtsein die füße abgetrennt werden.

demeter heißt die internationale premium bio-marke und ist eine bezeichnung für produkte aus dem biologisch-dynamischen landbau, der auf rudolf steiner zurückgeführt wird. demeter-produkte genießen einen guten ruf. sie erzielen spitzenpreise und gelten als »topp-produkte« im bio-segment.

dass rudolf steiner sich rein pflanzlich ernährt hat, wissen wir ja bereits. er bestätigt, was auch pythagoras, seneca und basilius über die geisttötende funktion des fleischkonsums mitteilen. nicht nur franz kafka, der steiner besucht, bezeugt, dass dieser rein pflanzliche mandelmilch getrunken hat.

demeter-fleischwaren, milch von kühen, ziegen, schafen, sogar von stuten, sogenannte präparate aus hörnern und eingeweiden: manche behaupten, man habe steiner missverstanden oder aufgrund landwirtschaftlicher inter-

essen verzerrt. fragwürdig seien etwa präparate, die aus kuhmägen oder tiergurgeln stammen. wie passt das zusammen mit einem universalgenie – wenn der begriff auch damals noch nicht existiert – das sich selbst wie pythagoras, leonardo und gandhi vegan ernährt und erläutert, dass der christus mit jenen, die noch fleisch essen, nicht gerechnet hat?

beschäftigt man sich näher mit der thematik der präparate, stellt man fest, dass viele von denen, die aus toten tierteilen gewonnen werden, nicht von rudolf steiner stammen, sondern von einem schwäbischen bauern namens hugo erbe, der sie nach steiners tod von sich aus »einführt«.

erbe hat steiners anliegen, gesunde und nährstoffreiche nahrung zu erzeugen, verfremdet. steiner, so erbe, habe gemeint, man solle auf organisches nur mit organischem wirken, doch gibt er ein präparat an, das »aus pulverisiertem quarz« hergestellt werden soll, was steiners orientierung bestätigt. erbes lösung dieses »rätsels« ist die schaffung eines präparates, das er »aus der reinen quarzsubstanz des kuhauges« herstellt. außerdem, so erbe, habe ja steiner nie behauptet, dass seine präparate »die einzig seligmachenden« seien. kuhmägen, gefüllte kuhgurgeln und andere grausamkeiten sind nun das produkt, sich über steiners ideen hinaus »neue präparate« zu schaffen.

ein freund erbes berichtet über einen besuch auf seinem hof. in seiner schilderung wird der unterschied erbes zu steiner deutlich: »es gab fisch (...). erbe sagte, er spüre den phosphor des eben genossenen fisches. es flimmere ihm der reine lichtstoff förmlich in den augen, er rege seine denkbereitschaft an.«[11] das stellt die aussage

von pythagoras, seneca, basilius, steiner und weiterer auf den kopf.[12] die aussage erbes ist wirklich um 180 grad gedreht, da ja das tierliche eiweiß, so hat es steiner immer wieder gesagt, eben das denken geradezu erschwert.

es ist steiners anliegen, dass »fortschritt an innerem leben allmählich eine art von ekel erzeugt an tierischer nahrung. nicht als ob man die tierische nahrung verbieten müßte; sondern das genügend fortschreitende instinktleben wehrt sich nach und nach gegen die tierische nahrung und mag sie auch nicht mehr; und das ist auch viel besser, als wenn der mensch aus irgendeinem abstrakten grundsatz heraus vegetarier wird. das beste ist, wenn die anthroposophie den menschen dazu bringt, eine art ekel und abscheu vor der fleischnahrung zu haben, und es hat nicht viel wert in bezug auf das, was man seine höhere entwicklung nennen kann, wenn der mensch auf andere weise sich die fleischnahrung abgewöhnt. so daß man sagen kann: die tierische nahrung bewirkt in dem menschen etwas, was für den physischen

11| **hellmut finsterlin:** begegnung mit hugo erbe. in: beiträge zur dreigliederung, kunst und anthroposophie, heft 46, rendsburg 1998

12| **rudolf steiner:** »der genuß von fleisch und fisch ist nicht ratsam. im fleisch genießt der mensch die ganze tierleidenschaft mit, und im fisch genießt er das ganze weltenkarma mit.« (ga 266, seite 558)

leib des menschen eine last wird, und diese last wird empfunden.«[13] damit hat er vorweggenommen, was heute millionen vegane menschen motiviert. denn dem schritt zu einer tierfreien ernährung geht das bewusstsein frei zu sein voraus. man muss erst innerlich bereit sein, vegan zu werden. ist man soweit, dann entwickelt man diesen ekel vor fleisch, aber auch vor anderen produkten tierlicher herkunft.

bei steiners aussage muss in betracht gezogen werden, dass es anfang des zwanzigsten jahrhunderts manche gibt, die nicht aus diesen inneren beweggründen, die steiner erläutert, vegetarier werden, sondern aus rein abstrakten, etwa aus rein egoistischen gründen, wie nur zum wohle der eigenen gesundheit. hier basiert fleischverzicht nicht auf einer inneren überzeugung. deshalb kann sich ein »vegetarismus« durchsetzen, der das den

tieren zugefügte leid, das aus der eier- und milchproduktion hervorgeht, ausklammert. nicht der liebe wegen, dem guten oder dem geist zuliebe, sondern für die eigene gesundheit wird man »vegetarier«.

steiner kommt es darauf an, dass der mensch sich aus eigenem antrieb aus sich heraus entwickelt, dabei entsteht ethischer individualismus.

eine daraus entstehende veränderte kultur führt dann dazu, dass man als geistig bewusster und freier mensch »eine art ekel und abscheu vor der fleischnahrung« entwickelt. durch einsicht.

verhalten sich ethische veganer also entsprechend anthroposophisch, während manch fleischessender anthroposoph sich eher »mauerchristlich« und »brodgelehrt« verhält, zumindest dann, wenn ihm die zusammenhänge vermittelt werden, aber er dennoch stur bleibt und sein mitgefühl mit der tierwelt einfach nicht vergrößern will? oder kann man das auch von anthroposophen nicht verlangen? sind die auf rudolf steiner zurückgehenden vereinigungen in sachen ernährung ein beispiel

13| **rudolf steiner:** welche bedeutung hat die okkulte entwicklung des menschen für seine hüllen und sein selbst? vortrag den haag, 20.03.1913. dornach 1986, seite 20

dafür, wohin uns institutionalisierung nach nicht einmal einhundert jahren geführt hat? die vielen heilenden wirkungen, die von anthroposophischen einrichtungen ausgehen, sollten ebenso wenig übersehen werden, wie die möglichkeit, dass gerade die anthroposophischen zusammenhänge am ehesten veganisiert werden könnten, da die der veganisierung zugrunde liegenden gedanken der wirklichen anthroposophie sehr nahe sind.

ein vertrauter steiners hat eine anekdote überliefert, die zeigt, dass steiner von dem problem gewusst hat, das durch institutionalisierung entstehen kann. vor dem von ihm kreierten goetheanum-bau stehend hat er gefragt: »meinst du, daß die uns beim nächsten mal da reinlassen werden?« würden die offiziellen heutigen anthroposophen den rudolf steiner in das goetheanum hineinlassen, der erläutert hat, dass das abendmahl ein symbol für den übergang von der tierischen zur pflanzlichen ernährung

14| gesellige runde nach der weihnachtstagung, bei der kaffee, tee und gebäck gereicht wurde

ist? es ist zu hoffen und zu wünschen. doch dieser annäherung steht etwas seltsames im weg. pfingsten 1924 im schlesischen. vor etwa einhundert teilnehmern hält rudolf steiner vorträge über das »gedeihen der landwirtschaft«, die später als »landwirtschaftlicher kurs« in die geschichte eingehen. für viele geht von hier der entscheidende impuls für eine schonende bio-landwirtschaft aus. alles möglichst ohne produkte aus der chemieindustrie.

zu diesem zeitpunkt ist steiner mehr als nur schwer angeschlagen. denn wenige monate vorher, bei dem tee-»rout«[14] nach der ebenfalls bekannten weihnachtstagung, wird er vergiftet. jahrzehnte später erst wird in einer zeitschrift erstmals veröffentlicht, zu welchem zweck: nicht, um steiner zu töten, »sondern (um) rudolf steiner in einen zustand (zu) bringen, in welchem er seine hohen okkulten fähigkeiten nicht mehr souverän würde handhaben können und durch welchen diese praktisch ausgelöscht gewesen wären«.[15] was steiner nun auf dem »gut koberwitz« in insgesamt acht vorträgen wenige monate nach diesem giftanschlag teilweise äußert, hat schon einige ins grübeln versetzt. manches ist schier widersprüchlich und einige aussagen stehen den inhalten einer gesamtausgabe von einigen hundert bändern konträr entgegen.

steiner argumentiert hier teilweise entgegen seiner sonst vorgetragenen gedanken. die begleitumstände des kurses weisen zudem merkwürdigkeiten auf: so wird der angeschlagene steiner regelrecht zu den vorträgen genötigt – verbunden mit einer langen reise, damals noch unkomfortabler, als heute. die strapazen einer zugfahrt von basel ins heutige polen sind auch nach heutigen maßstäben enorm anstrengend und sehr kräftezehrend.

man bettelt solange bei ihm, bis er zusagt. er hat jedoch kaum noch zeit, die vorträge vorzubereiten. sein intimus in sachen landwirtschaft, ehrenfried pfeiffer, wird von der gesamten tagung ferngehalten. die mitschriften der vorträgen – sämtliche steiner-vorträge wurden mitstenographiert – werden weder steiner noch pfeiffer ausgehändigt, obwohl sie inständig darum bitten.

erst nach steiners tod werden sie 1925 veröffentlicht und in veränderter form seit 1929 wieder herausgegeben. über alle steiner-vorträge liegen stenogramme vor, die vom »landwirtschaftlichen kurs« sind verschwunden. nachträglich tauchen erst in den siebziger jahren wieder stenogramme auf. jedoch nur von einigen der vorträge und nicht die von dem offiziell bestimmten stenographen, sondern von einer frau, die ebenfalls mitstenographiert haben soll. doch diese zeitzeugin ist da bereits verstorben.

was uns im kontext der veganisierungsüberlegungen an steiners koberwitzer vorträgen auffällt, ist die zum teil krasse diskrepanz zwischen den in diesem buch geäußerten aussagen rudolf steiners zu einigen passagen des koberwitz-textes. derselbe mann, der das abendmahl als übergang von der fleisch- zur pflanzennahrung beschreibt, derselbe rudolf steiner, der sich vehement gegen die vivisektion ausspricht, und derselbe begründer der anthro-

15| **ehrenfried pfeiffer:** ein leben für den geist. basel 2003, seite 234

posophie, der aussagt, anthroposophie habe die aufgabe, den menschen allmählich das fleischessen zu verekeln, und derselbe mann, der aussagt, die tiere seien viel schlimmer dran als der mensch – dieser rudolf steiner erzählt nun landwirten und anderen zuhörern: man solle in eine hirschblase kuhmist füllen und es gäbe zu dieser keine alternative. die därme von rindern sollten mit grünwerk gestopft werden.[16]

doch wie kommt man, ohne hirsche zu erschießen, an ihre blasen? oder wartet man auf wildunfälle, um den hirschen ihre blasen zu entnehmen?

das wäre zwar möglich, aber makaber. diese aussagen stehen im widerspruch zu den tier- und lebensfreundlichen äußerungen rudolf steiners, die wie ein roter faden sein ganzes werk durchziehen. sie widersprechen auch der aussage in *wie erlangt man erkenntnisse der höheren welten*. denn wer sein mitgefühl mit der

tierwelt dauernd erhöht, der kann keinen einzigen hirsch opfern, nur um an seine blase zu kommen, und kann kein rind opfern, um seine gedärme auszuschlachten, nur um an den angeblich wirkungsvollen dünger zu kommen. es sei denn, er hätte sein herz verhärtet und seinen sinn stumpf gemacht.

es heißt, steiner habe hier keine anthroposophische landwirtschaft erläutern wollen, sondern zunächst eine landwirtschaft, die sich auf breiter basis umsetzen lassen könne. quasi für bauern, die zu geistigem überhaupt keinen zugang hätten. aber warum heißt die schrift dann *geisteswissenschaftliche grundlagen zum gedeihen der landwirtschaft?*

tatsächlich hat der mann, der sich später gegenüber ehrenfried pfeiffer als derjenige ausgibt, der den auftrag zur vergiftung von steiner gehabt hätte, folgendes über eine der zielsetzungen der vergiftung geäußert: »man hätte dann auf rudolf steiner zeigen können um zu sagen: ›seht einmal, wenn ihr eine okkulte schulung in seinem sinne anstrebt, wie er sie beispielsweise in *wie erlangt*

16| **rudolf steiner:** geisteswissenschaftliche grundlagen zum gedeihen der landwirtschaft. landwirtschaftlicher kurs. dornach 2005, seite 148

man erkenntnisse der höheren welten schildert, dann kommt ihr in solche zustände.«[17]

lässt man die rätselhaften passagen aus dem *landwirtschaftlichen kurs* mit hirschblase, eingeweiden und tipps zur haltung der »masttiere« beiseite – sind dann nicht demeter-produkte, wenn sie kein obst, kein gemüse, kein getreide und keine kräuter sind, im sinne der in diesem buch wiedergegebenen äußerungen steiners als vor-christlich zu benennen?

petra kühne, vom sektionskreis ernährung der freien hochschule für geisteswissenschaft am goetheanum fasst zusammen: »die anthroposophische ernährung läßt den menschen frei in seiner nahrungswahl, setzt auf erkenntnis (aneignung von ernährungswissen), wahrnehmung der essbedürfnisse (innere zufriedenheit) und eigenverantwortliche umsetzung (aktives handeln). dies erfordert geisti-

ges interesse und sensible sinneswahrnehmungen bzw. deren schulung von kind an. in der ernährungspraxis hat sich eine überwiegend ovo-laktovegetabile ernährung mit wenig oder ohne fleisch und fisch bewährt. als grundnahrungsmittel werden die getreidearten bevorzugt.«[18]

von rudolf steiners absicht, ja von seiner forderung, dass anthroposophie eine abscheu gegen »tierische nahrungsmittel« erzeugen soll, ist also nicht viel übrig geblieben. abgesehen davon, dass es selbst eine vegetarische nahrung »mit wenig« fleisch und fisch gar nicht gibt.

dass das speisehaus am goetheanum seine speisekarte verändert hat und – erstmals nach 90 jahren (!) – fleisch und fisch auf die karte gesetzt hat, erschüttert, weil es bis zur änderung der speisekarte eines der ältesten zumindest fleischfreien restaurants europas ist. fast einhundert jahre lang trägt dieses restaurant seinen beitrag dazu bei, »allmählich ekel« vor dem fleischverzehr zu erzielen. in symbolträchtiger lage, einen steinwurf vom goetheanum entfernt, wird dort erst im 21. jahrhundert dem publikum fleisch und fisch nicht mehr vorenthalten: eine entschei-

---

17| **ehrenfried pfeiffer:** ein leben für den geist, seite 234

18| **petra kühne:** freie nahrungswahl und eigenverantwortung. für: sektionskreis ernährung. dornach im juni 2006

dung wider die veganisierung der welt, die doch rudolf steiner wie kaum ein anderer deutlich hat kommen sehen.

parallelen zum franziskanerorden, wie in diesem buch beschrieben, sind nicht zu übersehen, nur dass die zeitabstände kürzer sind, dadurch aber auch die chance, die sache hoffentlich in die richtige richtung zu bringen.

»bio« heißt »leben« und nicht »tod« und demeter ist der name für die dreifache muttergöttin, die in der griechischen antike für die fruchtbarkeit der erde gestanden hat, für die aussaat und das getreide – und doch gerade nicht für schinken, speck, nackensteaks, dosenfisch und milcheis.

im götterpantheon der antike gilt demeter auch als die »weise der erde«, geradezu das sinnbild für toynbees mutter erde. wenn nun der demeter-shop »rinds-würstchen« in »delikatess-qualität« anbietet, »rohwurst, schinken, kochwurst in gläsern und dosen, mettwurst und brühwurst«, widerspricht das dem angestrebten allmählichen ekel vor der fleischnahrung? das, wovor man allmählich ekel entwickeln soll, gibt es also auch in »demeter-qualität«? außerdem zig-verschiedene fischsorten, eier, alle

möglichen käsesorten und milchprodukte. dies unter dem motto »lebensmittel mit charakter«.

im sinne der geistesfreiheit und nach kenntnis von adornos forschung könnte man fragen: wie autoritär ist der charakter dieser lebensmittel eigentlich?

in einer demeter-pressemitteilung heißt es über einen demeter-hof, der in berlin auf der internationalen grünen woche mit dem »förderpreis ökologischer landbau« ausgezeichnet wird: »allein schon seine ökologische geflügelhaltung mit 3.000 legehühnern im mehrklimastall ist eine besonderheit. so werden die eintagsküken auf dem hof großgezogen und bleiben bis zu ihrer schlachtung vor ort. zucht und mast werden miteinander verbunden, und es finden keine tiertransporte statt.« und weiter: »durch die rasse lohmann silver können bettina und manfred s. sowohl eier als auch suppenhühner vermarkten, weil sowohl die lege- als auch die fleischleistung ausgewogen ist.«[19]

belassen wir es bei diesem auszug, um zu betrachten, was rudolf steiner sich vermutlich nicht hätte ausmalen können. die sprache der pressemitteilung verrät das denken. keine spur von »abscheu« gegenüber fleischnahrung. stattdessen technokraten-slang: »fleischleistung«. wo sind die menschen, die anders sind? deren mitgefühl gegenüber der tierwelt in den jahrzehnten nach steiners leben dauernd angewachsen ist?

zum schluss der pressemitteilung, die noch über zahlreiche andere tiere auf dem »prämierten« hof berichtet, heißt es: »alle tiere haben zugang zum freien.« man möchte ergänzen: und doch zerschneidet man diese freiheit in stücke... wer bei demeter-höfen an besondere tierliebe denkt, wird anhand der hühnersorte eines besseren »belehrt«. hinter »lohmann silver« verbergen sich hochgezüchtete hühner, weit entfernt von der eigenen »art«.

»lohmann tierzucht« klärt auf über die »performancedaten« der tiere. sehr »innovativ« hat »lohmann tierzucht«,

ein unternehmen, das also auch demeter-höfe mit tieren beliefert, einen gentest entwickelt, durch den eier nie wieder fischig schmecken. die »lückenlose prüfung aller zuchttiere« stellt sicher, dass »die elterntiere nur noch eintagsküken produzieren, die frei von diesem makel sind«.[20]

übrigens hat die firma lohmann ihre geschichte mit der »mastgeflügelzucht mit us-lizenzen« im jahre 1957 begonnen, ihr gründer 1932 die »deutsche fischmehl gmbh« gegründet.

um die story abzukürzen: im jahre 1987 übernimmt der konzern phw-gruppe (phw steht für paul heinz wesjohann) die firma »lohmann tierzucht«. wesjohann ist der betreiber der wiederholt in die schlagzeilen gekommenen »wiesenhof«-massentierhaltung. ab 1999 gehört die »lohmann tierzucht« zur ew-gruppe des bruders von paul heinz, erich wesjohann. ist es unter solchen gesichtspunkten sehr vermessen, wenn man die frage stellt, ob – in sachen fleisch und eiern – tatsächlich ein bisschen »wiesenhof« drin ist, wo demeter draufsteht?

in einem »manifest« der freien hochschule für geistes-

19| demeter-pressemitteilung 25.01.2008: »alle jahre wieder: demeter gratuliert seinen förderpreisträgern«

20| zitiert nach: izt. innovationszentrum hannover

wissenschaft am goetheanum heißt es zwar: »unsere haustiere begreifen wir als mitgeschöpfe, die ihre eigene würde haben. sie schenken uns einen nutzen, wenn wir sie mit respekt vor ihrem eigenen wesen achtsam halten, füttern und pflegen. das haustier hat typische verhaltensweisen des wildtieres abgelegt. zähmen heißt, vertraut machen. in schutz und pflege des menschen kann es angstfrei leben und seine entwicklungsfähigkeit behalten.«[21]

doch was für ein widerspruch ist eine solche aussage zur realität? abgesehen davon, dass die tiere ihre typischen verhaltensweisen auch gar nicht abgelegt, sondern menschen sie unterdrückt haben. der »wenn«-satz leuchtet auch nicht ein. denn ein tier achtsam zu halten, bedeutet doch, es nicht für eigene interessen zu opfern. und »angstfrei leben«?

tiere, die bei wesjohann-firmen gekauft werden, die sorge dafür tragen, dass der gentest alles ausselektiert, was noch eier mit »makel« bringen könne? »angstfrei

leben« und doch zugleich hühner von einem konzern kaufen, der von tierrechtlern wie alle anderen solcher firmen regelmäßig kritisiert wird? es ist da von »vertrauen« die rede. wie sehr missachtet es der mensch und tragischerweise auch demeter? »respekt« vor dem »eigenen wesen« der tiere? wo ist er? geht es nicht, wie man es oben deutlich nachlesen kann, in wirklichkeit um »performance«, um die »fleischleistung«, die »legeleistung«? um interesse und »nutzen«? steht es nicht genauso in der pressemitteilung von demeter, von der man denken und erwarten würde daran beteiligt zu sein, den ekel und die abscheu zu verstärken, damit die tiere endlich aus ihrer situation befreit werden können?

immer mehr müsse man tiere vom »makel« befreien, so die hühnerzüchter. da arbeitet man im firmenimperium der wesjohanns schon daran, hühner ohne federn zu züchten, wie die *zeit* berichtet. während demeter sich nicht scheut, dort hühner zu kaufen, verkauft man dem menschen dann demeter-eier und -geflügel als produkte aus einer »besseren welt«. doch wer hätte das gedacht, dass sich selbst hinter demeter-hühnern also geschöpfe aus derartigen laboren verbergen könnten? gemäß des autoritären charakters gibt es viele ausreden. steiner sei »gar nicht so radikal« gewesen. kolportiert wird z.b. eine verbreitete »story«, derzufolge steiner »einmal« ein stück fleisch bestellt und es gegessen haben soll, um einer dame damit zu demonstrieren, wie frei er sei, als diese ihm von ihrer vegetarisch lebenden tochter erzählt habe und ihm damit »auf die nerven gegangen« sei.

abgesehen davon, dass dies den zeitzeugenberichten über das verhalten steiners widerspricht, stünde selbst ein stück fleisch im verhältnis zu tausenden tonnen voller demeter-fleischwaren. doch steiner entgegnet 1921 auf eine einladung zum essen in einem brief äußerst höflich:

22| **rudolf steiner:** brief vom 12.07.1921 an walther köhler. aus dem nachlass. briefe band 2. dornach 1987, seite 478

23| **rudolf steiner:** die schöpfung der welt und des menschen. ernährungsfragen, vorträge für die arbeiter am goetheanum-bau. 30.07.–24.09.1924, ga 354. dornach 2000, seite 109

»ich bin seit 20 jahren vegetarier, und obwohl ich nicht dogmatisch veranlagt bin, kann ich doch nichts vom fleisch essen, weil ich es nach so langer zeit nicht mehr vertragen kann.«[22]

und drei jahre später, im herbst, er scheint sich von der vergiftung erstaunlich gut erholt zu haben: »das weiß ich von mir selber, der ich die anstrengungen, die ich seit langer zeit, die ich in den letzten vierundzwanzig jahren habe durchmachen müssen, daß ich die (gemeint ist die pflanzliche ernährung) anders nicht hätte durchmachen können!«[23]

wie sehr steiner darüber hinaus auch selbst ein bewusstsein für das leiden der tiere hat und dass er mit »abstrakt« das gegenteil dessen meint, was ihm ausredenerfinder unterstellen, zeigt eine weitere äußerung.

er skizziert präzise die aufgaben einer »künftigen menschheit« und erklärt, dass die tiere »schmerzen empfinden« und dann: »dadurch sind die tiere viel, viel übler dran als wir. wir müssen hinblicken auf die tiere mit dem gefühl: wir haben euch das leiden gelassen – und uns die überwindung genommen! wenn man dieses kosmische gefühl aus der theorie entwickelt, wird es zu dem umfassenden mitgefühl mit der tierwelt.«

man beachte, dass steiner in mitgefühl mit den tieren extra betont, dass die tiere »viel, viel übler dran« sind als die menschen. und dann verfasst rudolf steiner, so könnte man sagen, so etwas wie das credo der veganisierten welt: »dieses mitgefühl wird wiederkommen, wenn die menschen sich angewöhnen werden, spirituelle weisheit aufzunehmen, wenn die menschen wiederum einsehen werden, wie das menschheitskarma mit dem weltenkarma verbunden ist. in den zeiten, welche sozusagen verdunkelung waren, in denen das materialistische denken platz griff, hat man von diesen zusammenhängen keine rechte ahnung haben können.«

rudolf steiner beschreibt dann die große aufgabe, die wir menschen zu bewältigen haben: »(...) was ich sozusagen einstmals an den tieren verschuldet habe, das muß ich jetzt an den tieren wieder gut machen durch die behandlung, welche ich ihnen angedeihen lasse. daher wird mit dem fortschreiten der entwicklung durch das bewußtsein der karmischen verhältnisse auch wieder ein besseres verhältnis des menschen zum tierreich eintreten, als es jetzt, besonders im abendlande, vorhanden ist. eine behandlung der tiere wird kommen, durch welche der mensch die tiere, die er hinuntergestoßen hat, wieder heraufzieht.«[24]

zigfache nichtvegane demeter- und alle anderen nichtveganen »konventionellen« und »bio«-produkte anderer »bio«-produzenten widersprechen diesem notwendigen mitgefühl aber doch wohl eklatant. und demeter als »die weise der erde« kann wohl in diesem sinne nicht anders als zu weinen.

auch wenn der »bio«-boom fleisch bei nicht wenigen erst wieder »salonfähig« gemacht hat, die schon kein fleisch mehr aßen, kann man sagen: ekel und abscheu wachsen. nicht nur gegenüber fleisch, sondern gegen-

---

24| **rudolf steiner:** die offenbarungen des karmas. vortrag hamburg 17.05.1910. dornach 1998, seite 34 f.

über allen produkten, die nichtvegan sind, weil sie dem mitgefühl gegenüber der tierwelt widersprechen. immer mehr menschen kommen durch innere überzeugung, durch einsicht zu der erkenntnis, dass nichtvegane produkte für sie eine zunehmende last sind, die sie als solche auch körperlich empfinden. ihr freies denken verleiht ihnen die kraft dazu, das zu erkennen und sich zum handeln zu entscheiden. und das mitgefühl führt dazu, dass immer mehr menschen ganz von tierlichen produkten abstand halten, um das begangene unrecht durch die eigene konsequente haltung wieder gutzumachen, da ja die tiere »viel, viel übler dran« sind.

und auch bei demeter tut sich etwas: auf der weltgrößten fachmesse für bioprodukte wird die erste vegane tiefkühlpizza präsentiert. der handel hat sie mit gutem erfolg angenommen. eine pizza auf dem heißen stein. immerhin.

so wie christian morgenstern geschrieben hat »wir stehen nicht am ende des christentums, sondern am anfang«, könnte man schreiben, dass wir vielleicht nicht am ende von steiners anthroposophie, sondern erst an ihrem anfang stehen. die anthroposophie sollte die kulturbewegung des 21. jahrhunderts werden. der schlüssel dazu, diese aussage wahr werden zu lassen, ist u.a. ihr eigener grad an veganisierung. was für ein signal wäre es, wenn die marke demeter den übergang von der tierlichen zur pflanzlichen ernährung des menschen selbst symbolisieren würde. nicht allein, um damit geld zu verdienen, sondern um der tiere willen, um sie wieder hinaufzuziehen.

so wie rudolf steiner es vorhergesehen hat. ob steiner wohl zugestimmt hätte, die marke nach der göttin demeter zu nennen, wenn sie so viel »tierisches eiweiß« anbietet? ist der name nicht eher ein genialer markenname für rein pflanzliche produkte?

»warum«, fragt schließlich schon plutarch, »versündigt ihr euch an der gesetzgeberin demeter? scheuet ihr euch nicht, die holden früchte mit mord und blut zu besudeln? schlangen, panther und löwen nennt ihr grausam, ihr selbst aber befleckt euch mit blut und gebt jenen an grausamkeit nicht das geringste nach, denn

für sie ist der mord nahrung, für euch aber leckerei.«[25]
der enge vertraute steiners, ehrenfried pfeiffer, hat für
die zukunft der landwirtschaft noch etwas anderes, sehr
bedeutendes berichtet, das steiner ihm geschildert und
zur aufgabe gestellt hat: »die menschheit der zukunft
würde einen hohen proteingehalt der nahrung brauchen,
und zwar aus pflanzlicher quelle.«[26] pfeiffer berichtet, er
sei unglaublich glücklich, als es ihm gelungen sei, einen
entsprechenden weizen zu züchten.

steiners lebensziel ist das für die menschen zu erreichen, was toynbee liebe statt kampf genannt hat. von
gandhi wissen wir, dass man dieses ziel nur erreichen
kann, wenn man »dem geist der wahrheit« begegnet.

wir haben schon anhand von darwin, tolstoi, gandhi,

25| **eduard baltzer:** pythagoras – der weise von samos. nordhausen
        1868, seite115/116.

26| **paul scharff:** ehrenfried pfeiffer und die zukunft. in: e. pfeiffer:
        ein leben für den geist, seite 219

27| **pfeiffer:** seite 163 f.

den ersten kirchenlehrern, steiner und anderen dargelegt,
dass die ernährung eine grundlage ist, überhaupt den
geistigen weg gehen zu können.

pfeiffer erläutert: »und so werden sie verstehen, daß
das, was rudolf steiner sagte, daß es uns menschen hier
in der anthroposophie nicht gelingt oder so schwer gelingt,
die geistigen impulse in die tat umzusetzen, daß das ein
ernährungsproblem sei. er wies mich darauf hin, daß
erst einmal das ernährungsproblem gelöst werden müßte,
ehe es überhaupt im menschen möglich wird, geistig auf
die ätherischen impulse einzuwirken, sie in die wirklichkeit der tat umzusetzen.«[27]

das mag für manche kompliziert klingen, die sich mit
anthroposophie noch nicht beschäftigt haben, sollte aber
genügen, um darzulegen, wie wichtig dem bio-pionier
steiner die ernährung gewesen ist. pfeiffer berichtet, dass
er durch forschung »einen nährweizen erhalten (hat), der
statt 10 bis 11 prozent eiweiß bis zu 18 prozent eiweiß
hat, also eine pflanze, die so nahrhaft ist, daß man auf
das fleischessen verzichten könnte, wenn man sich

damit ernähren würde«. und er reklamiert für sich voller begeisterung: »wir stehen vor einem wunder bei dem, was da geschehen ist, nämlich daß hier eine idee rudolf steiners verwirklicht wurde, das suchen nach der neuen eiweißqualität, das übermitteln von nährwerten, die wir so dringend brauchen (...). das heißt: es ist ein erster schritt zu der schaffung einer neuen nahrungsqualität.«

mittlerweile sind zig vegane produkte mit sehr hohem eiweißgehalt verfügbar, aus weizen, lupine und soja.

26 / welthunger

»freiheit ist die freiheit sagen zu dürfen, daß zwei und zwei gleich vier ist. sobald das gewährleistet ist, ergibt sich alles andere von selbst.«[1] diese aussage aus george orwells

1| **george orwell:** 1984. stuttgart 1981, seite 85

2| **salim m. ali:** fleisch aus der perspektive der welternähung. eine nahrungsmittelsoziologische untersuchung. bremen 2010, seite 140. der autor ist lehrbeauftragter für wirtschafts- und sozialwissenschaften, schwerpunkt welternährung und nahrungsmittelsoziologie an der universität oldenburg.

1984 deckt sich mit der schon erwähnten rudolf steiners, dass wahrheit ebenso wenig mit meinungen zu tun hat, wie auch ein dreieck immer dieselbe winkelsumme aufweist – ohne abweichung.

höchstens elf prozent der landfläche auf der welt sind überhaupt nur als ackerfläche geeignet.[2] das ist eine tatsache. ebenso wahr ist, dass diese fläche überwiegend für den anbau von futtermitteln genutzt wird.

das aber ist nicht nur eine tatsache. sondern im grunde ein verbrechen. und zwar ist es dann ein verbrechen,

abbildung 8 / nutzung der weltlandflächen

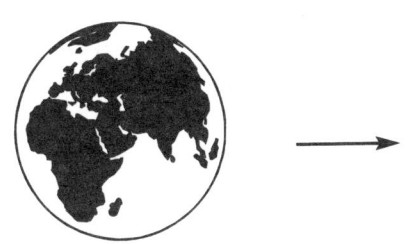

beispiel soja: 90 % der ernte wird als kraft- und mastfutter für (aus-)»nutztiere« verwendet.

gesamte weltlandfläche (100 %)

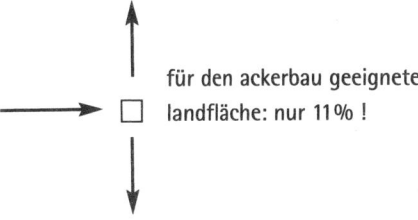

für den ackerbau geeignete landfläche: nur 11% !

ver(sch)wendung von 5 bis 10 kg pflanzlichem protein für nur 1 kg tierliches protein.

nichtvegane welt:
alle 15 sekunden stirbt ein kind an hunger. verfütterung von pflanzen zum zwecke der ausbeutung und tötung von tieren. verschwendung mit dem faktor ca. 1 zu 5 bis 1 zu 20. (quelle: fao / vereinte nationen)

11 %

veganisierte welt:
selbst, wenn die nahrungsmittel durch das system wie bisher »schlecht verteilt« werden würden, wäre nahrung in hülle und fülle für alle vorhanden.

wenn wir die zusammenhänge mit mathematischer genauigkeit betrachten und das recht wahrnehmen zu sagen, dass zwei und zwei eben vier ergibt und nicht fünf oder drei. die zusammenhänge betrachten heißt, festzustellen, dass auf unserem planeten alle paar sekunden ein kind unter zehn jahren an hunger stirbt.[3]

in wahrheit wäre für alle menschen genug essen vorhanden. der hunger existiert nur, weil eine minderheit von menschen, nämlich die sich nichtvegan ernährende mehrheit in den wohlstandsregionen der welt, sich das (un)recht

herausnimmt, nichtvegane nahrung zu konsumieren. das verspeisen sämtlicher nichtveganer produkte erfordert den anbau von futtermitteln, der dem anbau von genügend nahrung für alle menschen den platz wegnimmt. der nichtvegane konsum geschieht weltweit auf kosten der nahrungsmittelgerechtigkeit unter allen menschen.

deshalb sagt der langjährige sonderbotschafter für das recht auf nahrung der vereinten nationen, jean ziegler, dass ein kind, das heute stirbt, ermordet wird. er sagt dies bereits seit vielen jahren und weist auch auf den fleischkonsum hin. das mindeste, hat er erklärt, sei es, unter diesen gesichtspunkten vegetarier zu sein.

die zeit ist reif, gleich die ganze wahrheit zu sagen: denn eier und milchprodukte aller art schlagen für die ungerechtigkeit unter den menschen ebenso zu buche wie fleisch. in wahrheit ist es sogar so, dass etwa »die rindfleischproduktion ein direktes erzeugnis der milchproduktion ist«.[5] ebenso verläuft »die eierproduktion parallel zur fleischproduktion« und ist »direkt vom hühnerfutter abhängig«.[6] dieses futter wird ebenfalls auf der knappen

3| die genaue sekundenzahl schwankt von jahr zu jahr im »welthungerindex«. mal sind es drei, mal 15 sekunden. allein 2009 starben zwei millionen kinder an unterernährung. die lage ist seit jahrzehnten dramatisch. siehe z. b. stern.de: alle 15 sekunden stirbt ein kind, 11.10.2010

4| interview mit jean ziegler z. b.: hamburger abendblatt, 16.10.2009

5| **salim:** fleisch aus der perspektive der welternährung. eine nahrungsmittelsoziologische untersuchung, seite 68

6| ebd., seite 120

anbaugeeigneten landfläche angebaut, die doch eigentlich alle menschen zu nähren hat.

es ist die futtermittelbasierende landwirtschaft insgesamt, die der nahrungsgerechtigkeit im weg steht. dafür verantwortlich sind aber auch, neben den zuständigen profiteuren und handlangern, neben politikern, brotgelehrten und mauerreligiösen aller schattierungen, wir alle.

und zwar so lange, wie wir weiterhin auch nur in betracht ziehen, irgendwelche nichtveganen produkte zu konsumieren: denn die marktgesetze, so weit nicht sowieso schon ausgehebelt, haben zur folge, dass immer satt auf vorrat produziert wird, also auf massiven überschuss. bei fleisch heißt das z.b. konkret, dass mindestens 30 prozent mehr fleisch produziert wird als gekauft wird.[7] ein »bisschen weniger«, wie etwa »einmal die woche vegetarisch« oder »nur einmal die woche fleisch«, bringt in

wirklichkeit viel zu wenig, was so viel ist wie überhaupt nichts. für die verantwortliche politik kommt die realität sehr ungelegen. denn die zusammenhänge, die jetzt ans licht kommen, sind schon seit jahrzehnten bekannt. sie spielen, wie an anderer stelle dargelegt, schon in platons *staat* eine rolle.

es ist ohne frage der konsum sämtlicher nichtveganer produkte dafür mitverantwortlich, dass es keine gerechte nahrungsmittelverteilung auf der welt gibt. solange es den egoistischen futtermittelanbau gibt, kann auch von einer gerechten verteilung an menschen keine rede sein.

angesichts einer milliarde hungernder menschen muss der anbau von futtermitteln für nichtvegane zwecke so schnell wie möglich unterbunden und müssen sämtliche ressourcen freigemacht werden, um auf direktem wege gesunde vegane nahrungsmittel für alle menschen anzubauen.

anhand dieser zusammenhänge, die der wahrheit mit mathematischer genauigkeit entsprechen und an denen es nichts zu deuten gibt, erkennt man, was gandhi, steiner

---

7| **adrian peter:** die fleischmafia. kriminelle geschäfte mit fleisch und menschen. berlin 2006, seite 94

und weitere konkret gemeint haben. ihre äußerungen sind heute nicht nur für einzelne wichtig, die den spirituellen pfad betreten wollen, sondern für das überleben der biosphäre, dessen teil wir alle sind. die bestehende futter-

8| in deutschland wirbt als »prominenter unterstützer« der »welthungerhilfe« ausgerechnet z.b. der fernsehmoderator pilawa, der gleichzeitig in werbespots für wurstprodukte aus massentierhaltung auftritt. in einem interview, das der hersteller der wurst zeigt, sagt pilawa, er sei mit dieser wurst groß geworden. »das ist ein produkt, zu dem stehen wir«, sagt er und meint, wie er erläutert, auch seine kinder. sportmoderatorin katrin müllerhohenstein, ebenfalls »prominente unterstützerin« der »welthungerhilfe«, war »qualitätsbeirat« einer der größten deutschen molkereikonzerne (hörzu, 9.06.2010). fernsehkoch horst lichter, ebenfalls »prominenter unterstützer« der »welthungerhilfe«, tritt mit sprüchen auf wie: »rohkost ist für mich ein stück schweinemett.« die vegane und vegetarische ernährung nennt er »wahnwitzige ernährungstrends« und sein ziel sei es, »diese zu erden« (kölner stadtanzeiger, 14.10.2010).

mittelbasierende landwirtschaft hat mörderische auswirkungen auf menschen, tiere und auf die gesamte umwelt.

selbst dann – was man nur als hartherziger und stumpfsinniger mensch könnte –, wenn uns das schicksal der leidenden tiere vollkommen gleichgültig wäre, ist jedes einzelne nichtvegane produkt, das mit dieser ungerechtigkeitslandwirtschaft zusammenhängt, ein komplizenhafter akt gegen die gerechte nahrungsversorgung aller menschen.

selbst jene haben anscheinend keine wirkliche vorstellung von der hungersituation auf der welt, die sich in die erste reihe stellen und etwa im rahmen der »welthungerhilfe« zu spenden aufrufen. manche von der »welthungerhilfe« als »prominente unterstützer« angeheuerte verdienen gleichzeitig geld, indem sie fleisch- und wurstwerbung oder werbung für molkereiprodukte machen.[8] dieser zusammenhang ist nicht weniger skandalös als unser gesamter bisheriger umgang mit der frage, wie wir überhaupt mit dem hungerleiden von menschen umgehen. auf der gesamten webseite der deutschen »welthungerhilfe« wird das hier besprochene thema totgeschwiegen. stattdessen erfahren wir, dass ausgerechnet die »welthungerhilfe« noch dabei mithilft, den fleisch- und milchkonsum in den entwicklungsländern anzukurbeln.

zitat: »in kuba sind gerade fleisch und milch sehr knapp. die kubanischen kühe geben nur sehr wenig milch und sind äußerst kostenintensiv. sowohl der transport als auch

9| welthungerhilfe.de, kuba hilfsprojekt ernaehrungsicherung - welthungerhilfe. download pdf, 14.10.2010. »misereor« ruft zwar unter ferner liefen zu »freitags fleischfrei« auf. doch essen viele katholiken traditionell freitags, wie »misereor« selbst schreibt, sowieso kein fleisch. traditionell ist bei katholiken der freitag ein fischtag oder tag für ein eigericht. doch das ist ja nicht besser. immerhin schreibt dagegen »brot für die welt«: »je pflanzlicher eine ernährungsform ist, desto besser ist sie für unsere umwelt und unser klima« (brot-fuer-die-welt.de/ernährung) letzteres ist ein folgerichtiges plädoyer für veganisierung.

10| **salim m. ali:** seite 140

die behandlung der milch sind problematisch. um die versorgung mit fleisch und milch trotzdem zu verbessern, unterstützt die welthungerhilfe die kubaner/-innen dabei, ziegen zu züchten.«[9]

unternimmt also die »welthungerhilfe« selbst maßnahmen, die die ursache des welthungers noch verstärken?

alternative maßnahmen, statt futtermittel anzubauen, auf alternativen zu setzen, sind bereits so gut wie ausgeschöpft. auch diese alternativen zeugen nicht von der ehrfurcht vor dem leben. sie widersprechen der maxime von der achtung noch vor dem kleinsten lebewesen. und sie dokumentieren die habgier.

»tiere aus der natur wie ratten, frösche oder schnekken, pflanzen aus der natur, die einfach überall wachsen, abfälle aus papier oder holz; industrieabfälle wie lederstreifen oder zellulose« und selbst »tierabfälle wie schlachthofabfälle oder stallmist« gehören längst zur »bizarren welt der futtermittel«.[10]

die wahrheit mag unangenehm sein, aber zwei und zwei bleibt vier: wir müssen erstens vegan werden und dann zweitens in die entwicklungsländer gehen und den menschen dort unsere mitschuld am globalen hungerleiden gestehen – und gemeinsam mit den menschen überall auf der welt eine neue bio-vegane landwirtschaft aufbauen. aus dieser idee heraus kann eine weltgemeinschaft entstehen, die dieses wort auch verdient.

stattdessen demonstriert beispielsweise auch die oecd, dass sie von den wirklichen zusammenhängen nichts wissen will. obgleich man im *agrarausblick* zugibt, dass eine milliarde menschen hungern, behauptet man zynisch: »obwohl auf der welt genug nahrungsmittel produziert werden, um alle menschen zu ernähren, haben die jüngsten preissprünge und die wirtschaftskrise zu mehr hunger und größerer ernährungsunsicherheit geführt.«

anstatt deshalb nun die veganisierung der welt zu forcieren, riskiert man gezielt eine weitere hungerkatastrophe.

11| organisation für wirtschaftliche zusammenarbeit und entwicklung: anhaltende sorgen um ernährungssicherheit. berlin/rom, 15.06.10

denn laut oecd müsse man nun die agrarproduktion um siebzig prozent steigern, um damit im jahr »2050 die nachfrage der prognostizierten weltbevölkerung zu decken«.[11] abgesehen davon, dass dies eine reine hypothese ist, da ja niemand die marktentwicklungen vorhersehen kann, ist es auch fahrlässig gegenüber den im sekundentakt sterbenden kindern.

die aussage, dass auf der welt »genug nahrungsmittel produziert werden, um alle menschen zu ernähren«, kann an zynismus nicht überboten werden. denn diese rein quantitative aussage geht über millionen tote hinweg.

selbst wenn die oecd-prognose für das jahr 2050 stimmen sollte, sterben wohl, wenn es wenigstens so bleibt wie heute, bis dahin 80 millionen kinder an hunger. unter anderem, weil man sich aus profitgründen heraus weigert, über die veganisierung der welt nachzudenken.

der »agrarausblick« zeigt, womit die finanzlenker der oecd stattdessen rechnen: »allerdings steigt die weltweite nachfrage nach fleisch schneller als für andere agrarprodukte, denn mit wachsendem wohlstand in den ent-

wicklungsländern ändern sich auch dort die ernährungs-
gewohnheiten.«[12] diese aussage ist unverantwortlich und
zeigt, wer derartige gremien im namen des profits kon-
trolliert.

es gibt menschen in industriekreisen, die so gierig sind,
dass sie bereits mit einer »70-prozentigen steigerung«
der agrarproduktion fest rechnen und also bereit sind
den wahnsinn fortzuführen, die kleine für den ackerbau
zur verfügung stehende gesamtfläche des planeten noch
mehr durch futtermittelanbau auszuplündern, als dies
überhaupt nur möglich erscheint. genau vor dieser
aggressiven habgier hat arnold toynbee wohl die welt
warnen wollen.

nur in diesem zusammenhang ist zu begreifen, warum
manche in bestimmten industriekreisen überhaupt auf die
»gentechnik« setzen. denn in diesen kreisen meint man
offenbar, dass man noch weit mehr künstliche dünge-
mittel auf den weltmärkten verkaufen und noch mehr

12| ebd.

pharmamittel an noch mehr leidende tiere verabreichen
kann als jetzt schon. denn man glaubt der irrigen annahme, dass die gen-pflanzen immer resistenter und ernten
dadurch besser kontrollierbar sind.

das aber ist nicht nur ein trugschluss, sondern gefähr-
det die biosphäre und damit das leben auf der erde im
ganzen vermutlich mehr als alle seit menschengedenken
bestehenden gefahren, vielleicht mit ausnahme von
gleichzeitig auf allen erdteilen gezündeten atombomben.

die wahrheit lautet: in einer veganen welt hätte so
etwas wie »gentechnisch verändertes saatgut« nicht einmal eine anfangschance. kein mensch hätte dazu einen
bedarf, nicht einmal theoretisch.

die gleichen leute, die auch innerhalb der oecd nicht
etwa vor solchen lebensfeindlichen fatalen machen-
schaften warnen, sondern sie offenbar noch mitgestalten,
behaupten wörtlich, es könne mit der »wesentlichen stär-
kung dieses gremiums« nun eine »globale plattform für
die ›political convergence‹ und die koordination von
wissen und handeln im kampf gegen hunger und unter-

ernährung in der welt geschaffen werden«.[13] anhand solcher haarsträubenden aussagen beginnt man zu verstehen, warum jean ziegler in manchen interviews kein blatt mehr vor den mund nimmt und angesichts mancher verantwortlichen des hungerleidens von »börsenhalunken«[14] spricht. ihr vermeintlicher »kampf gegen hunger« läuft bereits seit jahrzehnten und hat das elend nur verstärkt.

solche leute pfeifen auf platon und sokrates, sie pfeifen auf gandhi, steiner, tolstoi und auf darwin und toynbee. aber sie sind mitverantwortlich für das hungerleiden auf der welt und wir können das alles wirklich nur ändern, indem wir uns selbst verändern.

wir brauchen, wie man sieht, keinen verheuchelten »kampf gegen den hunger«, sondern liebe und mitgefühl zu unseren mitmenschen und tieren. denn zwei und zwei ergibt vier: und sobald das gewährleistet ist, ergibt sich

alles andere von selbst. das ist es, was wir menschen den angeblichen fachleuten sagen müssen. es ist nichts als die wahrheit.

13| ebd.
14| interview mit jean ziegler, z.b.: hamburger abendblatt, 16.10.2009

27 / »wieder hinaufziehen« ... die veganisierung eines demeter-milchviehbetriebs

interview mit jan gerdes, der als demeter-landwirt aus der milchviehhaltung ausgestiegen ist, ein kuh-altersheim und eine tierschutzstiftung gründete und der welt als pionier demonstriert, wie man – den aussagen rudolf steiners folgend – die herabgestoßenen tiere wieder hinaufziehen kann.

lieber jan, erzähl mir kurz, wie du zur landwirtschaft gekommen bist.

ich bin 1954 auf dem hof meiner eltern geboren und groß geworden. die landwirtschaft habe ich kennengelernt, so wie meine eltern sie betrieben haben. nach meinem abitur 1974 wusste ich genau, bauer werde ich nie. ich habe dann angefangen, lehramt zu studieren. das heimweh und die liebe zum hof meiner eltern wurde immer größer, als ich in der großen weiten welt tätig war.

als mein vater 1977 den hof aus gesundheitlichen gründen nicht mehr bewirtschaften konnte, bin ich zurückgekommen und habe gedacht: ich werde doch bauer. von anfang an hatte ich niemals vor, landwirtschaft so zu machen wie meine eltern. das war mir einfach zu wenig. viel arbeit und immer mehr nur der blick auf das milchgeld, das reichte mir nicht. ich wollte mit dem hof etwas anderes machen.

1977 habe ich meine landwirtschaftliche lehre begonnen und die ganz normale ausbildung gemacht – bis zum landwirtschaftsmeister. als dann mein vater 1981 den betrieb aus gesundheitlichen gründen ganz aufgegeben hat, bin ich betriebsleiter geworden und habe sofort damit begonnen, den betrieb auf biologische wirtschaftsweise umzustellen. das ging gleich in richtung demeter. 1987/88 erhielten wir die demeter-anerkennung und haben dann demeter-landwirtschaft gemacht, milchverarbeitung.

was hatte sich im vergleich zur konventionellen land-wirtschaft geändert?

es gab keine riesengroße veränderung. da wir keinen gemüse- und keinen ackerbau betrieben, ging es eigentlich nur um die fütterung der tiere. was sich hauptsächlich geändert hat, war, dass wir keine synthetischen dünge-mittel mehr angewendet haben. dadurch mussten wir zwangsläufig den tierbesatz reduzieren. das war die hauptveränderung.

und das futtermittel für die kühe?

das grundfutter haben wir selbst angebaut, heu für den winter. die milchhochleistungskühe brauchten spezielles kraftfutter, deswegen haben wir bio-getreide dazugekauft.

gibt es also bei demeter auch hochleistungsmilchkühe? was kann ich mir darunter vorstellen?

das ist immer relativ. heute spricht man ja von milch-leistungen von weit über zehntausend liter pro kuh. aber ich finde, fünftausend liter, die eine kuh in einem jahr gibt, sind auch schon eine hochleistung. wenn man bedenkt, dass ein kalb in der natur vielleicht tausend bis zweitau-send liter milch trinkt. das wäre das, was eine kuh nor-malerweise geben müsste, um ihren eigenen nachwuchs zu versorgen. also sind viereinhalb bis fünftausend liter milch eigentlich auch schon eine hochleistung.

wie alt sind die kühe auf dem demeter-hof durchschnittlich geworden?

in der konventionellen landwirtschaft hat man ein durchschnittsalter von unter sechs jahren. in bio- und demeter-betrieben ist das durchschnittsalter ungefähr ein jahr höher. ansonsten sind die unterschiede nicht so gravierend. die kühe müssen ebenfalls ausgebeutet werden, bis es nicht mehr geht. und ob das nun bio, demeter oder konventionell ist, eine ausbeutung ist es immer. durch die nicht ganz so hohe leistung und das bessere futter werden die kühe im durchschnitt halt etwas älter.

wie werden in einem demeter-betrieb die kühe überhaupt trächtig?

wie es heute vorschrift ist, weiß ich nicht. trächtig wird die kuh durch samen. oft macht das der deckbulle, das ist empfohlen, aber nicht vorgeschrieben. wir hatten damals einen bullen, damit die kuh auf natürlichem wege trächtig wird. künstliche besamung war auch nicht verboten.

wie oft müssen kühe kalben, um milch geben zu können?

in der regel ist es so, dass eine kuh die meiste milch direkt nach dem kalben gibt, also wenige wochen nach der geburt. danach wird die milchleistung der kuh von tag zu tag immer ein bisschen weniger. bis es sich ungefähr nach acht bis neun monaten aus rein wirtschaftlichen gründen nicht mehr lohnt, die kuh zu melken und die milch zu vermarkten.

also wird jeder bauer, ob bio- oder konventionell, immer wieder versuchen, nach 12 monaten die kuh wieder zum kalben zu bringen, damit sie einmal im jahr ihre milchhöchstleistung hat.

kann die kuh dazwischen eine pause machen? oder geht es einfach immer so weiter?

eine kuh ist neun monate trächtig. dann braucht sie ca. acht wochen zur regenerierung der gebärmutter. nach acht wochen kann sie das nächste mal trächtig werden und es passiert, dass eine kuh nach elf monaten das nächste kalb bekommt.

»wieder hinaufziehen« ... die veganisierung eines demeter milchviehbetriebs

wenn sie trächtig ist, wird sie trotzdem gemolken?
ja.

das heißt, die belastung ist für die trächtige kuh noch höher, wenn sie währenddessen noch gemolken wird?
vielleicht nicht so sehr in den ersten monaten, aber je größer das kalb im mutterleib wird, desto größer wird die belastung für die kuh.

was passiert mit den baby-kühen, die zur welt kommen? gibt es einen unterschied zwischen konventionell und bio?
da gibt es keinen unterschied. das macht jeder bauer so, wie er es für richtig hält. die meisten bauern nehmen der kuh das kalb sofort weg. einige, wohl zumeist biobauern, lassen das kalb zumindest eine woche oder vierzehn tage bei der kuh. sie richten eine abkalbebox für die kuh ein, damit die kuh das kalb in der abkalbebox gebären, es ablecken und noch ein paar tage stillen kann. das ist eine sache des bauern, wie er das betriebswirtschaftlich

und arbeitsmäßig für richtig hält. einfacher ist es für den bauern, das kalb der mutter sofort wegzunehmen.

und das ist auch kein problem bei demeter?
das ist auch bei demeter überhaupt kein problem.

was passiert mit den kälbern, die der kuh weggenommen werden?
das ist unterschiedlich. bullenkälber werden gemästet. entweder mästet der bauer die kälber selbst oder er verkauft sie an einen kälber- oder rindermäster. die weiblichen werden überwiegend großgezogen und sollen dann auch wieder milchkühe werden.

die männlichen kälber werden entweder gemästet oder abgegeben. was heißt das, was passiert dann mit ihnen?
sie werden etwa vierzehn tage mit kunstmilch aufgezogen. ich weiß nicht, was da exakt für inhaltsstoffe drin sind, aber auf jeden fall keine kuhmilch. eventuell handelt es sich um milch einer kranken kuh, die der

bauer nicht vermarkten kann, dann füttert er die kälber damit. die milch kann auch von einer kuh kommen, die mit medikamenten behandelt wird und nicht in der molkerei oder anderweitig verarbeitet werden darf. in der regel bekommen die kälber ersatzfuttermittel zu trinken. pflanzliche fette, tiermehl und was nicht alles da drin sein kann. das ist so eine art pulver, das mit wasser aufgerührt wird und nach milch riecht und schmeckt.

und was passiert dann nach den vierzehn tagen?
nach vierzehn tagen wird das kalb dann verkauft. vorher darf ein bauer ein kalb nicht verkaufen, es muss mindestens vierzehn tage alt sein.

und an wen wird es dann verkauft?
es kommt dann zu einem händler, die fahren von hof zu hof, kaufen die vierzehn-tage-alte kälber auf und verkaufen sie an betriebe weiter, die die kälber weiterfüttern, bis sie dann nach 1,5 bis 2 jahren geschlachtet werden.

eine kuh kann ja viel älter werden als zum beispiel eine milch-kuh, die ungefähr sechs jahre alt wird. oder drei bis fünf jahre in der konventionellen landwirtschaft.
die bauern verkaufen die kühe nicht, weil sie ein gewisses alter erreicht haben. sie werden verkauft, weil sie wirtschaftlich keinen hohen nutzen mehr bringen.

das problem ist, dass diese kühe meiner ansicht nach, meistens mit zwei jahren, viel zu früh das erste kalb bekommen. die sind dann noch gar nicht ausgewachsen, also noch gar nicht erwachsen.

eine kuh ist eigentlich erst mit drei jahren erwachsen. das heißt, mit zwei jahren das erste kalb zu bekommen ist schon eine ziemliche belastung. auch wird sie weiter jeden tag gemolken. man muss sich das so vorstellen: ein kalb würde natürlicherweise bei seiner mutter ein bis zwei liter milch trinken, dann eine pause von ein bis zwei stunden machen, dann wieder mal zwei liter trinken und wieder pausieren. und das eben über 24 stunden. das kälbchen trinkt immer mal wieder ein bisschen milch aus dem euter. der bauer kommt mit seiner melkmaschine und seinen geräten und quetscht soviel milch heraus wie nur irgendwie möglich. und das zweimal am tag. das löst bei der kuh eine reaktion aus, die ihr suggeriert, dass das kalb das euter leer getrunken hat, was ja normalerweise nicht vorkommt. dies zwingt die kuh, noch mehr milch zu produzieren, da sie befürchtet, dass das kalb, das ja schon gar nicht mehr da ist, nicht satt wird.

diesen reflex, den die kuh in ihren natürlichen instinkten hat und der für notzeiten vorgesehen ist, nutzt der bauer aus. der kreislauf des reflexes »ich habe nicht genug milch für mein kalb« beginnt mit jedem leer-melken von vorn. so wird das euter immer zur milchproduktion gezwungen, damit die hohen milchleistungen zustande kommen.

woran erkennt der bauer, dass die kuh nicht mehr kann?

dem bauern ist es egal, ob die kuh alt ist oder nicht. wenn die kuh zum beispiel im ersten jahr 5.000 liter milch gegeben hat, ist das normal. die kühe fangen so mit 5.000 bis 6.000 liter milch an, im zweiten jahr liegt die milchmenge meist noch höher. wenn die milchmenge dann im vierten jahr nur noch 4.000 liter beträgt, fängt er an zu rechnen. 4.000 liter mal das milchgeld ergeben die summe x, plus schlachtgeld. da fängt der bauer an zu kalkulieren. lohnt es sich noch, die kuh zu behalten, oder ist das, was er investiert, genauso hoch?

wenn alle investitionen wie futtermittel, gebäudekosten, stromkosten genauso hoch sind wie das, was der bauer an milchgeld herausbekommt, dann lohnt es sich für ihn nicht mehr. die kuh wird geschlachtet. das ist die eine seite der auszehrung. die andere ist die, dass sie bereits im zweiten lebensjahr das erste mal ein kälbchen zur welt bringen und gleichzeitig diese hohe menge milch produzieren muss, während das nächste kalb in ihr schon wieder wächst.

sie ist gesundheitlich so stark beeinträchtigt, dass sie nach zwei bis drei jahren schon steril ist. sie wird gar nicht wieder tragend. die nächsten punkte sind die schlechte

haltung und unter umständen eine schlechte klauen-
pflege. die kuh kann sich nicht mehr gut bewegen, hat
schmerzen, frisst nicht mehr so viel und gibt auch deshalb weniger milch.

das sind so die hauptgründe, warum man eine kuh
verkauft. einmal die unfruchtbarkeit, dann klauenkrank-
heiten, nicht mehr genug bewegung und dadurch nicht
mehr genug nahrungsaufnahme und schließlich weniger
milchleistung. im endeffekt ist es immer wieder das
gleiche.

das heißt, wenn die kuh ausgelaugt ist, alles hinter
sich hat, keine kraft mehr hat und für den bauern nicht
mehr wirtschaftlich ist, ist die kuh im grunde genom-
men noch immer ein sehr junges tier?

ja, das kann man so sagen, wenn man bedenkt, dass
eine kuh um die dreißig jahre alt werden kann und mit
fünf bis sechs jahren schon zum schlachter kommt.

der bauer verkauft somit keine »alte« kuh, sondern eine
junge, die durch ausbeutung total vergreist ist. sie hat

ja nicht einmal das erste drittel ihres normalen lebens
erreicht.

sie kommt dann schon ins schlachthaus?
sie kommt dann schon ins schlachthaus. ja.

du hast auch eine käserei betrieben.
ja. ich konnte damals nach der umstellung auf demeter
nicht mehr so viele tiere halten, weil wir für mehr tiere
nicht so viel futter produzieren konnten. das hieß somit:
weniger tiere, weniger milch, also weniger einnahmen.
eine molkerei, die honorierte, dass wir bio-milch gemacht
haben, gab es nicht, also mussten wir in die direktver-
marktung gehen, um finanziell klarzukommen. es war
nicht so, dass ich nun der bauer war, der gerne käse
machen wollte. das war eine wirtschaftliche notwendigkeit, um überleben zu können.

wie viel milch braucht man, um so einen käse zu
machen? gibt es da zahlen?

»wieder hinaufziehen« ... die veganisierung eines demeter milchviehbetriebs

das ist so im verhältnis eins zu zehn. also zehn liter milch für ein kilo käse.

das ist ja ganz schön viel milch für so ein bisschen käse.

das kann man sich ausrechnen. die milch hat etwa 3,5 prozent fett, dazu 3 prozent eiweiß und andere stoffe, aber 90 prozent sind wasser. käse hat vielleicht 40 bis 50 prozent wasser.

als du vom konventionellen betrieb auf demeter umgestellt hast, hat da die anthroposophische idee hinter demeter eine rolle für dich gespielt? war das wichtig? wurde darüber überhaupt gesprochen innerhalb des demeter-bundes, bei dem ihr eure anmeldung gemacht hattet?

ich wollte biologisch wirtschaften. allerdings musste ich mir andere bio-betriebe vorher ansehen. und so bin ich dazu gekommen. das hing auch damit zusammen, dass meine damalige frau sehr viel kontakt zu anthro-posophen hatte und auch in unserer familie anthroposophen waren. so hatten wir auch den ersten kontakt zu anthroposophischen höfen, also demeter-betrieben und demeter-bauern. was ich damals bei den demeter-bauern so spannend fand, war, dass nicht nur die landwirtschaft wichtig war. wir waren zum orientieren auch bei bioland-höfen. wenn die bioland-bauern sich trafen, dann ging es ausschließlich nur um betriebswirtschaft. wie kann man noch mehr verdienen, wie kann man den betrieb noch mehr optimieren. bei den anthroposophischen bauern war halt noch sehr viel mehr hintergrund. die geistige welt und welche rolle sie spielt.

das fand ich alles sehr faszinierend. es hat mich unheimlich interessiert, dass man mit elementarwesen und kosmischen kräften zu tun hat. das war damals alles sehr neu für mich, aber unheimlich interessant. wenn eine andere art der landwirtschaft, so stand für mich fest, dann nur diese. einfach deshalb, weil auch andere gesichtspunkte eine rolle spielten, nicht nur das betriebswirtschaftliche.

habt ihr damals von den demeter-leuten auch literatur bekommen zu dem thema? hat zum beispiel der landwirtschaftliche kurs von koberwitz eine rolle gespielt?

wir haben in unserem arbeitskreis immer mal wieder diesen landwirtschaftlichen kurs gelesen, allerdings habe ich ihn nie so richtig verstanden. ich hatte ein spezielles problem mit demeter-bauern, auch wenn großartige bauern dabei waren, die mit fruchtfolge, kompostierung und ackerbau spitzenerfahrungen hatten. von tierhaltung aber hatten sie überhaupt gar keine ahnung.

ist in der ganzen zeit, als du mit den demeter-leuten und demeter-bauern zu tun hattest, jemals das wort »vegetarisch« oder »vegetarismus« gefallen?

ganz, ganz selten. es waren auch einige vegetarier bei den demeter-bauern dabei, speziell immer wieder die lehrlinge. es gab auch einige bäuerinnen, die waren vegetarisch. ansonsten wurde hin und wieder erwähnt, dass rudolf steiner angeblich gesagt habe, die menschheit würde eines tages kein fleisch mehr essen. das wurde nach möglichkeit verdrängt, weil man ja bei aller liebe zur ideologie auch geld verdienen will.

an veganern kann ein bauer, der tiere züchtet, kein geld verdienen. es wurde zwar darüber gesprochen, aber mehr so nebenbei, nach dem motto »zum glück sind wir ja noch nicht so weit, dass man auf fleisch verzichtet«.

die arbeit war sicherlich auch sehr heftig, die ihr auf dem hof hattet?

das hat jetzt mit demeter oder bio aber nichts zu tun. man macht halt seine landwirtschaft, wie man sie kennengelernt hat. milch produzieren, felder bewirtschaften. und weil ich als bauer nichts verdient habe, wurde ich quasi gezwungen, meine milch zu verarbeiten.

als verarbeiter hatte ich keine ausbildung, das habe ich mir selbst beigebracht. anhand von literatur, rückfragen, durch anschauen anderer käsereien. als nächstes mussten die sachen ja auch noch verkauft werden. also blieb mir nichts anderes übrig, als dann auch noch kaufmann zu sein, mit dem betrieb nebenbei. das war nach außen hin alles schön und nett, aber für mich definitiv zu viel, was ich da machte. ich fing an nachzudenken, zu grübeln und war mir daraufhin sicher, dass eigentlich alles ganz falsch war, was ich da machte.

haben dir die tiere leid getan? hast du gesehen, dass das so nicht in ordnung ist, oder wie bist du darauf gekommen?

ich muss ganz ehrlich sagen, ich bin in den ersten jahren gar nicht darauf gekommen. es gibt zwei situationen, an die ich mich gerne erinnere. einmal hatten wir eine auszubildende, die war vegetarierin und sie war immer fürchterlich traurig, wenn ich sagte, dass am nächsten tag der viehhändler kommen würde, um die kuh zu kaufen, die dann anschließend zum schlachthof geht.

und dieses mädel, cecil hieß sie, eine französin, war sehr nett. am abend, bevor die jeweilige kuh abgeholt werden sollte, ist sie mit der blockflöte in den stall gegangen und hat sich zu dieser kuh gesetzt und ihr die ganze nacht musik vorgespielt. ich habe zwar nach außen hin darüber gelacht, aber innerlich hat mich das ganz schön betroffen gemacht.

ein anderes mal hatten wir eine woche lang besuch von einer freundin, die war mit ihrer tochter, welche mein patenkind war, bei uns. wir hatten damals eine kuh, die dicke mathilde, die war so ein bisschen behäbiger und ließ sich gerne streicheln. mein patenkind hatte sich in diese kuh verliebt. als sie im nächsten jahr wiederkam, fragte sie sofort: »wo ist mathilde, wo ist mathilde, die dicke mathilde?« ich sagte ihr, das wir sie schon vor längerer zeit haben schlachten lassen. sie fing daraufhin heftig an zu weinen.

das war ein punkt, wo ich dachte, »scheiße, sie hat ja recht«. mathilde war so lieb, die lieblingskuh und alle mochten sie so gerne. und jetzt ist sie einfach nicht mehr da. warum eigentlich? ich habe immer mehr darüber nachgedacht. andererseits, wenn ich den hof bewirtschaften will, kann ich das nur, wenn ich die kühe irgendwann auch zum schlachter bringe. sonst kann ich hier nicht

karin mück

jan gerdes:
»dann fiel mir wieder unsere praktikantin cecil ein, die damals die kühe mit einem lied auf der blockflöte bis zum dorfschlachter begleitet hat.«

leben und nicht wohnen. die zweifel wurden jedoch immer größer in den letzten jahren, bis ich dann ganz zum schluss sagte: »ich will es nicht mehr. ich will kein fleischproduzent für die masse der menschen sein«. wenn es möglich gewesen wäre, hätte ich ackerbau und gemüseanbau betrieben, aber dazu ist der hof nicht geeignet.

das heißt, dass du als milchlandwirt nicht länger fleischbauer sein wolltest? das war also die konsequenz

aus dem, was sich da gedanklich immer weiter entwik-kelt hat. dann hast du aufgehört mit der milchwirtschaft und hast dir etwas neues überlegt?

ich war an dem punkt, wo ich sagte, dass ich keine tierproduktion mehr wollte. damals war ich so sehr in den betrieb involviert, dass ich mir nicht vorstellen konnte, dass es eine alternative gibt. an diesem punkt habe ich mir gesagt: »jetzt ist schluss, jetzt verkaufe ich den hof oder suche mir einen pächter, der das land weiterbewirt-schaftet und mir dafür eine bestimmte summe geld be-zahlt. ich suche mir irgendwo eine arbeit, sei es als hilfs-arbeiter bei einem jungunternehmer, bei einem örtlichen handwerker oder gartenbaubetrieb.« ich wollte auf diesem hof keine landwirtschaft mehr betreiben. dieser ent-schluss stand für mich definitiv fest.

das heißt, dass sich die ganze sache gar nicht rechnet, obwohl man doch gelder und zuschüsse bekommt?

die eu-kasse verteilt nach einem bestimmten schlüssel die gelder an die bauern.

und die werden direkt an die bauern ausgezahlt?

die werden seit einigen jahren direkt an die bauern ausgezahlt. vorher bekamen die molkereien zuschüsse und die bauern profitierten mit einem relativ hohen milchgeld von diesen zuschüssen. das hat sich dahinge-hend verändert, dass die bauern pro verkauftes tier die zuschüsse bekommen. später wurden die bauern pro fläche bezahlt.

lohnt sich das für die milchbauern oder ist es ein harter existenzkampf?

das kann man so einfach nicht sagen, weil das ganz unterschiedlich ist. der eine bauer nimmt die zuschüsse mit, die kommen dann in seine portokasse und er macht einen schönen urlaub davon. ein anderer bauer ist auf die zuschüsse angewiesen, die machen bei ihm fast den gesamten gewinn aus. ich weiß das von bauern, zu denen ich hin und wieder kontakt habe. die betriebe sehen von außen vielleicht gleich aus, trotzdem macht der eine gewinne ohne ende und der andere überhaupt keine

gewinne und erwirtschaftet nur verluste. der lebt auch und kommt damit klar. bei wieder einem anderen gehört eigentlich alles der bank, trotzdem sieht alles ganz toll von außen aus. der arbeitet nur für die zinsen, für den abtrag.

also richtig gewinnen kann im prinzip nur der, der die tiere richtig und massiv ausbeutet?

ja, das ist richtig. wenn man mit tierhaltung gewinn machen will, dann muss man die tiere ausbeuten bis zum »geht nicht mehr«. ich kann dazu ein paar zahlen nennen.

eine kuh gibt optimal 10.000 liter milch im jahr. der milchpreis liegt zurzeit bei 20 cent, somit erhält der bauer 2.000 euro für die milch seiner kuh. wenn man den ertrag für die kälbchen und den schlachtpreis für die kuh dazurechnet, macht der bauer ca. 2.500 euro umsatz pro kuh.

aber auch nur dann, wenn die kuh wirklich 10.000 liter milch gibt. die meisten geben aber nur 5.000 bis

6.000 liter milch. dann macht der bauer ca. 1.500 euro umsatz mit einer kuh. hiervon muss er futterkosten, tierarztkosten und energiekosten abziehen. übrig bleiben pro kuh vielleicht noch 50 bis 100 euro über, die der bauer für sich als einkommen pro jahr rechnen kann.

wenn er zum beispiel 50 kühe hat, dann ist das pro jahr zu wenig. selbst wenn man mit einem stundenlohn von nur 10 euro kalkuliert, bräuchte man ca. 250 euro im monat, um eine kuh pflegen zu können.

würden die zuschüsse, die die eu zahlt, wegfallen, würde unter diesen bedingungen kein mensch mehr eine milchwirtschaft betreiben, weil er nicht davon leben könnte. alternativ müsste der milchpreis so hoch werden, dass sich die absatzmengen stark verringern würden.

rein wirtschaftlich ist der milchpreis von zurzeit 20 cent für die bauern nicht akzeptabel. der milchpreis müsste bei 50 cent liegen, damit die bauern ohne zuschüsse aus der eu-kasse auskommen könnten.

und das, obwohl die kühe schon jetzt bis an die leistungsgrenzen hin ausgebeutet werden.

ja.

rudolf steiner hat übrigens einmal in einem vortrag gesagt, dass ab einer bestimmten milchleistung, die überschritten wird, die kühe dies rein physiologisch nicht lange mitmachen würden und dass das automatisch das ende der milchwirtschaft sein würde. wusstest du das? ist das jemals thematisiert worden von den demeter-leuten?

nein, keine ahnung.

du hast dann irgendwann etwas ganz neues gemacht. nach dem motto, jetzt drehen wir den spieß um. wie ist das zustande gekommen?

nach dem ausstieg aus der landwirtschaft war ich offen für alles neue. ich habe einen schnitt gemacht. meine idee war, hier ferienwohnungen einzurichten und von den mieteinnahmen irgendwie zu leben. ich wusste aber auch, dass ich diese idee nicht allein verwirklichen konnte. und ob das nun zufall oder schicksal war, ich lernte karin kennen, die auch in der situation war, einen neuanfang zu machen. sie war der meinung, dass wir zwei doch die idealen voraussetzungen dazu hätten, es gemeinsam zu tun, und sagte: »wir haben die zwei ferienwohnungen und die letzten tiere, die du noch nicht verkauft hast. die sollen doch bitte auch hier bleiben.« das war der anfang unseres lebenshofes für tiere.

vielleicht kurz zwei worte zu karin?

karin und ich lernten uns kennen, sie besuchte mich eines tages hier und war begeistert von dem schönen hof. sie sah gleich die vielen möglichkeiten, etwas gutes daraus zu machen. karin war schon seit vielen jahren tierschützerin. tierschutz war für mich, als ich karin kennenlernte, noch ein fremdwort. sie erzählte mir viel von tieren und auch von dem engagement für die tiere. das hat mich unglaublich fasziniert. sie sagte mir, dass sie auch weiterhin in irgendeiner form so etwas machen möchte. auf diesem hof - so war ihre idee - könnte man doch wun-derbar zumindest erst mal mit tieren einfach zusammen-leben. ich versuchte ihr zu erklären, dass ich die rinder, die noch da waren, noch schlachten lassen müsste. und da fragte sie mich ganz schlicht: »warum eigentlich, die könnten doch auch so alt werden.«

auf diese idee bin ich in meiner betriebsblindheit gar nicht gekommen. bis dato hatte ich noch nie darüber nachgedacht. und dann fielen mir wieder meine nichte mit der dicken mathilde und unsere praktikantin aus frankreich, cecil ein, die damals die kühe mit einem lied auf der blockflöte bis zum dorfschlachter begleitet hat. schade, dass diese beiden menschen aus meinem blick-feld verschwunden sind, aber die wären begeistert, wenn sie wüssten, was hier jetzt passiert auf dem hof.

und dann habt ihr das einfach gemacht?

dann haben wir das gemacht. wir haben angefangen mit den letzten zehn rindern, die noch hier waren. denen hatte ich versprochen, dass sie hier bleiben dürfen. es stand fest, dass wir jetzt ferienwohnungen vermieten werden und die freien flächen verpachten würden, um dadurch geld zu verdienen.

wie seid ihr dann auf die idee gekommen, eine stiftung zu gründen?

es war ein neuanfang und ich merkte plötzlich, dass mir die arbeit jetzt auch spaß machte. wirklich für die tiere da zu sein und nicht nur auf das betriebswirtschaftliche zu achten. im grunde genommen konnte das gar nicht funktionieren. aber es hat hier dann aus irgendwelchen gründen doch funktioniert. es kamen immer mehr menschen zu uns, die das alles hier sehr gut fanden. und sie waren bereit, uns etwas zu spenden. das waren die anfänge.

es entwickelte sich die idee, spenden einzunehmen und dafür dann spendenbescheinigungen auszustellen. dafür bedurfte es eines gemeinnützigen vereins. wir haben uns schlau gemacht, wie man einen verein gründet, wie dieser funktioniert, auch darüber was passiert, wenn sich zum beispiel die gründungsmitglieder streiten würden.

diese und andere fragen standen im raum. so stießen wir über die vereinsgründungs-recherchen auf einen zeitungsartikel über stiftungen und bekamen darüber hinaus weitere tipps von anderen menschen, wie man eine stiftung gründet. ein verein wäre gut gewesen, um spenden zu sammeln, an einer stiftung ist das geniale einfach die sicherheit. sicherheit für die tiere. einen verein kann man wieder auflösen. da können sich die gründungsmitglieder zusammensetzen und beschließen, den verein aufzulösen.

eine stiftung dagegen wird für die ewigkeit angelegt. das bedeutet, aus unserem hof ist eine stiftung geworden, und da kann man tun was man will, es wird niemals wieder möglich sein, auf diesem hof tiere zu züchten und zu mästen. wenn karin und ich die arbeit hier nicht mehr machen können oder machen wollen, dann wird jemand anderes diese stiftung weitermachen müssen. punkt.

das heißt, es steht in der stiftungsurkunde auch drin,

karin mück:
»wir haben die zwei ferienwohnungen und die letzten tiere, die du noch nicht verkauft hast. die sollen doch bitte auch hier bleiben.«

das heißt, der schutzraum, in dem die tiere hier wohnen, ist in dieser stiftung mit drin. wie viel hektar habt ihr hier?

bis jetzt sind 30 hektar stiftungseigentum. diese 30 hektar braucht man als futtergrundlage und als auslauf-fläche für die tiere.

das recht, ihnen etwas anzutun? das ist doch bis jetzt einzigartig in deutschland, in europa, eigentlich auf der ganzen welt, dass eine stiftung schutzraum für tiere bietet.

ich kenne kein anderes beispiel aus deutschland.

lebst du vegan?
ja, ich lebe vegan.

wie ist das entstanden? durch karin, hat sie dich mit begeistert, oder wie ist es zu diesem entschluss bei dir gekommen?

die meisten veganer werden es ja, nachdem sie erst

dass die tiere hier einen schutzraum haben?

so steht es drin. es ist ein lebenshof für tiere und hier dürfen die tiere nicht getötet werden, mit ausnahme der euthanasie bei einem nicht mehr reparablen leiden des tieres. wenn das tier auf dem weg ist zu sterben und nur noch schmerzen hat, dann darf man das tier auch töten. aus wirtschaftlichen und anderen gründen auf keinen fall, das ist so festgelegt worden.

vegetarier gewesen sind. vom gefühl her wäre ich schon viel früher vegetarier geworden. ich habe fleisch produziert und verkauft und nur das von mir produzierte biofleisch auch gegessen. mit wenigen ausnahmen, wenn wir mal eingeladen waren, dann habe ich auch anderes fleisch gegessen. in den letzten zwanzig jahren habe ich immer nur das fleisch von tieren gegessen, die ich auch selbst gehalten habe. und als ich dann beschlossen hatte, keine tiere mehr zu verkaufen, bin ich vegetarier geworden. mit der zeit wurde es für uns auf dem land auch einfacher, vegan zu leben, weil immer mehr vegane online-shops im internet entstanden.

ihr habt hier auf dem hof noch andere tiere. was könnt ihr da beobachten?

wir haben hier die ehemaligen milchkühe und drei ochsen. im laufe der zeit sind zwei schweine dazugekommen, zwei minischweine aus ganz mieser haltung. vorher waren schon hunde da, die aus tötungsstationen in spanien, mallorca, kamen. vor einigen jahren sind

120 befreite hühner aus käfigen dazu gekommen, auch befreite enten aus mastanlagen. ganz schlimm. die hühner kamen aus käfigen, die noch voller belegt waren, als dies sowieso schon erlaubt ist. befreite hühner. befreite enten. befreite gänse. beschlagnahmte gänse aus schlechter haltung. auch haben wir wildenten großgezogen, die jemand in einem park als küken ohne mutter gefunden hat. unsere heidi kommt immer noch mit ihren küken zu uns zurück, nun bereits schon das dritte jahr. drei pferde. viele katzen aus dem tierheim.

nun hast du ja bei den kühen den vergleich zwischen den konventionell gehaltenen, demeter-gehaltenen und nun frei lebenden kühen. die kühe sind nun abgestillt. hat sich etwas bei ihnen geändert?

ja, die kühe sind abgestillt, sie geben keine milch mehr und bekommen auch keine kälbchen. das euter bildet sich zurück, bei einigen kühen ist es noch zu erkennen. es sind auch einige kühe dabei, die nie ein kalb gehabt haben, bei denen ist überhaupt kein euter zu erkennen.

als jemand, der beide seiten kennt, einmal die kühe als milchkühe in einem landwirtschaftlichen betrieb und jetzt die kühe in friedlicher umgebung ohne stress und gefahr. ist dir beim verhalten der tiere etwas aufgefallen, ist es anders?

bei den kühen ist das ganz schwer zu sagen. die kühe haben so ein sanftes wesen, die sind immer nett und lieb. eine kuh kann geschlagen und misshandelt werden, dann dreht sie sich trotzdem zu dir um und schaut dich mit ihren treuen augen an und freut sich, wenn du ihr ein leckerli gibst.

ich beobachte die kühe jetzt ganz anders. im großen und ganzen hat sich ihr verhalten kaum verändert. ich hatte auch damals als bauer immer einen netten und ruhigen umgang mit den kühen, habe sie nie geschlagen oder angeschrien. ich konnte immer durch die kuhherde gehen, da hat sich in ihrem verhalten nicht so viel geändert.

bei mir hat sich viel geändert. ich beobachte die kühe jetzt anders und stelle fest, wie individuell anders sie sind.

so wie eine schulklasse. das sind 29 kühe mit 29 verschiedenen persönlichkeiten. faszinierend, das ist mir vorher nicht aufgefallen. als bauer durfte man nicht sentimental sein. das war verpönt.

wenn du an die tiere denkst, was sind spontan deine wichtigsten gedanken?

wenn ich unsere kühe und die schweine sehe, dann sind meine gedanken sehr oft bei den vielen millionen anderen tieren, den anderen kühen und schweinen, die nicht so ein tolles leben haben.

dass es eigentlich schön wäre, wenn die alle so leben könnten wie unsere kühe und schweine. und dann kann ich sagen, dass es einem sehr viel kraft gibt, mit den tieren so zusammen zu sein. die dankbarkeit zu spüren, die einem so entgegen kommt.

das spürt man?

ja. und einfach das gefühl zu haben, man geht zu den tieren hin, macht ihnen ein gutes futter und guckt, ob alles in ordnung ist. ich habe ein gutes gewissen dabei. ich gucke nach der kuh, nach der herde, schau, ob sie alle gesund sind, ob alles in ordnung ist. weil es einfach so ist.

früher habe ich danach geguckt, weil sie gesund sein mussten, denn nur dann verdient man auch geld. das hat in meinem unterbewusstsein ständig ein schlechtes gewissen erzeugt. das habe ich jetzt nicht mehr. es ist ein unheimlich tolles gefühl, wenn ich sehe, dass sie gesund sind, alles klasse, alles wunderbar ist. ich habe definitiv kein schlechtes gewissen mehr. gar nicht. keine zweifel. das macht die viele arbeit auch so leicht.

wenn andere landwirte, ob von demeter oder anderswo her, zu dir kämen mit der absicht, auch so einen hof zu führen, was wäre der wichtigste ratschlag von dir an sie?
ich weiß von vielen bauern, dass sie es auch am liebsten so machen würden wie ich. ich würde ihnen raten, sich menschen zu suchen, die sie unterstützen. und: es gibt bestimmt mehr menschen als ihr denkt, die euch unterstützen, wenn ihr eure kühe nicht mehr ausbeutet. versucht, wenn ihr vielleicht einen demeter-betrieb habt, mehr gemüse anzubauen oder andere einnahmequellen durch führungen, auch mit schulklassen, zu finden. sucht euch menschen, die sagen: wir geben euch eine bestimmte summe, wir übernehmen eine patenschaft und dann braucht keine kuh mehr geschlachtet zu werden. auch tourismus könnte eine möglichkeit sein.

die menschen können ja ideen entwickeln, von denen man vorher gar nichts geahnt hat, z.b. klettergärten, kanufahrten, wandergeschichten, fahrradwanderungen. das ist ja fast überall möglich, außerhalb der städte. da muss man seinen schädel ein bisschen anstrengen.

28 / vegan ist das wahre grün

der geist der wahrheit wird auch im umweltschutz unterdrückt. wer die veganisierung aufhält, indem er sich
ihr versperrt, verhindert massiv, dass es so etwas wie
wirklichen umweltschutz überhaupt geben kann. die

futtermittel-basierte landwirtschaft verursacht bis zu
30 prozent des gesamtausstoßes an CO_2.[1] wer also von
klimaschutzmaßnahmen spricht, aber über die veganisierung nicht reden will, ist unglaubwürdig.

70 prozent des frischwassers werden von der futtermittel-basierten landwirtschaft verbraucht.[2] die wasser-
qualität leidet immer mehr, wasser wird immer kostspieliger
und gilt schon heute als einer der wertvollsten rohstoffe
der zukunft. wer gesundes wasser für alle will, muss für
die veganisierung der welt eintreten. anders ist dies nicht

1| **jessica bellarbi et al:** cool farming. climate impacts of agricul-
ture and mitigation potential. school of biological scientist, university of aberdeen. published by greenpeace international.
amsterdam 2008, seite 5

2| **salim m. ali:** seite 141

zu erreichen, schon gar nicht angesichts der von der oecd angedrohten steigerung der weltagrarproduktion um nochmals 70 prozent. die abholzung der regenwälder und anderer flächen auf dem planeten findet in erster linie gar nicht statt – wie lange behauptet worden ist –, um das holz der gefällten bäume ertragreich zu verkaufen, sondern um stattdessen weitere flächen für den anbau von futtermitteln und weitere weideflächen für »nutztiere« zu erschließen.

wer die regenwälder schützen will, muss den rodungsautomatismus der nichtveganen welt durchbrechen und sich für die veganisierung der welt einsetzen. die forscher von der universität aberdeen: »die sojaindustrie zerstört weite teile des ursprünglichen amazonas-regenwaldes, um für den sojaanbau platz zu machen.«[3] mit der sojaindustrie ist hier nicht der rohstofflieferant für tofu und sojamilchprodukte gemeint. nur drei prozent der welt-

sojaernte werden verwendet, um daraus tofu, tempeh und sojamilchprodukte herzustellen. verantwortungsbewusste hersteller und sich vegan ernährende schließen gentechnisch manipulierte sojabohnen aus. auch wenn es nicht ins weltbild nichtveganer verbraucher von »bio«-lebensmitteln passt: eier, geflügel und milch aus ökologischem anbau verursachen sogar noch weit mehr CO_2 als aus konventionellem anbau.[4]

es kommt aber noch etwas hinzu. wer sich gegen die veganisierung der welt stellt, nur weil er persönlich weiter nichtvegane nahrung essen will, ist auch deshalb ein fragwürdiger »umweltschützer«, weil er so gentechnik billigt.

als etwa um das jahr 2000 herum die fütterung der rinder durch tiermehl wegen der bse-gefahr staatlicherseits unterbunden werden musste, klaffte in sachen futtermittel eine gewaltige sogenannte »proteinlücke«.

in deutschland verfügte man nach verzicht der verfütterung von aus tierleichen gewonnenem mehl zur fütterung der »wiederkäuer« nicht mehr über ausreichend

3| **jessica bellarbi et al:** cool farming, seite 9
4| ebd., seite 29

futtermittel.[5] schon 1995 wurden allein 3,3 millionen tonnen genmais als futtermittel aus den usa in die eu importiert.[6] hier wird die crux deutlich: die gen-konzerne, das sind ja in der regel konzerne der chemie- und pharmaindustrie, verzichten in europa eher darauf, dass menschen gentechnisch manipulierte nahrungsmittel direkt verzehren, solange sie dicke geschäfte dort machen, wo sie wirklich profitieren können: und das ist eben der weltweite futtermittelanbau.

und so erfährt man ab und zu die ganze wahrheit: »bei der fütterung von hühnern in der eierproduktion und von schweinen ist gentechnisch verändertes soja eher die regel als die ausnahme«,[7] sagte greenpeace-sprecher

5| gen-soja statt tiermehl. in: transgen.de, 1.12.2000

6| usa verklagen eu im gen-food-streit. in: die welt, 9.08.2003

7| milchproduzenten verfüttern gen-soja. in: hamburger abendblatt, 18.04.2009

8| gentechnisch veränderte pflanzen. in: transgen.de: anbauflächen weltweit, 7.09.2010

alexander hissting. auch hier muss man erst zwei und zwei addieren, um zum wahren ergebnis zu gelangen. schon lange vor dem jahr 2000 werden viele nutztiere also mit genmanipuliertem protein gefüttert. die hierzu erforderlichen genmanipulierten pflanzen werden überall auf der welt angebaut – ungeeignet für den menschlichen verzehr, aber »ausreichend« für die leidenden tiere.

und dieser zusammenhang stellt den zustand der welt-landwirtschaft vor einen noch perverseren hintergrund. so ist von 1997 bis 2009 der anteil genmanipulierter sorten in der welt-sojaernte von 7,6 auf 77 prozent gestiegen.[8]

wenn aber nun ein weiteres nichtveganes konsumieren ohne gentechnik gar nicht mehr möglich ist – wie kann man dann als ernsthafter »umweltschützer« weiterhin nichtvegane produkte essen oder die veganisierung sogar ablehnen? es ist eine unbestreitbare tatsache, dass die ausrede des nichtveganen »umweltschützers«, er esse »ja nur bio-fleisch, bio-milch und bio-eier« ziemlich unsinnig ist. eine solche aussage offenbart entweder unwissenheit oder puren egoismus, der verkennt, dass deutschland überhaupt nicht dazu in der lage wäre, solche »bio«-produkte für alle herzustellen.

nur die veganisierung ermöglicht es, überhaupt umweltverträglich genug nahrungsmittel auf den äckern anbauen zu können, wie der kontext beweist. um noch deutlicher zu werden: wer bio-produkte für alle will, kann dies nur durch die veganisierung der landwirtschaft erreichen.

die verseuchung der böden durch chemikalien ist in erster linie ein produkt des futtermittelanbaus. damit sind auch die bodenerosion und der saure regen, der durch aufsteigende ammoniakdämpfe in tierausbeutungsbetrieben entsteht, ein produkt der futtermittel-basierten und nichtveganen landwirtschaft.

angesichts dieser unbestreitbaren tatsachen kann man sich die frage stellen, wie glaubwürdig in diesem zusammenhang das gerede über schadstoffreduzierte autos ist, wenn man sich gleichzeitig weigert von der veganisierung zu reden. so will deutschland, um CO_2 zu sparen,

sämtliche hauseigentümer zur wärmedämmung zwingen, während die kosten auf die mieter umverteilt werden sollen. wer solche wenig sozialen maßnahmen trifft und sich gleichzeitig über die veganisierung ausschweigt – wie glaubwürdig ist umweltpolitik dann?

hinzu kommt, dass die befischung der flüsse und weltmeere dazu geführt hat, dass die fischbestände bis auf einen restbestand leergefischt sind. doch um jeden preis werden die leeren meere auch durch fangflotten der eu regelrecht weiter ausgesaugt.

anstatt sofort die veganisierung zu unterstützen, legen auch meeresbiologen immer neue fischereikonzepte vor. die überfischung lässt sich dadurch nicht stoppen. die gier ist zu groß.

die sogenannten aquakulturen sind aufgrund der tierfeindlichen haltung und der ständigen durchseuchung mit krankheiten keine alternative. in norwegen, chile und vietnam sind aquakulturen bereits kollabiert. manchen bundesländern in deutschland fällt nichts besseres ein, als die in die jahre gekommenen verordnungen über das fischen aus den angeln zu heben. anstatt das »hobbyfi-schen« ganz zu untersagen, was zeitgemäß wäre, hat man es für alle, insbesondere aber für kinder »legalisiert« und damit einen absurden trend ausgelöst, obgleich dies noch nicht einmal durch das noch nicht sehr tierfreund-liche tierschutzgesetz gedeckt ist.

nun sieht man auch in anderen bundesländern, etwa während der schulferien, angelnde kinder, die von offen-bar entweder kaltherzigen oder vollkommen unwissenden erwachsenen dazu animiert werden. je nach standort kann man kinder beobachten, die achtlos mit fröschen, krebsen oder quallen um sich werfen.

dies ist unter anderem das ergebnis derart absurder gesetzeslockerungen. die nächste verhärtungswelle überschwemmt uns. dies ausgerechnet zu einem zeit-punkt, an dem es unter den genannten umständen doch nichts wichtigeres gibt als die förderung der empathie-

fähigkeit unserer kinder gerade gegenüber den kleinen und kleinsten tieren. umweltschutz beginnt im eigenen umfeld. insbesondere beginnt er in dem persönlichen verhalten gegenüber anderem leben. ein blick in den kühlschrank genügt heute schon, um zu erkennen, wie ernst es uns mit der umwelt wirklich ist.

um die durch nichtveganes menschliches verhalten verursachten umweltsünden zu legitimieren, wird die ausrede gebracht, die menschen hätten schon seit anbe-ginn der zeitrechnung tiere zu nahrungszwecken gehalten und getötet. aber selbst diese propagandalüge ist ja mittlerweile geplatzt, wie wir beispielsweise anhand der germanischen stämme gesehen haben, die zwar tiere hielten, sie aber nicht zu nahrungszwecken aßen.[9]

welthistorisch lässt sich das töten von tieren zu nah-rungszwecken überhaupt nur dort nachvollziehen, wo es menschen aufgrund der geografischen situation unmög-lich gewesen ist, die pflanzen selbst zu essen, wie etwa in wüstengebieten, in denen kamele die stacheligen disteln essen konnten, menschen jedoch nicht.[10] oder im polareis,

---

9| **harald grimm:** blutrünstige vegetarier. wie leben und arbeiten die germanen? in: terra x. zweites deutsches fernsehen, 22.03.2009

wo es außer tieren nur giftige moose gibt. dies sind
aber nur ausnahmen. ansonsten haben menschen in der
weltgeschichte tiere zu nahrungszwecken nur getötet,
weil ihnen der zugang zu den pflanzlichen nahrungsmitteln von habgierigen fürsten und anderen tyrannen
versperrt wurde. oder aus bequemlichkeit.

aus allen erläuterten gründen war das töten von tieren
schon immer falsch, da es der verursacher von kriegen
um landflächen, von krankheiten und von umweltzerstö-
rung ist. die glaubwürdigkeit eines jeden engagements
für die umwelt steht und fällt deshalb mit der haltung
zur frage der veganisierung und lässt sich auch am persönlichen verhalten messen. vegan ist nicht nur das neue,
vegan ist die mindestvoraussetzung für das wahre grün.

10| **salim m. ali:** seite 133

29 / die neue mensch-tier-beziehung

was wird aus den tieren, die bisher als industrielle »nutztiere« gehalten worden sind? ihre anzahl wird massiv zurückgehen, weil der todeskreislauf zwischen geburten und frühem tod unterbrochen und beendet wird.

in der veganisierten neuen kultur werden die vormaligen »nutztiere« wie besondere freunde angesehen. die vegane welt ist sich ihrer verantwortung bewusst und macht sich zu eigen, was steiner und morgenstern meinten: »nachdem wir die tiere herabzogen, müssen wir sie jetzt durch unser mitgefühl heraufziehen.« im veganisierten europa werden z.b. die rinder und die ziegen schon deshalb gern gesehen sein, weil sie den menschen dabei helfen, ihre grünen wiesen als kulturlandschaften zu erhalten. ebenso helfen die schafe zum erhalt der deiche, sie werden nicht mehr gehalten, um milch, wolle und fell zu geben.

für solche zwecke wird kein tier mehr leiden und getötet werden. rinder, schafe und ziegen lieben es zu grasen. sie dürfen es in der veganisierten welt tun und wir danken ihnen, dass sie mit dem, was sie am liebsten machen, auch uns helfen. da schweine gerne wühlen und umgraben, sind sie dazu prädestiniert, ackerböden zu lockern und saaten unterzupflügen. man kann schweinen vermutlich keine größere freude bereiten, als sie große flächen bearbeiten zu lassen.

das sind ideale symbiosen der neuen veganen mensch-tier-beziehung. ein besonders schwieriger fall sind die völlig überzüchteten hühnerarten, die teilweise ohne spezialfutter nicht mehr überlebensfähig sind. einige von ihnen könnten zurückgezüchtet werden. der chemiekonzern ciba-geigy hatte hierzu revolutionäre forschungsergebnisse vorgelegt, an die man anknüpfen könnte.[1] sie liegen bis heute auf eis. ähnlich sieht es mit gänsen aus, die durch überzüchtung weder schwimmen noch fliegen können und darunter sehr leiden. mastenten, die durch

1| **luc bürgin:** der urzeit-code. die ökologische alternative zur umstrittenen gentechnologie. münchen 2007
2| **michael höft, christian jentsch:** die pangasius-lüge. das große geschäft mit dem billigfisch. ard-exclusive, 9.03.2011

das grausame züchten ihrer wichtigsten instinkte beraubt worden sind, nämlich weder schwimmen noch fliegen können, brauchen unsere besondere aufmerksamkeit und liebe. auch hier kann man hoffen, dass eine rückzucht gelingt. alle vogelarten unter den ehemaligen »nutztieren« werden in parks gepflegt und es wird in zukunft nicht mehr so ungewöhnlich sein, auch in der freien natur und in privaten gärten diesen tieren zu begegnen.

die in grausamen, künstlich angelegten becken gezüchteten fische sollten dorthin gebracht werden, wo sie hingehören: in die meere und flüsse. nachdem die meere fast leergefischt worden sind, verbreiteten sich mit den »aquakulturen« weitere grausame tierhöllen. fischmassen tummeln sich auf engstem raum meist ohne tageslicht, haben keinen platz zum schwimmen und werden gemästet. hier zeigt übrigens die »ökologie« eine besonders egoistische seite.[2]

es ist angebracht, allen tieren verbriefte rechte einzuräumen, die sie vor der willkür und der gewalt durch menschen schützen. in der veganisierten welt sind wir dafür verantwortlich, dass sich die tiere in frieden entwickeln können. dazu haben wir ihr fortpflanzungs- und sozialverhalten noch genauer zu studieren. es gibt keinen grund, mit rindern, schafen, ziegen und anderen tieren nicht ähnlich verantwortungsvoll umzugehen, wie dies seit langem mit katzen und hunden geschieht, die man zum eigenschutz nötigenfalls sterilisiert.

es werden reservate und naturparks geschaffen, in denen wir vollkommen neue interspeziesistische beziehungen zu den tieren entwickeln werden. hierzu knüpfen wir an bemerkenswerte, zum teil schon in vergessenheit geratene erfahrungen an, die tierfreunde schon anfang des 20. jahrhunderts sammelten und denen der weltkrieg ein ende bereitete. die tiere konnten sich damals gegenüber menschen eindeutig verständigen. experimente an zahlreichen universitäten weltweit haben gezeigt, dass

sich durch den aufbau dieser neuen mensch-tier-kommunikation neue welten erschließen lassen.[3] selbst in dicht besiedelten gebieten wie mitteleuropa gibt es ausreichend freie flächen für die von leid und ausbeutung befreiten tiere. in einer übergangszeit können tieraltersheime auf stillgelegten flächen eingerichtet werden, schulen und hochschulen sich am aufbau und der pflege beteiligen. neue generationen von menschen und tieren wachsen heran, ein neues selbstverständnis untereinander und für die biosphäre entsteht.

so könnten wir die tiere wieder heraufziehen. oder in den worten christian morgensterns: »ganze weltalter von liebe werden notwendig, um den tieren ihre dienste an uns zu vergelten.«[4]

3| vgl.: können tiere denken? ja, sagt die wissenschaft. und wie! in:
       national geographic deutschland, märz 2008, seite 44 ff.

4| **christian morgenstern:** wer vom ziel nicht weiß, seite 122

christian morgenstern:
»ganze weltalter
von liebe werden
notwendig, um den
tieren ihre dienste
an uns zu vergelten.«

30 / schattenreich

die weltweit führende wirtschaftszeitschrift *the economist* hat die europäische landwirtschaft einmal beschrieben

als »(...) das bei weitem idiotischste system ökonomischer misswirtschaft, das die reichen westlichen nationen je entworfen haben«.[1] selbstverständlich ist sie auf dem amerikanischen kontinent oder sonst wo nicht weniger idiotisch, sofern sie tiere ausbeutet.

der berühmte ökonom jeffrey sachs hat dazu die bemerkung gemacht: »ich habe die agrarpolitik der eu nie begriffen, weil ich fand, wenn ich das täte, würde sie mich in einen derartig surrealen abgrund zerren, dass ich diesem schattenreich nie wieder würde entrinnen können.«[2] allein

1| **thomas fuller:** in: international herald tribune. 26.06.2002. diese politik wurde von *the economist* als »the single most idiotic system of economic mismanagement that the rich western countries have ever devised« beschrieben. aber sie wird von ländern wie frankreich unerschrocken verteidigt, die dieser politik einige jahre zuvor entgegenjubelten »one of the most efficient tools in the construction of europe«.

der deutsche fleischmarkt, der seit vielen jahren von skan-
dalen heimgesucht wurde, die die verbraucher immer
wieder verdrängen und sogar engste verbindungen zwischen fleischproduktion, menschenhandel, prostitution
und glücksspiel offenbaren, produziert ständig etwa
30 prozent über bedarf.[3]

die amerikanischen wirtschaftswissenschaftler barnet
und müller brachten den verlogenen irrsinn in einem un-
beachteten nebensatz schon 1975 auf den punkt: »unter
dem rationalisierten, zentralisierten managementsystem

der weltkonzerne bringt es profit, 21 pfund pflanzliches
eiweiß in ein pfund teures tierisches eiweiß zu verwandeln«.[4] das managementsystem hat sich seitdem gewandelt, der umgang mit den tieren wurde noch schlimmer
und die verwandlung des eiweißes noch absurder angesichts von über zwei milliarden hungernden menschen
auf der welt.

das »idiotische system«, von dem *the economist* so
offen geschrieben hat, der surreale abgrund, den sachs
beschreibt, und der unsinn der vernichtung hochwertiger
eiweißstoffe allein legt schon rein rechnerisch nahe, dass
es nur eine vernünftige lösung geben kann: das schattenreich der landwirtschaft unter der ausbeutung von tieren
muss sofort aufgelöst und die landwirtschaft veganisiert
werden.

völliger unsinn ist, auch aus wirtschaftlicher sicht, dass
90 prozent des weltweiten sojaanbaus als eiweißreiches
futter in den trögen jener traurigen tiere landet, die ausgebeutet werden und später in schlachthäusern enden.
damit wird kostbares eiweiß vernichtet. schon allein dieses

2| ebd. »›i have never mastered eu agricultural policy,‹
     jeffrey sachs, a harvard university economist, admitted in a
     recent interview, ›because i figured if i did so it would drive me
     into such a surrealistic world that i would never climb out of
     that twilight zone again.‹«

3| **peter:** die fleischmafia, seite 94f.

4| **richard j. barnet, ronald e. müller:** die krisenmacher. die
     multinationalen und die verwandlung des kapitalismus. reinbek
     bei hamburg 1974, seite 343

argument reicht, um aus der sogenannten »viehhaltung«
sofort auszusteigen. das sojabeispiel zeigt aber auch, dass
umgekehrt ohne »viehhaltung« eine branche zum großen
verlierer werden würde.

die veganisierung der welt würde zunächst bedeuten,
dass zehn bis zwanzig mal weniger soja und getreide
angebaut werden müsste als bei aufrechterhaltung der
»viehhaltung« vonnöten. das würde für die führenden
chemiekonzerne, die, wie z.b. monsanto, längst sogenannte »agrikonzerne« geworden sind, riesige verluste bedeuten.

weder die »viehhalter« noch die zwischenverkäufer
profitieren von nichtveganen produkten, sehr wohl aber
jene konzerne in mehrerlei hinsicht. sie liefern das saatgut,
die düngemittel, die pflanzenschutzmittel und die den
tieren verabreichten pharmazeutischen präparate.

wer im sinne der veganisierung der welt als erster
konkrete auswege anbietet, wie die betroffenen industrien
möglichst friedlich ihren nutzen auch aus einer veganisierten welt ziehen könnten, hätte sicherlich einen
nobelpreis verdient.

dass man auf nichtvegane lebensmittelprodukte verzichten kann, machen millionen von sich vegan ernährenden menschen seit jahren vor. weil es immer mehr werden, kommen immer neue vegane produkte auf den markt.

eine wurst ist nicht zu »verteufeln«, weil sie eine wurst ist, solange sie nicht aus teilen toter tiere gefertigt worden ist. würstchen und bratstücke aller art werden angeboten. die palette wird immer umfangreicher. es ist für jeden geschmack etwas dabei. besonders produkte auf weizeneiweißbasis begeistern durch biss und geschmack.

die gleichen produkte auf veganer basis schaden weder den tieren noch den menschen, sondern bilden als eiweißquelle einen wertvollen ernährungsbestandteil. mit gutem willen kann man aus tieren gewonnene produkte durch neue, rein pflanzliche wurst- und bratstückalternativen ersetzen.

gleiches gilt für molkereiprodukte. supermärkte bieten ein umfangreiches sortiment verschiedenster pflanzenmilchprodukte, auch hier ist für jeden geschmack etwas dabei. im gegensatz zur kuhmilch wird beim konsum von pflanzenmilch den knochen kein kalzium entzogen und beugt somit osteoporose vor. sie schneidet somit deutlich besser ab als kuhmilch, da sie seit langem denselben kalziumwert enthält. sie ist zur herstellung von eis und zum aufschäumen vielleicht sogar besser geeignet als die nichtvegane, mit tierausbeutung verbundene herkömmliche milch.

veganer käse wurde bereits jahrelang in zahlreichen pizzerien serviert, ohne dass die menschen davon etwas ahnten. das geschah hier allerdings nicht, um die tiere zu schützen. es war sogar unehrenhaft, da die menschen nicht gefragt wurden. doch es beweist, dass sich auch das thema käse im grunde erledigt hat. bedenkt man, dass für ein kilo käse 10 liter kuhmilch benötigt werden, ist insbesondere die veganisierung des käsebereichs sehr, sehr bedeutungsvoll.

es gibt veganen joghurt – in der regel auf sojabasis – in allen möglichen geschmacksrichtungen. natürlich gibt es inzwischen auch vegane sprühsahne, vegane menschen freuten sich regelrecht, als sie auf den markt kam. so

absurd es klingt, es gibt rezepte, mit denen man im handumdrehen veganes »rührei« herstellen kann. unter beigabe von kurkuma, salz und schnittlauch verwandelt sich selbst einfachster weißer brocken-tofu in minuten in ein rührei, das vom »original« kaum zu unterscheiden ist, aber weder für den tod eines männlichen kükens verantwortlich ist noch dafür, dass die eilegerin nach einem qualvollen leben in industrieller gefangenschaft am ende ihrer »karriere« als suppenhuhn endet.

kuchen- und tortenbacken ist auch vegan möglich, manches gelingt mit dem pflanzlichen ei-ersatz tatsächlich besser als mit eiern. es gibt alles, was das herz begehrt, auch zum grillen. selbst vegane fischalternativen sind schon entwickelt: dabei ist es sogar gelungen, lachs zu imitieren. eine bessere botschaft kann es für die vom aussterben bedrohten fischbestände gar nicht geben.

und was ist mit den heraufbeschworenen »gefahren« einer veganen ernährung? eisenmangel drohe, hieß es früher. dabei enthalten kürbiskerne, sesam und frische mohnsamen eisen in so hohen mengen, dass der körper gar nicht so viel aufnehmen kann. und beim vitamin b12, droht da keine mangelerscheinung? vermutlich sind die bewusst vegan lebenden menschen heute schon diejenigen mit dem geringsten vitamin b12-mangel, weil sie am meisten darauf achten. es gibt zahlreiche möglichkeiten, b12 zu sich zu nehmen.

eine roh-vegane ernährung versorgt den körper am besten mit vitamin b12. diese form der veganen ernährung ist am darmfreundlichsten und begünstigt die aufnahme und produktion von vitamin b12.

dagegen ist eine so genannte »normalkost« mit viel gekochtem, haltbargemachten und mit zusatzstoffen angereicherte ernährung abträglich, da der darm verschleimt und geschädigt wird, besonders, wenn dazu auch noch pharmazeutische medikamente wie antibiotika eingenommen werden. das aufgenommene tierische

eiweiß begünstigt zudem auch noch die entstehung von sogenannten zivilisationskrankheiten wie koronare herzkrankheiten, krebs, diabetes und adipositas. die kernbotschaft aus der größten jemals durchgeführten ernährungsstudie lautete daher, alle tierprodukte aus der ernährung wegzulassen.[1] der negative effekt von tierischem eiweiß erklärt auch, warum viele der »normalköstler« unter einem vitamin b12-mangel leiden und therapiert werden müssen.

noch nie in der geschichte der menschheit ist es so einfach gewesen wie heute, sich vegan zu ernähren. auch deshalb ist die veganisierung im gang, weil sie längst eine eigendynamik entwickelt hat.

viele nichtvegane erzeugnisse weichen veganen produkten. leder kann man durch alcantara ersetzen. wolle, die aus hanf entwickelt worden ist, ist zugleich weicher und robuster ist als die aus schafsfell gewonnene. für die textil- und modebranche entstehen neue perspektiven. immer mehr designer entdecken den neuen chic veganisierter stoffe und materialien.

1| **t. colin campbell:** die »china study«. und ihre verblüffenden konsequenzen für die lebensführung. bad kötzing/bayer. wald 2010, seite 224

32 / **missionieren**

das wort »missionierung« hat einen bösebitteren beigeschmack. das liegt an den sogenannten »christen«, die mit hilfe blutiger gemetzel viele menschen und ganze völker für etwas zwangsmissioniert haben, was wenig christlich war.

ob es eine pr-agentur in die welt gesetzt hat oder es an dem negativen image des missionierens liegt: es ist scheinbar bei manchem beliebt, sich rein pflanzlich zu ernähren, aber niemanden zu missionieren. beiträge und ganze bücher, die für den rein pflanzlichen gedanken werben, werden wohlwollend mit dem »argument« rezensiert, dass sie so wenig missionierend wirken würden. selbst in der kritik veganer restaurants wird es noch als positiv herausgestellt, wenn man dort nicht missioniert wird.

doch der verdacht, dass hier meinungsmanipulateure aus dem pr-segment ihre hände im spiel haben, drängt sich auf. denn die aussage, es sei so angenehm, wenn man nicht missioniert würde, ist so seltsam wie die propaganda gegen »gutmenschen« und die »political correctness«. denn beide diese pr-floskeln werden sowohl von regierenden wie von oppositionellen gern benutzt, um menschenverachtende gedanken und taten schönzureden oder davon abzulenken.

so klar wie die alternative zum »gutmenschen« ja nur der halb-gute oder gleich der schlecht-mensch ist und wir es der politischen unkorrektheit zu verdanken haben, dass wieder völkerrechtswidrige kriege vom zaun gebrochen werden können, so gleichsam absurd ist der gedanke, dass jedes missionieren zugunsten der veganisierung der welt zu unterlassen sei.

nicht die frage nach dem missionieren ist hier die entscheidende, sondern die frage nach dem, was richtig und falsch ist.

mission heißt »auftrag«. wer allein schon angesichts der zusammenhänge zwischen hungerleidenden menschen und nichtveganem verhalten meint, es wäre besser, die information seiner mitmenschen und die werbung um ein veganes verhalten zu unterlassen, verlängert unnötig das abstellbare leid. wenn es angesichts sämtlicher tatsachen und zusammenhänge in unserer heutigen welt einen guten, äußerst wichtigen grund gibt, um aus dem herzen und dem denken heraus seine mitmenschen zu überzeugen, dann doch für die veganisierung der welt.

denn wer wirklich mitmenschlich ist und mitgefühl hat mit den tieren, der hat aus seinem inneren heraus nichts anderes als den selbstverständlichen auftrag, seine mitmenschen zur veganisierung zu führen. gehen muss den schritt jeder selbst. für die wahrheit und gerechtigkeit zu werben kann niemals falsch sein.

33 / der »seh«-test. nur mit dem herzen »sieht« man richtig

1.) auf der »schoßhundstufe« (darwin) stehen in der westlichen welt hunde und katzen als schutzbedürftige tiere über den sogenannten (aus-)»nutztieren«

2.) in der veganisierten welt wird allen tieren das recht auf leben zugesprochen. die »schoßhundstufe« ist überwunden. tiere werden nicht mehr ausgenutzt.

literaturverzeichnis

adorno, theodor w.: studien zum autoritären charakter. frankfurt am main 1973, und theodor w. adorno et al: der autoritäre charakter. studien über autorität und vorurteil. band 1 und 2. amsterdam 1968

aicher, otl: typographie. mainz 2005

bacon, francis: neu-atlantis. stuttgart 1982

bacon, francis: neues organon. berlin 1870

bacon, francis: de sapientia veterum bern 1991

baltzer, eduard: pythagoras – der weise von samos. nordhausen 1868

bardenhewe, otto: frühchristliche apologethen band ii. die akten der hl. perpetua und felizitas. 6. abschnitt münchen 1913

barnet, richard j., müller, ronald e.: die krisenmacher. die multinationalen und die verwandlung des kapitalismus. reinbek 1974

basilius von cäsara: ausgewählte predigten. erste predigt (mauriner ausgabe nr. 1). kempten; münchen 1925

bellarbi, jessica et al: cool farming. climate impacts of agriculture and mitigation potential. school of biological scientist, university of aberdeen. amsterdam 2008

bernays, edward: propaganda. die kunst der public relations. freiburg 2007

böhme, jacob: christosophia. ein christlicher einweihungsweg. freiburg 1975

böhme, jacob: mysterium pansophicum. freiburg 1980

bordeaux székely, edmond: das friedensevangelium der essener. buch 4. saarbrücken 2002

brecht, bertolt: die dreigroschenoper. berlin 1928

breuer, reinhard: von der macht der gefühle. in: spektrum der wissenschaft. tagebuch, 9.11.2007

brod, max: franz kafka. eine biographie. frankfurt am main 1954

bürgin, luc: der urzeit-code. die ökologische alternative zur umstrittenen gentechnologie. münchen 2007

bundesministerium für verbraucherschutz, ernährung und landwirtschaft: leitfaden »bundesinitiative – lernen auf dem bauernhof«. berlin 2003

bundesverfassungsgericht: urteilsvolltext az. 2 bvl 54/06

burckhardt, jacob: die kultur der renaissance in italien. zweiter band. leipzig 1919

cajus plinius cäcilius secundus: d. j., werke. übersetzt von e. f. u. schott. zehntes buch. achtundneunzigster brief. stuttgart 1829

campbell, t. colin: die »china study«. und ihre verblüffenden konsequenzen für die lebensführung. bad kötzing/bayer. wald 2010

clemens von alexandrien: paidagogus. zweites buch. kempten;münchen 1934

damasio, antonio: ich fühle, also bin ich. zitiert nach: bast kast. spiegel online, 10.08.2008

darwin, charles: gesammelte werke. frankfurt am main 2006

da vinci, leonardo: tagebücher und aufzeichnungen. leipzig 1940.

deschner, karlheinz: kriminalgeschichte des christentums, bd. 1-8. digital. berlin 2005

diels, hermann: die fragmente der vorsokratiker. 1. bd. berlin 1922

ebner-eschenbach, maria: schriften. band 1. berlin 1893

eckermann, johann peter: gespräche mit goethe. 13.02.1829. stuttgart 1994

einstein, albert: brief an hermann huth, 27.12.1930. albert einstein archives 46–756

emerson, ralph waldo: lebensführung. minden um 1890, seite 5

eschenbach, wolfram von: parzival und titurel. rittergedichte. übersetzt von karl simrock. zweiter band. stuttgart und tübingen 1842

eusebius von cäsarea: ausgewählte schriften band ii: kirchengeschichte. münchen 1932

finsterlin, hellmut: begegnung mit hugo erbe. in: beiträge zur dreigliederung kunst und anthroposophie, heft 46, rendsburg 1998

franklin, benjamin: poor richard's almanack. 1746.

fromm, erich: die furcht vor der freiheit. zürich 1945

gandhi, mohandas karamchand: eine autobiographie. berlin 1982

genesis: 1. buch mose. 1:26 und 1:28

goethe, johann wolfgang: faust. der tragödie erster teil. nacht. verszeile 410–417. münchen 1991

goethe, johann wolfgang: das göttliche. gedichte. münchen 1981

goethe, johann wolfgang: west-östlicher divan. stuttgart 1820

goleman, daniel: emotionale intelligenz. münchen 2007

haeckel, ernst: generelle morphologie der organismen. band zwei. berlin 1866

harrison, ruth: tiermaschinen. die neuen landwirtschaftlichen fabrikbetriebe. münchen 1965

haushofer, albrecht: moabiter sonette. berlin-schöneberg 1962

hegel, georg wilhelm: in der einleitung zur enzyklopädie der philosophischen wissenschaften im grundrisse. (1830)

herder, johann gottfried: briefe zur beförderung der humanität. wort und begriff der humanität. bänder 3–4. dritte sammlung. riga 1794

heuss, theodor: reden an die jugend. tübingen 1956

hinterhuber, hans: leadership. strategisches denken systematisch schulen von sokrates bis jack welch. frankfurt a. m. 2003

hopf, werner h.: sinnlose wiederholungen? informatisation und tierversuche. in: fred lembeck: alternativen zum tierversuch. stuttgart/new york, 1988

humboldt, wilhelm von: ideen zu einem versuch, die grenzen des staats zu bestimmen. stuttgart 1962

huntington, samuel p.: kampf der kulturen. die neugestaltung der weltpolitik im 21. jahrhundert. hamburg 2006

jamblichus aus chalcis: über das pythagoreische leben. amsterdam 1707, § 99 [siehe auch eduard baltzer: pythagoras, der weise von samos. ein lebensbild. nordhausen 1868

jaspers, karl: nietzsche und das christentum. münchen 1952

kyber, manfred: genius astri. dreiunddreißig dichtungen. dr. rudolf steiner zugeeignet. berlin 1918

lessing, gotthold ephraim: die erziehung des menschen-geschlechts. § 85. stuttgart 1965

martinus: das schicksal der menschheit. kopenhagen 2006

mason, jeffrey: wovon schafe träumen. münchen 2006, seite 45 [bericht in der sendung 20/20 des us-fernsehsenders abc]

maslow, abraham h.: motivation und persönlichkeit. reinbek 2002

meadows, dennis et al: die grenzen des wachstums. bericht des club of rome zur lage der menschheit, reinbek 1973

meister eckhart: das buch der göttlichen tröstungen. vom edlen menschen. übersetzt von kurt flasch. münchen 2007

merkel, h.: agrarpolitik. in: die neugestaltung von recht und wirtschaft. heft 32/3. leipzig 1934

morgenstern, christian: wer vom ziel nicht weiß, augsburg 2002

nicholl, charles: leonardo da vinci. die biographie. frankfurt 2006

orwell, george: animal farm. a fairy story. london 1945.

orwell, george: 1984. stuttgart 1981

ovid: metamorphosen. fünfzehntes buch. stuttgart 1994

patterson, charles: für die tiere ist jeden tag treblinka. frankfurt am main 2004.

peter, adrian: die fleischmafia. kriminelle geschäfte mit fleisch und menschen. berlin 2006

pfeiffer, ehrenfried: ein leben für den geist. basel 2003

platon: der staat. übersetzt von dr. e. f. ch. schneider. breslau 1850

poturzyn, maria krück von (hrsg.): wir erlebten rudolf steiner. stuttgart 1957

reich, wilhelm: charakteranalyse. köln 1989

reich, wilhelm: christusmord. die emotionale pest des menschen. frankfurt am main 1997

reich, wilhelm: die kosmische überlagerung. über die orgonotischen wurzeln des menschen in der natur. frankfurt a. m. 1997

rousseau, jean-jacques: émile oder über die erziehung. potsdam 1919

rousseau, jean-jacques: vom gesellschaftsvertrag oder grundsätze des staatsrechts. stuttgart 1977

saint-exupéry, antoine de: der kleine prinz. düsseldorf 2010

salim m. ali: fleisch aus der perspektive der welternährung. eine nahrungsmittelsoziologische untersuchung. bremen 2010

schiller, friedrich: was heißt und zu welchem ende studiert man universalgeschichte. stuttgart 2006

schopenhauer, arthur: die beiden grundprobleme der ethik, darin insbesondere: über das fundament der moral. frankfurt a. m. 1841

schumacher, ernst friedrich: small is beautiful. die rückkehr zum menschlichen maß. hamburg 1977

schwartz, horst jürgen: einführung in die nutztierökologie. fachgebiet nutztierökologie humboldt universität berlin. power-point-präsentation. berlin 14.03.2009

schwartz, richard h.: »don't put hitler among the vegetarians«. new york times, 21.09.1991.

schweitzer, albert: kulturphilosophie. verfall und wiederaufbau der kultur. kultur und ethik. münchen 1923 [münchen 2007]

seneca, lucius annaeus: mächtiger als das schicksal. ein brevier. leipzig 1943

setzwein, monika: ernährung – körper – geschlecht. zur sozialen konstruktion von geschlecht im kulinarischen kontext. wiesbaden 2004

singer, isaac bashevis: the letter writer. zitiert nach: charles patterson: »für die tiere ist jeden tag treblinka«. über die ursprünge des industrialisierten tötens. frankfurt/main 2004

singer, peter: praktische ethik. stuttgart 1994

singer, peter: animal liberation. new york 2002

statistisches bundesamt: statistisches jahrbuch über ernährung, landwirtschaft und forsten; neuestes wirtschaftsjahr, bmvel ref. 519

steiner, rudolf: brief vom 12.07.1921 an walther köhler. aus dem nachlass. briefe band 2. dornach 1987

steiner, rudolf: geisteswissenschaftliche grundlagen zum gedeihen der landwirtschaft. landwirtschaftlicher kurs. dornach 2005

steiner, rudolf: grundelemente der esoterik. dornach 1972

steiner, rudolf: das matthäus-evangelium. vortrag vom 6.10.1910 in bern. ga 123. dornach 1930

steiner, rudolf: die medizinische fakultät und die theosophie. berlin, 25.05.1905. öffentliche vorträge. ursprung und ziel des menschen. ga 53. dornach 1981

steiner, rudolf: die philosophie der freiheit. grundzüge einer modernen weltanschauung. (seelische beobachtungsresultate nach naturwissenschaftlicher methode). berlin 1921

steiner, rudolf: priestervorträge. priesterkurse v. 16. vortrag. dornach, 20.09.1924

steiner, rudolf: philosophie und anthroposophie. ga 35. dornach 2007

steiner, rudolf: die tempellegende und die goldene legende. dornach 1991

steiner, rudolf: die schöpfung der welt und des menschen. ernährungsfragen, vorträge für die arbeiter am goetheanumbau. 30.07-24.09.1924, ga 354. dornach 2000

steiner, rudolf: die offenbarungen des karmas. vortrag hamburg 17.05.1910. dornach 1998

steiner, rudolf: welche bedeutung hat die okkulte entwicklung des menschen für seine hüllen und sein selbst? vortrag den haag, 20.03.1913. dornach 1986

steiner, rudolf: wie erlangt man erkenntnisse der höheren welten. dornach 1995

tierschutzgesetz (tierschg) der bundesrepublik deutschland vom 24.07.1972 (zuletzt geändert: 15.07.2009)

thimm, katja: das gute essen. in: der spiegel 32/2010

278

thoreau, henry david: walden oder leben in den wäldern. zürich 1971

tolstoi, leo: grausame genüsse. berlin um 1900

toynbee, arnold: mankind and mother earth – a narrative history of the world. london 1976 [deutsch: menschheit und mutter erde. die geschichte der großen zivilisationen. berlin 1979, wiesbaden 2006]

uberoi, jit singh: der andere geist europas, goethe und die zukunft. ein plädoyer aus indischer sicht. dornach 1999

vergil: eclogae 10,69. in: sapientia romanorum. weisheiten aus dem alten rom. stuttgart 2008

wagner, richard: sämtliche schriften und dichtungen. sechste auflage. zehnter band. leipzig 1910

weiße rose: die flugblätter der weißen rose. bremen 2010

wells, h. g.: die weltgeschichte. zweiter band. berlin 1928

wheeler wilcox, ella: brief vom 21.08.1918 aus dem hotel l'universe in tours/frankreich an dr. andrew crawford, scott

www.vegane-gesellschaft.org

www.peta.de

www.aerzte-gegen-tierversuche.de

www.tierbefreier.de

www.de.seashepherd.org

www.soylent-network.de

www.die-tierfreunde.de

www.dokumentiere.de

www.vgt.at/www.vgt.ch

www.befreite-tiere.net

www.free-animal.de

www.tier-time.de

zaschke, christian: fleischgeil - das verstehe ich nicht. in: süddeutsche zeitung magazin, heft 33/2010

hinweise zu interessanten filmbeiträgen, zu finden bei den medienanstalten und auf youtube:

adorno, theodor w.: adorno spricht. dokumentation des bayrischen rundfunks,1989

höft, michael/ jentsch, christian: die pangasius-lüge. das große geschäft mit dem billigfisch. ard-exclusiv, 9.03.2011

svoboda, antonin: wer hat angst vor wilhelm reich (film) wien 2009. coop99 in kooperation mit dem orf.

register

die namen von personen sind *kursiv* gekennzeichnet

283